Joachim Heisel

Hoffnung im Alltag

für Michael und Hedwig
Grainbach, 12.2.11
Joachim

Der Autor

Dr. med. Joachim Heisel, 1945 geboren, stammt aus Trier und lebt seit 1978 in München, wo er als Arzt und Psychotherapeut in eigener Praxis arbeitet.
Studium der Medizin, Psychologie, Philosophie und Theologie in Bonn, Köln und München.
Gründer des Arbeitskreises „Psyche und Gesellschaft" mit Vorträgen im Kulturzentrum Gasteig in München.

Das Buch

Der Autor bringt sich in dieses Buch mit seinen vielfältigen Erfahrungen als Arzt, Psychotherapeut und spiritueller Ratgeber ein und verknüpft sie mit eigenen biografischen Reminiszenzen und Reflexionen. Daraus entstand ein Jahreslesebuch, das dem Leser inspirierende Impulse für sein eigenes Leben gibt und zum Nachdenken anregen möchte.

Joachim Heisel

Hoffnung im Alltag

365 Gedanken und Inspirationen

2011

Verlag Edition Die Nische

Für die Durchsicht des Manuskripts
danke ich Dr. Ralf van Bühren, Köln

2., korrigierte Auflage 2011

Winkelhorster Str. 17, 59329 Wadersloh
www.edition-die-nische.de

Umschlaggestaltung: Ignaz Brosa, München

Gesamtherstellung: Pressel Digitaldruck und Verlag,
Remshalden-Grunbach

Printed in Germany

ISBN 978-3-9812932-2-7

Geleitwort

Wie rüste ich mich für den neuen Tag? Wer nicht unvorbereitet bleiben will, wenn der Wecker läutet, braucht die Besinnung. Dazu verhilft dieses „Vademecum". Es schöpft aus den Schätzen der Heiligen Schrift und der Weisheit der Kirchenväter. Bewährtes aus den Zeugnissen und Vermächtnissen von Menschen unserer Zeit kommt hinzu.

Hier spricht der Arzt zu uns, dessen lebenslange Praxis im Dienste der Heilung von Leib und Seele steht. Er lädt den Leser in seine „Sprechstunde" ein, um sich mit ihm zur Diagnose und Therapie vor den lebendigen Gott zu begeben.

Gute Ratschläge werden heute bis in die Werbung der Medien über die Maßen erteilt. Diese Tageslesungen entlassen uns zugerüstet für das, was kommen mag. Sie sind eine „eiserne Ration" für den Alltag auf seinen Durststrecken.

Das „Nimm und Lies", das Augustinus einst in Bezug auf die Heilige Schrift galt, wiederhole ich im Blick auf diesen Band.

Prof. Dr. Horst Bürkle

Vorwort

Das vorliegende Jahreslesebuch enthält Gedanken aus dem Alltag und über den Alltag hinaus, die mir im Gespräch mit Freunden, Patienten, beim Spaziergang oder auf der Straße in den Sinn kamen. Ich habe die Anregungen aufgeschrieben, um mir selbst über das, was mein Leben trägt, klarer zu werden, um zu erspüren, was das Leben ausmacht, aber auch weil ich denke, dass sich andere Menschen ähnliche Gedanken über ihr Leben machen und sie sich darin vielleicht wiederfinden können. Manche Überlegungen sind persönliche Erinnerungen an früher und das, was mir im Laufe der Jahre durch den Kopf gegangen ist und nach Ausdruck verlangt. Viele dieser Anregungen verdanke ich den Menschen, die mir begegnet sind, die mit mir zusammen leben, den Tausenden von Menschen, die ich in manchmal schwierigen und zum Teil extremen Situationen als Arzt und Psychotherapeut begleiten durfte.

Die Gedanken habe ich in kleinen Abschnitten auf das Kalenderjahr verteilt, so dass sich für jeden Tag ein kurzer Text ergibt. Die Lektüre wird dadurch erleichtert. Auch wenn ich oftmals von gewöhnlichen Dingen des Alltags spreche, ist jedoch mein eigentliches Thema, dass sich im Alltag ein Fenster auf Gott hin finden lässt. Viel kommt darauf an, in die Weite des Himmels bis zum Horizont hinausschauen zu können, wo sich Himmel und Erde berühren. Aufmerksam für den verborgenen Reichtum eines jeden Tages möchte das Buch Hoffnung schenken, die darauf beruht, dass wir nicht nur Kinder Gottes heißen, sondern es tatsächlich sind (vgl. *1 Joh* 3,1).

Joachim Heisel

Januar

1. Januar

Eile mit Weile

Gott lässt uns genug Zeit, damit wir all das tun können, was er von uns in diesem Leben erwartet.

„Eile mit Weile“, lautet ein Sprichwort. Der Gedanke, dass wir genügend Zeit haben für das, was in unserem Leben wichtig ist, kann uns helfen, dem Leben gelassen zu begegnen. Das Gelingen unseres Lebens hängt nicht allein von der Zahl der Jahre ab, die wir auf dieser Erde zubringen. Mit all unseren Sorgen können wir der Länge unserer Jahre nichts hinzufügen, sagt einmal Jesus (vgl. *Mt* 6,27; *Lk* 12,25). Unsere eigentliche Sorge sollte sein, dass wir den Augenblick, in dem wir jetzt leben, voll ausschöpfen. „Ich bin gekommen, damit sie das Leben haben und es in Fülle haben“, sagt Jesus an anderer Stelle (*Joh* 10,10).

Was zählt, sind die Spuren der Liebe. Es gibt Menschen, deren Leben sehr kurz war, und die dennoch eine Spur der Liebe hinterlassen haben. Und es gibt andere, die sehr lange gelebt haben, ohne dass ein gutes Andenken von ihnen geblieben ist. Ein neues Jahr ist ein Stück neues Leben. Es beginnt oft mit neuen Vorsätzen. Nehmen wir uns vor, dass dieses Jahr ein lebendiges Stück von uns wird. Nur die Liebe schafft Leben.

2. Januar

Meine Wege sind nicht eure Wege

Wir haben gelernt, die Wolken am Himmel, Licht und Sonne, Farben und Schatten als Spiegel unserer Gefühle zu empfinden und nicht bloß als meteorologische Vorgänge. Genauso müssen wir lernen, in den Ereignissen unseres Alltags, in unseren Gefühlen und in den Menschen, mit denen wir Umgang haben, das sanfte Wehen des Geistes zu erspüren, das unseren Alltag durchzieht, und wodurch uns Gott eine Antwort geben will auf all die Fragen, die wir an Ihn, unseren Vater haben. Vor Gott liegt unser Leben, unser alltägliches Tun wie ein offenes Buch und er kann jederzeit darin lesen. Er liest im Buch unseres Lebens und will unser Lebensschiff in die eine oder andere Richtung führen, oft ohne dass wir es bemerken. „Meine Gedanken sind nicht eure Gedanken, und eure Wege sind nicht meine Wege“ (*Jes* 55,8).

Manchmal erkennen wir erst nach einiger Zeit, manchmal erst nach Jahren, dass Gott uns in bestimmten Situationen unseres Lebens geführt hat, ohne dass wir uns dessen bewusst waren. „Der Mensch denkt, Gott lenkt“, lautet ein bekanntes Sprichwort. Er ist Wege mit uns gegangen, die wir uns nicht selbst ausgesucht haben. Aber einmal werden wir erkennen, dass seine Wege auch unsere Wege waren.

3. Januar

Das Leben ist wie ein Schiff

Alltag ist das, was bei vielen Menschen häufig vorkommt. Es ist das, was alle Tage bei uns passiert, dieser breit dahin strömende Strom unseres Lebens, in dem wir schwimmen und von dem wir nach Jahren nur in Erinnerung halten, dass er einmal gewesen ist. Es sind diese Tage, von denen wir nach Jahren keine genaue Erinnerung haben. Es ist die Füllmasse unseres Lebens, von dem wir sagen, wir wissen nicht, wohin die Jahre gegangen sind. Es kann uns traurig machen, dass unsere Tage so scheinbar im Nichts versinken und wir solches an uns erfahren. Man hat das Leben gelegentlich mit einem Schiff verglichen. Das Schiff zieht langsam durch die Wogen des Meeres, und nichts bleibt von seiner Spur.

Vor Jahren musste ich einer Patientin eröffnen, dass sie unheilbar an Krebs erkrankt war. Sie antwortete mir: „Herr Doktor, das ist gar nicht so schlimm, wenn ich jetzt sterben muss. Im Leben ist es ja doch immer dasselbe." Ja, es ist zwar immer dasselbe. Doch andererseits ist das Leben auch immer wieder neu. Wir bemerken nur dieses Neue nicht, weil wir selber ständig anwesend sind, wir als Hauptperson, die sich immer wieder anpasst und immer dieselbe bleibt. Aber man muss auch sehen, dass wir Gott und den Menschen überall neu begegnen können. Und diese Möglichkeit ist das eigentliche Abenteuer unseres Lebens. Gott hat schon am Anfang an uns gedacht und hat zu uns gesprochen: „Mein Sohn bist du. Heute habe ich dich gezeugt" (*Ps* 2,7). Und: „Kann denn eine Frau ihr Kindlein vergessen, eine Mutter ihren leiblichen Sohn? Und selbst wenn sie ihn vergessen würde: ich vergesse dich nicht" (*Jes* 49,15).

4. Januar

Licht und Schatten

Die Liebe prahlt nicht, d. h. sie gibt nicht an. Prahlen ist ein Imponiergehabe, das sagt: Ich bin der Größte. Auf einem T-Shirt stand geschrieben: „Ich Chef – Du nix". Nichts ist tiefer im Menschen verwurzelt als der Wunsch größer, besser, stärker als andere zu sein. Es ist dies das negative Echo unserer Gottesebenbildlichkeit, ihr Schatten, der mit uns geht, wo wir gehen und stehen. Wo viel Licht ist, da ist auch viel Schatten. Luzifer, der Engel des Lichts, wurde zur Schattengestalt, zur Finsternis, weil er selber Quelle des Lichts sein wollte.

Liebe aber lässt der anderen Person Raum, sich zu entfalten. Liebe behindert andere nicht, sich frei zu entwickeln. Sie weiß, dass sie verschwinden muss, um alles zu verlieren, was sie von sich selber hat, damit sie alles, ja sich selber geben kann. Sie will allen alles werden (vgl. *1 Kor* 9,22). Dazu muss sie bereit sein, für sich selber nichts zu sein. Das allerdings muss die Liebe mit frohem Herzen tun, sonst würde sie nur verbittert ein Zerrbild wahrer Liebe sein. Nur wer sich selbst liebt, kann auf sich selbst verzichten. Nur wer weiß, dass er von Gott geliebt ist, kann sich selber loslassen. Menschen mit einem Minderwertigkeitskomplex reden ständig von sich selbst. Sie können nur geheilt werden, wenn sie tief in sich den Gedanken verankern: Gott liebt mich.

5. Januar

Wie ein Fluss

Schon die Alten haben im Strömen eines Flusses das Bild des menschlichen Lebens gesehen. Wie ein Fluss in ständigem Wandel unaufhaltsam dahinfließt und doch stets der gleiche zu sein scheint, so fließt auch unser Leben unmerklich dahin, unaufhaltsam und uneinholbar. Wenn ich einmal nicht mehr bin, wer wird dann die Gedanken denken, die nur ich denken

konnte, und die Worte sprechen, die nur ich habe sprechen können?
Als Christen gehen wir mit jedem vergangenen Tag Gott entgegen. In der Offenbarung des Johannes heißt es: „Selig die Toten, die im Herrn sterben, ... denn ihre Werke begleiten sie" (*Offb* 14,13). Bei Gott geht nichts verloren. Er weiß um jeden unserer Gedanken und Gefühle. „Sieh her: Ich habe dich eingezeichnet in meine Hände" (*Jes* 49,16). Wären wir bloß Kinder der Evolution, bliebe uns als einziger Trost, in den Kreislauf der Natur zurückzukehren. Poetisch ausgedrückt steht das auf einem Grabstein auf dem Münchener Prominenten-Friedhof St. Georg in Bogenhausen: „Unter Straßensteinen warten viele Blumen, die vom Blühen träumen, warten, dass mein Fuß einmal nicht mehr geht" (Joachim Fernau).

6. Januar

Die Fäden des Teppichs

„Wir brauchen die Nächte, um die Sterne zu entdecken" (brasilianische Spruchweisheit). Gebet und Tun bilden für den Mystiker des Alltags eine unauflösliche, sich gegenseitig bedingende und befruchtende Einheit, ähnlich wie die unauflöslichen Fäden eines Textilgewebes. Unser Alltag ist ein solches Gewebe, das durch die Fäden unseres Gebets und unserer Kontemplation durchwirkt ist.
Auch unser menschliches Zusammenleben ist wie ein Gewebe, es bringt ganz unterschiedliche Farben, Formen und Schattierungen hervor. Jeder Tag bringt uns unzählige Begegnungen mit den verschiedensten Menschen. Bedingt durch Situation und Charakter der Personen, die sich begegnen, ist jede Begegnung einmalig und hat ein besonderes Gepräge. Es gibt

angenehme und unangenehme Begegnungen, solche, die uns Freude machen und andere, die uns Ärger oder Schmerzen bereiten. Wenn wir sie in der Gegenwart Gottes leben, werden sie, auch wenn sie unter dem Kreuz stehen, Früchte bringen, die bleiben.
Manchmal sehen wir in unserem Alltag nur Probleme und Schwierigkeiten. Wenn wir aber den Anregungen des Heiligen Geistes folgen, werden wir einst erkennen, dass unser Alltag im ewigen Lichte Gottes betrachtet mit den lichtvollen Motiven der ewigen Wahrheit und der Liebe Gottes durchwirkt war.

7. Januar

Wer wir sind

„Wir Menschen sollten weniger darüber nachdenken, was wir *tun* sollen, als vielmehr wer wir *sind*." Dieses Wort des großen deutschen Mystikers Meister Eckhard kann auch für Menschen gelten, die mitten im Alltag als Christen leben wollen. Sie sind an erster Stelle Kinder Gottes. Das verleiht ihnen bei allem, was sie tun, eine Würde und Souveränität, die durch nichts anderes eingeholt werden kann. Nicht das, was wir tun oder produzieren, bestimmt unseren Wert, sondern das, was wir sind. Wenn der Arbeiter am Fließband und der Vorstandsvorsitzende morgens mit dieser Einstellung an ihre Arbeit gingen, würden sie aus der gleichen Quelle leben. Der Vorstandsvorsitzende würde auch bei den härtesten Verhandlungen mit dem Betriebsrat nicht vergessen, dass wir alle den gleichen Vater haben und dass unsere eigentliche Würde darin besteht, Kinder Gottes zu sein. Auch der Arbeiter am Fließband könnte sei-

ne gleichförmige Arbeit als Dienst an Gott und den Menschen auffassen.
Eine Utopie? Es ist die Utopie Christi, der zu seinen Jüngern gesagt hat: „Wer bei euch groß sein will, der soll euer Diener sein" (*Mt* 20,26).

8. Januar

Aus wessen Händen?

Der Geist der Gotteskindschaft führt uns dazu, alle Dinge aus den Händen Gottes zu empfangen: die guten Dinge aber auch die schlechten. Alles kommt aus der Hand des Vaters, der uns liebt. Selbst wenn er uns Leid und Krankheit, Arbeitslosigkeit oder Einsamkeit in unseren Beziehungen schickt, will er uns dadurch etwas sagen. Manchmal will er uns nur daran erinnern, dass wir uns mehr auf ihn und nicht zu viel auf uns und unsere Sorgen und Pläne verlassen sollen. Es kann auch sein, dass wir erst durch harte Lektionen lernen, dass er unser Herr ist – in guten und in schlechten Zeiten. Früher wurde gern das Wort aus dem Alten Testament zitiert: „Wen der Herr liebt, den züchtigt er" (*Hebr* 12,6). Es gibt tatsächlich Kinder, die deshalb schlecht gedeihen, weil man ihnen alles gibt, was sie haben wollen, ohne dass sie sich selbst dafür anstrengen müssen. Gott ist unser Vater und deshalb ein guter Pädagoge. Er gibt uns manche Dinge nicht, von denen wir meinen, sie wären gut für uns, und dafür andere, von denen er weiß, dass sie doch gut für uns sind. Es ist manchmal schwierig, das eine vom anderen zu unterscheiden.

9. Januar

Zum Glück bestimmt

André Gide schreibt an einer Stelle in seinem Tagebuch: „Das Furchtbare ist, dass man sich nie genügend betrinken kann." Es sind diese beiden Pole des Lebens: das Zuviel im Zuwenig und das Zuwenig im Zuviel, die uns zu schaffen machen. Der unstillbare Durst des Menschen nach Erfüllung im Vorläufigen, nach Vollkommenheit im Jetzigen und die Erfahrung von Vergeblichkeit bei der Suche nach Glück ist die Quelle vieler Depressionen. „Glücklich sein zu wollen, ist nicht Sache freier Entscheidung", meinte Thomas von Aquin. Der Mensch will naturhaft und notwendigerweise glücklich sein. Er kann darum gar nicht wollen, nicht glücklich zu sein. Negativ ausgedrückt könnte man sagen: Der Mensch ist zum Glücklich-Sein verdammt. Glücklich-Sein ist auch eine Frage des Maßes: dass wir uns selbst und den andern nicht überfordern. Ja, auch Gott dürfen wir nicht überfordern. Als er uns ins Leben rief, nahm er in Kauf, dass er ein Lebewesen schuf, das nicht vollkommen ist. Er kann uns jetzt nur jenes Glück schenken, das in dieser Welt möglich ist. Aber wir erwarten, „was kein Auge gesehen und kein Ohr gehört hat, was keinem Menschen in den Sinn gekommen ist: das Große, das Gott denen bereitet hat, die ihn lieben" (*1 Kor* 2,9).

10. Januar

Verlust der Mitte

Es macht uns zu schaffen, dass uns das Maß für das Zuviel und das Zuwenig verloren gegangen ist. Der Verlust des Maßes oder auch der „Verlust der Mitte", wie der Titel eines bekannten Buches lautet, ist charakteristisch für unsere Zeit. Man weiß nicht mehr recht, wo man hingehört oder woran man sich orientieren soll. „Im Gegensatz zum Tier zeigen dem Menschen keine Instinkte, was er tun muss, und im Gegensatz zum Menschen von gestern hört der heutige Mensch bei dem, was er soll, kaum noch auf Traditionen. Weder wissend, was er soll, scheint er oftmals nicht mehr recht zu wissen, was er will" (Viktor Frankl).

Nach Aristoteles ist eine der vier Grundtugenden die Tugend des Maßes. Sie soll alles ins rechte Verhältnis zueinander bringen. Aber woran soll der Mensch Maß nehmen? In einer Selbsterfahrungsgruppe, an der ich teilnahm, berichteten Menschen über ihr Leben. Am Schluss fragte der Leiter: „Wie geht es uns dabei?" Gefühle als Maß unseres Lebens? Oder ist da etwas Objektives in unserem Leben – etwas, an das wir uns als Christen halten können? Paulus zeigt uns einen Weg: Wir sollen das Vollmaß des Mannesalters Christi erreichen, ihn „in seiner vollendeten Gestalt darstellen" (*Eph* 4,13).

11. Januar

Lebendige Liebe

In Psychotherapiegruppen ist es üblich, bei Ehekrisen folgendermaßen zu argumentieren: Liebe ist etwas Lebendiges: Wenn eine Beziehung tot ist, ist man es dem Leben schuldig, eine solche Beziehung aufzulösen und es mit einem neuen Partner zu versuchen.

In jede neue Beziehung nimmt man sich unweigerlich selber mit. Auch hier gilt: „Warum siehst du den Splitter im Auge deines Bruders, aber den Balken in deinem eigenen Auge bemerkst du nicht?" (*Lk* 6,41; vgl. *Mt* 7,3). Oft wird eine Beziehung erst dann richtig spannend, wenn sich Schwierigkeiten von innen oder von außen einstellen. „In guten und in schlechten Tagen“ zusammenzustehen ist etwas anderes als in jungen Jahren einige Zeit zusammenzuleben. Aber nur so entsteht tiefe Gemeinschaft und Herzensverbundenheit. Nicht umsonst betrachtet die Kirche die dauernde Verbindung zwischen Mann und Frau als einen Bund für das ganze Leben, der der besonderen Stütze der Gnade des Ehesakraments bedarf.

12. Januar

Das Leben ist kein Wunschkonzert

Geht es uns nicht allen so: Wir möchten einmal einen Tag ohne Probleme erleben: Alle Menschen, die uns begegnen, sind nett mit uns. Es geht uns gut. Wir haben keine Kopfschmerzen. Die Arbeit macht uns Spaß und die Sonne scheint. Aber dann holt uns immer wieder die Wirklichkeit ein. Das Leben ist nicht so, wie wir es uns wünschen. Das Leben ist kein Wunschkonzert. Die andern sind nicht immer nett zu uns. Und wir sind es auch nicht mit ihnen. Die Arbeit macht häufig keinen Spaß. Und manchmal regnet es öfter als die Sonne scheint.

Es ist besser, wir wünschen uns gar nicht erst, dass alles glatt läuft. Es geht darum, die Welt und uns selber zu akzeptieren. Sonst geraten wir in Dauerstreit mit der Realität. Es kostet nämlich viel Energie, die Wirklichkeit dauernd ändern zu wollen, anstatt sie einfach anzunehmen, wie sie ist. Es gibt einen wichtigen Punkt, den wir als Christen niemals vergessen dürfen: Wir glauben, dass Gott in Jesus Christus die Realität mit uns geteilt hat und sie als den Willen Gottes für sich akzeptiert hat. „Ich bin nicht vom Himmel herabgekommen, um meinen Willen zu tun, sondern den Willen dessen, der mich gesandt hat" (*Joh* 6,38). Das kann uns eine große Hilfe sein. Es kann uns sogar froh machen – auch und gerade, wenn uns alles schwer fällt.

13. Januar

Unterwegs sein

„Wo bist Du? Ich brauche Dich doch!" – Diesen Gebetsaufschrei hatte jemand in ein Buch geschrieben, das in einer Autobahnkirche auflag. Menschen, die unterwegs sind, sind verwundbar, sensibler als sonst. Vielleicht nagt ein Abschied an ihnen, eine Sorge, weswegen sie unterwegs sind. Bei einer langen Fahrt melden sich Sorgen und Probleme zu Wort, die sonst unter der grauen Decke des Alltags verborgen geblieben sind. In dieser Situation spüren die Menschen vielleicht, dass sie jemanden brauchen, mit dem man auch dann sprechen kann, wenn man allein ist, und der einem auch dann noch zuhört, wenn keiner mehr etwas von uns wissen will.
Manchmal haben wir das Gefühl, dass Gott zwar da ist, dass er sich aber nicht besonders für uns interessiert. Dann fragen wir: „Wo bist Du?" Christus selbst hat am Kreuz ausgerufen: „Mein Gott, mein Gott, warum hast du mich verlassen?" (*Mt* 27,46; *Mk* 15, 34). Dies sind die ersten Worte des Psalms 22, wo es dann weiter heißt: „Mein Gott, ich rufe bei Tag, doch du gibst keine Antwort; ich rufe bei Nacht und finde doch keine Ruhe." Gott lässt es manchmal zu, dass wir uns allein fühlen. Aber wie bei Christus bleibt er nicht beim Karfreitag stehen, sondern er will uns zur Fülle und zum Licht des Ostermorgens führen. Wann? – Wann er will und wann es für uns gut ist.

14. Januar

Das letzte Wort

Wir stellen uns manchmal vor, wie es gewesen wäre, wenn unser Leben anders verlaufen wäre. Dieser Gedanke kann im Alter oder aufgrund von Enttäuschungen zunehmen. Unser Leben stellen wir uns dabei anders vor, als es wirklich ist. Auch wir selber erscheinen dann nicht so, wie wir wirklich sind. Wir stellen uns ein Idealleben vor, ein „geklontes" Leben aus der Retorte, in dem wir wie im Märchen unbesiegbare Helden sind und nach vollbrachter Heldentat die schöne Prinzessin küssen dürfen bzw. als Prinzessin von einem Prinzen geküsst werden.

Das Leben Jesu Christi war nicht so. Am Ende erlebte er Enttäuschungen, Fehlschläge, Leiden. Sein Leben endete mit einem schrecklichen Tod. Aber sein Sterben war nicht das letzte Wort. Das letzte Wort hatte das Leben selber, denn „in ihm war das Leben, und das Leben war das Licht der Menschen" (*Joh* 1,4). Und weil Christus das Leben selber war, mündete jene Nacht des Todes in den ewigen Morgen der Auferstehung. Darum ist der Tod überwunden. Wir sind frei, „weil ich lebe und weil auch ihr leben werdet" (*Joh* 14,19).

15. Januar

Annahme seiner selbst

Zur „Annahme seiner selbst" – so lautet der Titel eines bekannten Buches von Romano Guardini – zählt auch, dass wir damit einverstanden sind, dass wir möglicherweise bis zum Lebensende mittelmäßige Menschen bleiben, die sich nicht wesentlich von den andern unterscheiden – außer durch oft nur eingebildete grandiose Eigenschaften. Immerhin eröffnet uns diese Erkenntnis unserer Mittelmäßigkeit die interessante Perspektive, dass wir uns mit den meisten Menschen solidarisch fühlen können. Sie kann uns vor allem davor bewahren, uns für besser als die andern zu halten. Das ist zumindest keine schlechte Voraussetzung, um trotzdem ein „Heiliger“ zu werden, denn auch wenn wir „Tugendakrobaten“ wären, nützte es uns nichts, wenn wir wie der Pharisäer im Gleichnis vom Pharisäer und vom Zöllner (*Lk* 18,9-14) stolz darauf wären. Zumindest kann uns diese Erkenntnis helfen, demütig zu bleiben, was ja zu den wichtigsten Bedingungen der Heiligkeit im christlichen Sinn zählt. Damit will ich aber nicht behaupten, dass alle stillen Wasser auch Heilige sind. Auch soll uns das nicht davon abhalten, uns zu bemühen, bessere Menschen zu werden. Aber die Demut und der Gehorsam gegenüber Gott, uns so zu akzeptieren, wie wir sind oder auch wie wir im Laufe unseres Lebens geworden sind, sind vielleicht reifere Früchte unseres Lebens als eine dauernde Unruhe und die dauernde Unzufriedenheit mit uns selbst, die uns die Heiterkeit des Herzens rauben kann.

16. Januar

Wie erlangen wir Frieden?

Vor Jahren las ich in einem Buch über Mönche der Ostkirche eine kleine Geschichte, die mir sehr geholfen hat: Ein Gast fragte einen Mönch: „Vater, wie kann man den Frieden erlangen?“ Seine Antwort lautete: „Man muss zur Ruhe kommen.“ „Was heißt das: Zur Ruhe kommen?“, fragte der junge Mann. Der Mönch erzählte ihm, wie er als junger Mann seinem Starez (Seelenführer) die gleiche Frage gestellt hatte und wie der ihm geantwortet hatte: „Erst wenn dir

alles gleich viel bedeutet, Frühling oder Sommer, Herbst oder Winter, erst wenn du für den heutigen Tag lebst, weil jeder Tag genug an seiner Plage hat, und wenn du nicht vor dich hin träumst und alles Mögliche erwartest, sondern dich voll und ganz dem Willen Gottes übergibst, dann erst wirst du zur Ruhe kommen. Wenn du den Willen Gottes mit der Güte Deines Herzens und in Liebe annimmst und von Dir selbst nicht weiß Gott was für Wunderdinge erwartest, dann erst kommst du zur Ruhe“ (S. N. Bolsakov)
Wer in den Händen Gottes zu ruhen weiß, ist glücklich, weil er einen Sinn im Leben sieht. Wer die Dinge und Menschen und auch sich selber aus Gott empfängt, findet inneren Frieden, der auch auf andere ausstrahlt.

17. Januar

Alpha und Omega

Viele Menschen leben heute nur im Augenblick. Solange alles glatt läuft, sind die meisten Menschen damit zufrieden. Wenn aber etwas eintritt, das über den Augenblick hinausweist, wie zum Beispiel eine Krankheit, der Verlust eines geliebten Menschen, Scheidung oder Arbeitslosigkeit, dann genügt der Augenblick nicht mehr. Man fragt plötzlich nach dem Sinn im Leben.
Denn in jeder Beziehung zu den Mitmenschen, Dingen und Ereignissen sucht der Mensch eigentlich etwas Bleibendes, etwas über den gegenwärtigen Augenblick Hinausweisendes, das eine Brücke zur Vergangenheit und Zukunft schafft. Der Mensch sucht etwas, das ihn letztendlich erfüllt und in Beziehung zu seinem Ursprung und Ende bringt, zum Alpha und Omega seiner Existenz. Der Mensch sucht etwas,

das ihn auch dann noch trägt, wenn alles andere zu zerbrechen scheint. Der Mensch kann den nackten, ungestalteten Augenblick nicht ertragen. Er muss ihn mit etwas füllen.
Wenn wir unserem Alltag mit Gott vereint leben, können wir den Trost haben, dass all unsere Tage, auch die schlechten und ungelebten, in Gott geborgen sind und dass wir sie mitnehmen können, wenn wir dereinst zu ihm gelangen. Dann wird Gott jede Träne von unseren Augen abwischen, „der Tod wird nicht mehr sein, keine Trauer, keine Klage, keine Mühsal. Denn was früher war, ist vergangen" (*Offb* 21,4).

18. Januar

Tägliches Kreuz

Es gibt kein Paradies auf Erden, auch wenn die Sehnsucht nach ihm tief in uns allen steckt. Christus sprach vom Alltag, von der Arbeit, er versprach kein irdisches Paradies. „Wer mein Jünger sein will, der verleugne sich selbst, nehme sein Kreuz auf sich und folge mir nach" (*Mt* 16,24). Seine Verheißung war nicht die Befreiung von der Mühe und Plage des Alltags, sondern dass in allem Negativen und Leidvollen ein Sinn zu entdecken ist. „Kommt alle zu mir, die ihr euch plagt und schwere Lasten zu tragen habt. Ich werde euch Ruhe verschaffen. Nehmt mein Joch auf euch und lernt von mir; denn ich bin gütig und von Herzen demütig; so werdet ihr Ruhe finden für eure Seele" (*Mt* 11,28-29). Durch Gehorsam gegenüber dem Willen des Vaters erlöste Christus die Menschheit, „er erniedrigte sich und war gehorsam bis zum Tod, bis zum Tod am Kreuz" (*Phil* 2,8). In den Evangelien wird berichtet, dass ein Mann, Simon von Zyrene, Jesus das Kreuz trug, weil die Soldaten fürchteten, Jesus könnte unter der Last bewusstlos zusammenbrechen. Er war zufällig auf dem Weg von der Arbeit nach Hause. Man lud ihm das Kreuz Jesu auf, ohne ihn zu fragen. Erst später, so berichten uns die ersten Christen, erkannte er, „dass es Gnade war, mit diesem Gekreuzigten zu gehen und ihm beizustehen. Das Geheimnis des leidenden und schweigenden Jesus hat ihn ins Herz getroffen. Jesus, dessen göttliche Liebe allein die ganze Menschheit erlösen konnte und kann, will doch, dass wir sein Kreuz mittragen, um voll zu machen, was an seinen Leiden noch fehlt (*Kol* 1,24). ... So empfangen wir Heil und dürfen selbst zum Heil der Welt beitragen" (Kardinal Joseph Ratzinger).

19. Januar

Urvertrauen

Es zählt zur Ordnung der Natur, dass jedes Lebewesen die Sonne mütterlicher Liebe empfängt. Zumindest einmal im Leben sollte jeder Mensch erfahren, dass er um seiner selbst willen geliebt wird. Daher ist es die wichtigste Aufgabe einer Mutter und eines Vaters, ihrem Kind diese existentielle Erfahrung zu schenken. Aus dieser Erfahrung entwickelt der Mensch das Urvertrauen, um in einer oft schwierigen Welt mutig und froh seinen Weg gehen zu können. Dieses Urvertrauen ist auch eine wichtige Voraussetzung, dass ein Mensch sich als Kind Gottes und in seinem tiefsten Inneren sicher und stark fühlen kann.
Wir durchlaufen tagsüber verschiedene Aggregatzustände unseres Charakters und unserer Persönlichkeit: Freude und Ärger, Hektik und Müdigkeit, Hoffnung, Enttäuschung und Trauer, Schuldgefühle,

Ablehnung und Ausgelassenheit. Aber all dies sollte getragen und gehalten sein vom Bewusstsein unserer Gotteskindschaft. „Denn alle, die sich vom Geist Gottes leiten lassen, sind Söhne Gottes. Denn ihr habt nicht einen Geist empfangen, der euch zu Sklaven macht, so dass ihr euch immer noch fürchten müsstet, sondern ihr habt den Geist empfangen, der euch zu Söhnen macht, den Geist, in dem wir rufen: Abba, Vater!" (*Röm* 8,14-15). Die Gotteskindschaft schenkt uns das Maß in der Ausgelassenheit, sie bietet Stütze und Halt, wenn wir uns verlassen, schutzlos oder schuldig fühlen.

20. Januar

Kontemplative Momente

„Die Welt, die Dinge sind auch ein Wort, eine Botschaft an den Menschen. Er soll darauf eine Antwort geben. Sein Leben ist ein Dialog nicht nur mit seinen Mitmenschen, sondern auch mit seiner Welt, deren Wort ihm oft beglückend, oft aber auch dunkel und zweideutig erscheint. Wem es aber geschenkt ist zu glauben, dass die Welt sich dem schöpferischen Wort Gottes verdankt und dass sie ein Wort Gottes an uns Menschen ist, den führt die Verantwortung für diese Welt auch in ein Gespräch mit Gott" (Johannes Paul II., *Ansprache*).

In jeder Arbeit gibt es Platz für kontemplative Momente. Während der Arbeit gibt es immer wieder Augenblicke, in denen wir eigentlich Gedanken haben, die nicht zur Arbeit gehören, Gedanken an uns selbst, an Angehörige, Freunde, oder einfach Phantasien, die uns in den Kopf kommen, Positives und Negatives: Gedanken an Frau und Kinder, Freude und Ärger in der Familie oder Probleme, die wir zu lösen haben. Gerade hier sollte der Wille zur Kontemplation einsetzen, indem wir den Heiligen Geist bitten, unseren Gedanken die richtige Richtung zu geben. Da aber unser ständiges Streben immer darauf zielen sollte, in allem den Willen Gottes zu erfüllen, wird uns der Heilige Geist auf stille und sanfte Weise zu unserer Arbeit zurückführen, denn sie ist der Wille Gottes für uns in diesem Augenblick. Die Fähigkeit zur Kontemplation und zur Transformation bzw. Verarbeitung unseres Denkens, Fühlens und Tuns ist wichtig für das Aushalten im Leben und in der jeweiligen Berufung, gerade wenn uns unser Leben und unsere Arbeit sinnlos erscheinen.

21. Januar

Was die Dinge wert sind

Wenn jemand stirbt, erfahren wir hautnah, was die Dinge eigentlich wert sind. Mit einem Mal ist niemand mehr da, der sie benutzt. Schließlich kommt ein Container und man wirft alles hinein, was nicht mehr gebraucht wird. Die Dinge haben nur insofern Bedeutung, als sie mit Personen zusammenhängen. Wenn wir den Dingen, die uns umgeben, mehr Bedeutung beimessen als den Menschen um uns, wird wenig von uns bleiben. Es geht uns wie dem Mann im Beispiel von der falschen Selbstsicherheit des reichen Mannes, der sich aus Sorge um die Zukunft viele Scheunen baute, um darin seine reiche Ernte zu lagern. Kurze Zeit darauf starb er. Wie im Gleichnis könnte Christus auch zu uns sprechen: „Du Narr! ... Wem wird dann all das gehören, was du angehäuft hast?“ (*Lk* 12,20).

Der Tod rückt alles ins rechte Licht. Er zeigt uns, was wirklich wichtig ist in unserem Leben und worauf wir wirklich hoffen können. Der Tod zieht klare Trennungslinien zwischen denen, die Hoffnung haben, und jenen, die keine haben. Deshalb sagt uns Paulus: Ihr sollt nicht trauern „wie die anderen, die keine Hoffnung haben“ (*1 Thess* 4,13).

22. Januar

Hoffnung auf Glück

Wenn ich auf einen Bus warte und immer wieder schaue, ob er bereits kommt, ist das noch nicht Hoffnung, sondern ungeduldiges Warten. Warum schaue ich trotzdem nach dem Bus? Vielleicht, weil von seinem pünktlichen Eintreffen einiges für mich abhängt: eine Verabredung, ein wichtiger Termin oder das Erreichen eines Flugzeugs, das mich zum Ferienziel bringen soll. All dies ist letztlich doch eine Hoffnung, die nur erfüllt wird, falls der Bus pünktlich ist.

Man könnte sagen, dass unser ganzes Leben aus einer aneinandergereihten Kette solcher Erwartungen und Hoffnungen besteht. Im Laufe des Lebens gibt es unendlich viele Hoffnungen, die kommen und gehen. Der Mensch lebt von Erwartung zu Erwartung und von Hoffnung zu Hoffnung. Da ist zunächst die Hoffnung des Heranwachsenden auf das Leben, die Liebe, den Beruf, später die Hoffnung auf Gesundheit, auf das Gedeihen der Kinder, das Gelingen im Beruf, auf Wohlstand und Selbstverwirklichung und schließlich im Alter auf einen schnellen, möglichst schmerzlosen Tod.

Manche dieser Hoffnungen können wir nicht auf Dauer nachempfinden, wie etwa den Wunsch der Jugend, möglichst bald erwachsen zu werden. Aber der Wunsch, glücklich zu sein, begleitet uns ein Leben lang.

23. Januar

Sprechen oder Schweigen?

Mich erreichte die Nachricht, dass sich ein junger Mann, der schon lange depressiv war, das Leben genommen hatte. Er war der Sohn einer mittlerweile über 80 Jahre alten, mir bekannten Dame. Nach längerem Zögern entschloss ich mich, ihr einen Brief zu senden. Aber was sollte ich schreiben? Es fiel mir schwer, etwas zu sagen. Aber ich spürte, dass ich das tun sollte. Also schrieb ich: „Soeben habe ich erfahren, dass Sie Ihren lieben Sohn verloren haben. Es ist schmerzlich, wenn jemand, den wir lieben, keinen anderen Ausweg mehr gesehen hat. Gott allein weiß, warum so etwas geschieht. Wenn es Ihnen hilft, möchte ich gerne an Ihrem Schmerz teilhaben. Als ich die Nachricht erhalten habe, habe ich für Sie und Ihren Sohn gebetet."

Manchmal kann der Schmerz so groß sein, dass man nicht einmal mehr beten kann. Dann bleibt uns nur noch übrig, wie Ijob unsere Klagen vor Gott zu bringen oder zuzulassen, dass andere für uns beten.

24. Januar

Arbeit und Gebet

„Wir sollten erlernen, wie man vom Gebet zu den vielerlei Betätigungen übergeht, die unser Beruf und Amt mit Recht von uns verlangen, sogar wenn sie den Empfindungen, die uns das Gebet geschenkt hat, sehr fern zu liegen scheinen. Ich will damit sagen, ein Rechtsanwalt sollte lernen, vom Gebet zu seinem Plädoyer überzugehen, der Kaufmann zum Handel, die verheiratete Frau zu ihren Pflichten und den vielerlei Geschäften des Haushalts, und zwar mit so viel Fassung und Ruhe, dass ihr Geist davon nicht absorbiert wird. Beides entspricht ja dem Willen Gottes. Deshalb sollte sich der Übergang von einem zum andern Bereich im Geist der Dienstbereitschaft und Frömmigkeit vollziehen" (Franz von Sales, *Philothea*). Allzu lange war die christliche Spiritualität auf das Leben außerhalb des Alltags beschränkt. Die Überzeugung, dass Gott, unser Vater, uns und unser Tun und Denken ständig begleitet, könnte uns helfen, den Ansprüchen des modernen Lebens mit seiner hektischen Alltags- und Arbeitswelt mit mehr Gelassenheit zu begegnen.

25. Januar

Mystiker

Der Bankdirektor, Parlamentsabgeordnete und Mystiker Hieronymus Jaegen (1841–1919) aus Trier führte ein verborgenes Leben des Gebetes und der Hingabe an Christus. In seinem Buch über das mystische Gnadenleben sagt er: „Wie die Gnade Gottes sich stets nach den äußeren Verhältnissen des Begnadeten richtet, so stört auch das echte, innere mystische Gnadenleben nicht die geordneten äußeren Verhältnisse, die wirklichen Standespflichten. Die Seele muss stets nach den Grundsätzen der christlichen Klugheit handeln, jede übertriebene Einseitigkeit, jedes außergewöhnliche Auftreten, jeden Verstoß gegen den bei guten Christen üblichen »guten Ton« vermeiden und das alte Sprichwort beherzigen: Jedes Ding hat seine Zeit. Äußeres emsiges, standesgemäßes Wirken und innerer geistiger Verkehr mit Gott müssen friedlich nebeneinander laufen und sich einander helfen bis zur vollkommenen Höhe auf *beiden* Gebieten. Das ist alsdann ein untrügliches Zeichen

echter christlicher Mystik" (Hieronymus Jaegen, *Das mystische Gnadenleben*).
Von Jaegen ist auch der Ausspruch überliefert: „Ich schlief zwanzig Jahre am Geldschrank und war nicht eine Minute ohne Gottes Gegenwart bis zum Einschlafen."

26. Januar

Ein weites Feld

Im Matthäus-Evangelium (25,31-46) schildert uns Christus, was den eigentlichen Wert unseres Lebens ausmacht. Er spricht von den Werken der Barmherzigkeit, die diejenigen getan haben, die im Reiche seines Vaters für immer sein dürfen. Diese Werke sind: Hungrige speisen, Durstige tränken, Nackte bekleiden, Fremde aufnehmen, Kranke besuchen, Gefangene befreien, Tote bestatten. Christus identifiziert sich mit allen, denen es schlecht geht: „Was ihr für einen meiner geringsten Brüder getan habt, das habt ihr mir getan" (*Mt* 25, 40).
Schon in den Anfängen des Christentums war die Diakonie, der Dienst an den Armen, ein wesentlicher Bestandteil der Verkündigung, sodass die Heiden verwundert sagten: „Seht, wie sie einander lieben" (Tertullian, *Apologeticum*). Nun könnte man sagen: Wo sind bei uns die Hungrigen, die Durstigen, die Nackten oder Gefangenen? Wir müssen nur hinschauen, dann gibt es auch in unserer Gesellschaft noch viel zu tun. Denken wir nur an die alten Menschen in einem Heim, denen aus Zeitmangel niemand zu essen und zu trinken gibt, oder an Menschen, die sich nur noch durch Spenden anderer ausreichend ernähren oder kleiden können.

Von alters her hat die Kirche aber auch die geistigen Werke der Barmherzigkeit gekannt: Unwissende lehren, Zweifelnden raten, Irrenden Weisung geben, Trauernde trösten, Unrecht ertragen, Beleidigungen verzeihen, für Lebende und Tote beten. Dies ist wahrlich ein weites Feld für unseren Alltag.

27. Januar

Wo Leben ist

Wir leben im Zeitalter der Technik. Sie bestimmt unser Leben und gibt den Takt an. Damit das Getriebe unserer Industriegesellschaft funktioniert, muss auch der Einzelne funktionieren. So versuchen wir, auch unser Leben zu planen. Wir überlassen nichts dem Zufall. Überall suchen wir Perfektion, sogar in unseren vitalen Lebensbeziehungen. Bevor wir uns festlegen, möchten wir wissen, auf was wir uns einlassen.

Bevor heute junge Leute heiraten, leben viele erst eine Zeit zusammen. Man möchte wissen, wer der ist, mit dem man zusammen sein Leben verbringen will. Man heiratet erst, wenn alles passt. Manchmal wird erst noch ein Haus gebaut oder man heiratet erst, wenn ein Kind da ist. Man will kein Risiko eingehen. Aber nicht selten passiert es, dass sich bereits nach kurzer Zeit Schwierigkeiten einstellen, an die man vorher nicht gedacht hat. Es kommt zum Streit und nicht selten geht dann eine solche Ehe nach kurzer Zeit in die Brüche. Woran liegt es?

Man vergisst nur zu leicht, dass Beziehungen nur dann funktionieren, wenn Raum für Unerwartetes bleibt. Wo Leben ist, kann man nicht alles planen und vorhersehen. Leben ist immer ein Geschenk, das wir uns nicht selbst machen können. Auch wenn uns das

Leben manchmal defizitär erscheint oder nicht so verläuft, wie wir es uns vorgestellt haben, sollten wir dankbar bleiben.

28. Januar

Nahtod-Erfahrung

Von Menschen, die dem Tod nahe waren, ist immer wieder berichtet worden, dass sie ihr Leben wie in einem Film gesehen haben. Mir selber berichtete ein Patient, als er aus einem tiefen Koma erwachte und mit seinem Leben abgeschlossen hatte, dass ihm heiter und wunderbar leicht zumute war und wie enttäuscht er war, als er wieder zum Leben zurückkehrte. Gott gibt dem Menschen noch einmal Gelegenheit, sein Leben in Dankbarkeit für alle Geschenke, die Gott ihm gemacht hat, aber auch mit einem selbstkritischen Blick und geistgeschenkter Reue für alle Unterlassungen zu betrachten. Und wenn das gesamte Leben eines Menschen nur auf diesen einzigen Augenblick hinausliefe, ein solches Leben wäre nicht vergeblich gewesen.

Dismas, einer der beiden Verbrecher, die zusammen mit Christus gekreuzigt wurden, führte am Ende seines verpfuschten Lebens als Schwerverbrecher einen Dialog mit Christus. Dieser Dialog kann all jenen, deren Leben nicht in gerader Bahn verlaufen ist, Trost schenken. Dismas wandte sich in seiner letzten Stunde zu Christus und sagte: „Jesus, denk an mich, wenn du in dein Reich kommst“. Und Christus sprach zu ihm: „Amen, ich sage dir: Heute noch wirst du mit mir im Paradies sein“ (*Lk* 23,42-43).

29. Januar

Christ und Welt

„Der Christ lehnt die rein weltlichen Werte ab. Er hängt sein Herz nicht an irdische Sicherheit und Glück. Aber daraus folgt nicht, dass er nicht weiterhin in dieser Welt und zu gegebener Zeit glücklich sein könnte. Er lebt und arbeitet in Einfalt, mit mehr Freude und größerer Sicherheit als andere, weil er keine besondere Erfüllung in diesem Leben erwartet. Er meidet die leere Aufregung, die die Jagd nach rein irdischen Zielen mit sich bringt. Inmitten der Eitelkeit des Vergänglichen lebt er in Frieden. Doch diese Eitelkeit ist ihm nicht nur verächtlich. Denn hinter dem Schatten sieht er die Wesenheit, und die Geschöpfe reden zu ihm von der Freude in ihrem Schöpfer. Höchste Demut ist die Erkenntnis, dass ein in vollkommenem Glauben geführtes Alltagsleben heiliger und himmlischer sein kann als eine in die Augen fallende asketische Laufbahn. Solche Demut wagt es, alltäglich zu sein“ (Thomas Merton). Dem ist nichts hinzufügen.

30. Januar

Mutterschoß

Im Alten Testament wird neben das Bild des gerechten und strafenden Gottes eine gefühlvolle mütterliche Eigenschaft Gottes gestellt, vergleichbar dem Fühlen einer Mutter. Eine Bezeichnung für das Erbarmen Gottes („rahamim“) leitet sich von „rehem“ (Mutterschoß) ab und bedeutet Mutterliebe (vgl. Johannes Paul II., Enzyklika *Dives in misericordia*). Ein Gott, der vor allem als strafender Vergelter für erlittene Beleidigungen gilt, kann nur schwerlich als Vater oder Mutter verinnerlicht werden. Auf der ande-

ren Seite ist ein Vater, der nichts unternimmt, wenn seine Kinder ins Verderben laufen, letztlich schwach und kann uns Angst machen, weil er nicht in der Lage ist, heilsame Grenzen zu setzen. So wie Gott den Menschen als sein Abbild, als Mann und Frau erschuf (vgl. *Gen* 1,27), so ist sein Wesen, menschlich betrachtet, auch von weiblichen und männlichen Wesenseigenschaften bestimmt.
Ein Freund erzählte mir, wie er im Luftschutzkeller die schlimmsten Bombennächte des Krieges mit dem Kopf im Schoß der Mutter verschlafen hat. Es könnte als Bild für einen Menschen genommen werden, der sich zutiefst als Kind Gottes fühlt. Aber ein Mensch, der sich in Gott geborgen fühlt, kann gleichzeitig wie ein gutes Kind in der heilsamen Furcht leben, seinem Vater oder seiner Mutter zu missfallen. Eins schließt das andere nicht aus. Ein solcher Mensch, der sich Kind Gottes weiß, wird viel weniger anfällig sein für Ängste aller Art, denn es ist besser, vor der konkreten Gefahr eines Verlustes Angst zu haben als diffusen Ängsten ausgesetzt zu sein, die den Boden der eigenen Existenz ins Wanken bringen.

31. Januar

Fels in der Brandung

Die Menschen von heute wollen keine Lehrmeister akzeptieren, sondern allenfalls brüderliche Weggenossen, die mit ihnen den Stau auf der Autobahn und das Gedränge in der U-Bahn teilen. Heutige Menschen nehmen spirituelle Lebenshilfen nur von solchen Menschen an, die irgendwie selbst noch Suchende bleiben, trotz aller Erleuchtungen, die ihnen vielleicht zuteil geworden sind. Schon der hl. Paulus warnt vor den allzu gewandten und klugen Worten

(*1 Kor* 1,17), weil sie leicht missverstanden werden können. Wir sollten deshalb als Christen keine Scheu haben, auch von unseren Fehlern zu sprechen. Dadurch werden wir Christen zum Anfassen, zu Felsen in der Brandung, aber keine glatten Felsen, an denen man eher abrutscht, sondern solche mit Scharten und Kanten, aus denen der Sturm einige Stücke herausgebrochen hat, und an denen man sich festhalten kann. Dann sind wir trotz unserer eigenen Fehler und Schwächen authentisch.

Man kann unserer Zeit vorwerfen, dass sie keine Tabus mehr kennt. Nacktheit wird zum Kult hochstilisiert. Wie immer bergen die schlechten Seiten einer Zeitkultur zugleich ihre positiven. Heute braucht sich niemand zu schämen, sich zu „outen". Manchmal sind unsere Fehler und Verfehlungen, zu denen wir uns bekennen, ein stärkeres Zeugnis für unseren Glauben als unsere – vielleicht zur Schau gestellten – Tugenden, weil unsere Schwächen uns dabei helfen können, mehr Verständnis für die anderen zu haben.

Februar

1. Februar

Gott weiß es

„Gott weiß, was er mit mir vorhat. Ich brauche mich darum nicht zu sorgen“ (Edith Stein). Das ist die schlichte Aussage einer großen Heiligen, die sich selbst in der Extremsituation des Holocaust nicht um sich selbst und ihr Schicksal kümmerte, sondern nur um die andern, die mit ihr das gleiche Schicksal teilten. Von ihr wird berichtet, dass sie sich im Sammellager Westerbork um die völlig verstörten Mütter und Kinder kümmerte und durch ihre Ruhe und innere Gefasstheit, ja Heiterkeit auch in dieser schrecklichen Lage Frieden und Gelassenheit ausstrahlte.

Gott wird sich schon etwas dabei gedacht haben, wenn er mir eine Krankheit schickt, wenn er mich alt werden lässt, wenn er es zulässt, dass eine Ehe, eine Freundschaft oder Partnerschaft zerbricht oder dass ich arbeitslos werde. Gott weiß, was er mit mir vorhat. Ich brauche mich um nichts zu sorgen! Dieses Wort der hl. Edith Stein nicht nur nachzusprechen, sondern auch innerlich zu bejahen, verlangt von uns Glauben und Vertrauen, die wir nur mit Hilfe des Heiligen Geistes erlangen können. „Ihr habt den Geist empfangen, der euch zu Söhnen macht, den Geist, in dem wir rufen: Abba, Vater!“ (*Röm* 8,15).

2. Februar

Wie in einem Spiegel

Eines Tages kam ein junger Mann zu einem Rabbi. Der Rabbi sagte zu ihm: „Schau aus dem Fenster, was siehst Du?“ Der Junge antwortete: „Ich sehe Bäume und Menschen, die vorübergehen.“ Da sagte der Rabbi: „Jetzt schau mal in den Spiegel. Was siehst du jetzt?“ Der Junge sagte ganz verwundert zu dem Rabbi: „Nun, jetzt sehe ich nur mich selbst.“ Da sagte der Rabbi: „Siehst du, so geht es den Menschen, sobald das Glas mit Silber unterlegt ist, sehen sie nur noch sich selbst.“

Wer nur noch sich selbst sieht, wird leicht von der Gier übermannt. Er will immer mehr für sich selbst. Er will es auch dann noch, wenn es auf Kosten der anderen geschieht. In der jüngsten Zeit haben wir das als Folge eines menschenverachtenden Finanzliberalismus erfahren müssen, der Bereiche menschlichen Tuns dem Gesetz der Moral entzogen hatte in der Meinung, die eigenen materiellen Vorteile schafften eine bessere Ordnung. Hier hat sich das Böse in Form eines brutalen gottlosen Kapitalismus breit gemacht. Das Wort: „Der Markt regelt sich von selbst“ hat sich als falsches Naturgesetz herausgestellt. Der sogenannte Markt ist kein Labor, in dem mit Naturgesetzen experimentiert werden kann, sondern eine Welt, in der Macht und Gier einen unberechenbaren Moloch hervorgebracht haben, der alles zu verschlingen droht. Der Tanz um das Goldene Kalb des schrankenlosen globalen Profits fand ein abruptes Ende, das alle erstarren ließ.

Was nützt es dem Menschen, wenn er die ganze Welt gewinnt, aber Schaden leidet an seiner Seele (vgl. *Mk* 8,36-37). Hier sind Worte, die uns zu tiefem Nachdenken anregen können. Schlimmer als der materielle Schaden ist der Verlust an Lauterkeit und Vertrauen, die nun mühsam wiedergewonnen werden müssen.

3. Februar

Gottesgabe

Wer allmählich lernt, das Leben als Gabe zu empfangen, der hört auf, dauernd Forderungen an sich und andere zu stellen und an allem herumzumäkeln. Er empfängt jeden Tag neu aus den Händen Gottes als ein unverdientes Geschenk, für das man danken muss. Dann sind wir zufriedener und sind nicht dauernd damit beschäftigt, uns mit anderen zu vergleichen. Wir brauchen uns nicht dauernd abzuhetzen nach Lust, Glück und Selbstverwirklichung.
Denn das Leben selbst, der Tag selbst ist die Gabe, die uns Gott als Selbstverwirklichung mit in die Wiege gelegt hat: „Den Beschluss des Herrn will ich kundtun. Er sprach zu mir: »Mein Sohn bist du. Heute habe ich dich gezeugt. Fordere von mir, und ich gebe dir die Völker zum Erbe, die Enden der Erde zum Eigentum ...«" (*Ps* 2,7-8).

4. Februar

Die blaue Blume am Straßenrand

Unsere Gedanken und Träume sind wie ziehende Wolken am Himmel unseres Alltags. Sie verändern sich dauernd, lösen sich auf, schieben sich vor die Sonne und geben sie wieder frei. Wenn wir an die Zukunft denken, überspringen wir oft diesen grauen Alltag und denken lieber gleich an die großen Aufgaben und Träume, die noch vor uns liegen und die uns Hoffnung geben oder Angst machen. Meist aber haftet unser Blick auf dem Boden und wir können ihn kaum erheben vor lauter Hindernissen, denen wir aus dem Weg gehen müssen. Träume sind die verborgenen Sehnsüchte nach Liebe, nach Glück, nach schrankenlosem Angenommensein ohne Wenn und Aber, nach Erfüllung auch der kleinsten und unbedeutendsten Augenblicke in unserem Leben, nach Immer und Ewig. Es ist dieser Wunsch, loslassen zu können und doch zu besitzen, ganz in den Dingen zu sein und sie doch von außen zu betrachten, die Sehnsucht zu verstehen und verstanden zu werden, die Sehnsucht nach der blauen Blume, die sich im Straßenstaub am Rande unseres kleinen Lebens verbirgt und die wir eines Tages finden werden.

5. Februar

Was uns den Schlaf raubt

Im sogenannten grauen Alltag entscheidet sich, ob unser Leben gelingt oder nicht, ob es Sinn hat oder nicht, ob unsere Beziehungen gelingen oder nicht, ja ob wir Gott darin finden oder nicht. Es ist dieses Geflecht aus Arbeit, Freizeit, familiären Beziehungen, zufälligen Begegnungen, kleinen Freuden und Ärger, das sich überall ausbreitet und uns ständig beschäftigt. Es lässt uns selbst im Schlaf und in unseren Mußestunden nicht los. Jeder dritte Bundesbürger hat Schlafstörungen, weil ihn der liebe Alltag auch nachts nicht zur Ruhe kommen lässt. Er fordert jeden Tag unsere ganze Energie und Aufmerksamkeit und lässt uns kaum Zeit, an andere Dinge zu denken. Der Alltag ist das, was uns zugleich miteinander verbindet und voneinander trennt. Über den Alltag jammern und freuen wir uns gemeinsam. Er erfüllt uns

mit Hoffnungen und Wünschen, aber er lässt uns oft auch leer und frustriert zurück.
Der Alltag ist freilich auch der Ort, wo wir Gott begegnen können. Er möchte uns etwas sagen mit dem, was uns tagtäglich passiert. Wir begegnen Menschen, die uns etwas sagen, und plötzlich, wenn wir darüber nachdenken, erkennen wir etwas, das wie ein Licht ist, das uns etwas sehen lässt und das wir vorher nicht sahen. Das kann vor allem dann geschehen, wenn unser Alltag im Gebet, in unserem Gespräch mit Gott, thematisiert wird. Oder wir erkennen es in Dingen, die wir in der Zeitung oder beim Fernsehen erfahren haben und die uns auf einen neuen Gedanken bringen.

6. Februar

Der deutsche Alltag

Es ist bedenklich, dass Geprächs-Nischen in unserem Alltag rar geworden sind. Beim Gang zur Bank trifft man nur noch auf den Geldautomaten, im Supermarkt auf eine gestresste Kassiererin und beim Arzt auf eine Sprechstundenhilfe, die gleichzeitig Computer, Telefon und Empfang bedienen muss. Manchmal hat man den Eindruck, dass der deutsche Alltag ganz besonders stressig ist. Kürzlich sah ich im Fernsehen beiläufig ein Interview mit einer deutschen Abiturientin. Sie war in Malaysia aufgewachsen und lebte zwei Jahre in Deutschland. Eine Reporterin fragte sie, ob sie sich vorstellen könne, einmal wieder in Deutschland zu leben. Nein, meinte sie, in Deutschland machten die Leute einen permanent gestressten und unzufriedenen Eindruck. Da wolle sie lieber in Malaysia bleiben!

Manchmal könnte man meinen, dass Deutsche den Stress gerne haben. Man erzählt sich gegenseitig, wie viel man zu tun hat und ist stolz darauf, keine Zeit für andere Dinge zu haben. Es könnte auch sein, dass man Angst hat, über persönliche Dinge zu sprechen oder über Gefühle, die einen bewegen. Dem weichen wir gerne aus, denn es könnte uns ja jemand um Hilfe bitten.

Wenn wir eine Weile still werden, könnte es ja sein, dass auch Gott uns etwas sagen will. Vielleicht haben wir genau davor Angst. Aber „habt Vertrauen! Ich bin es, fürchtet euch nicht“ (*Mk* 6,50).

7. Februar

Die Brikett-Generation

Bis in die sechziger Jahre gab es keine Zentralheizung in den Wohnungen. Es gab vorwiegend Brikett-Öfen. Man war viel Zeit damit beschäftigt, Briketts zu schleppen, morgens die Asche in den Mülleimer zu bringen und abends ein Brikett mit einer nassen Zeitung zu umwickeln und in die von Asche umgebene Glut zu legen, damit am Morgen noch etwas Glut übrig blieb. Für die Kinder war der Ofen deshalb ein wichtiges Erziehungsmittel. Sie mussten dafür sorgen, dass ständig ein Vorrat an Briketts und Holz da war. Es war eine gemeinsame Aufgabe, den Herd oder Ofen vor dem Ausgehen zu bewahren. Das förderte Zusammengehörigkeit und Kommunikation.

Damals gab es sie noch: die Besuche beim Nachbarn, wenn etwas fehlte. Es gab keinen Kühlschrank, kein Fernsehen, kein Telefon, kein Auto. Was haben die Menschen damals mit ihrer Zeit gemacht? Sicher haben sie eine Menge Zeit mehr gearbeitet. In den fünfziger Jahren betrug die Wochenarbeitszeit noch 48

Stunden. Aber mir kommt es so vor, als hätten die Menschen damals mehr Zeit füreinander gehabt. Es gab viele, die das Trauma von Krieg und Vertreibung nicht überwunden hatten. Aber es gab kaum Psychiater und kaum Psychotherapeuten. Vielleicht wurde damals eher noch nach dem Motto des hl. Paulus gelebt: „Einer trage des anderen Last" (*Gal* 6,2).

8. Februar

Die Zigarettenwährung

Es gab die kleinen Katastrophen im Alltag. Eine davon war der erste Küchenanstrich meiner Mutter nach dem Krieg. Man kann es sich gar nicht mehr vorstellen, was es damals bedeutete, Farbe zum Anstreichen zu haben. Um Farbe zu haben, musste man zunächst Zigaretten haben. Zigaretten waren damals so etwas wie eine Ersatzwährung. Zigaretten, vor allem amerikanische, konnte man für alles eintauschen, was es sonst nicht gab, und eben auch für Farbe. Meine Mutter hatte also Farbe und hatte damit die Küche gestrichen. Es sollte eine Überraschung für meinen Vater werden, und es wurde eine. Als meine Mutter ein Einmachglas mit eingemachten Heidelbeeren öffnete, schossen die Heidelbeeren gegen die Küchenwände und in meine Haare. Ich hatte damals noch hellblonde Haare. Auch meine Kusine hatte Heidelbeeren in den Haaren. Sie lief meinem Vater entgegen und wollte ihm erzählen, was passiert war. Als mein Vater sie sah, sagte er nur: „Du brauchst mir nichts weiter zu erzählen. Ich weiß schon, was passiert ist."

Damals waren Dinge kostbar, die uns heute selbstverständlich sind. Es gab so viele Dinge, die man sich wünschte, aber nicht hatte und auch nicht haben konnte. Man lebte von dem Wunsch, sie einmal zu bekommen. Das war der Antrieb des sogenannten Wirtschaftswunders. Jemand hat gesagt, dass die Sehnsucht besser sei als der Besitz. Vielleicht versteht man dadurch besser, warum wir heute oft unzufrieden sind.

9. Februar

Reduktionskost

Nach dem Krieg war das Essen knapp. Noch 1952 gab es in einem Kinderheim, in das mich die Krankenkasse und meine Eltern geschickt hatten, nur auf dem ersten Brot Margarine und Marmelade. Alle weiteren Brote wurden nur mit Marmelade bestrichen. Ob das nicht eine gute Idee für heutige Übergewichtige wäre? Ich kann mich nicht erinnern, jemals ein Brot weggeworfen zu haben. Noch heute würde ich das nicht übers Herz bringen. Brot darf man nicht wegwerfen. Das war uns von den Eltern „eingeimpft" worden.

An Karneval stieg mein Vater in die „Bütt" (Rednerpult im rheinischen Karneval). Man war jung und froh, den Krieg überlebt zu haben. In unserer Küche wurden Karnevalslieder gedichtet. Eines davon ging über den Trierer Markt. Es war reinste Nostalgie und beschwor die Zeiten, als es dort noch alles zu kaufen gab: „Butter, Eier, Speck und Fett. Ach wär datt schön, ach wär datt nett", lautete der Refrain. Nichts von Reduktionskost oder dergleichen.

Wir leben heute in einer Überflussgesellschaft. Jeder zweite Deutsche ist zu dick mit allen negativen Folgen für die Gesundheit. Bewussten Verzicht üben fällt schwer. Man braucht ein Motiv. Der Körper ist ein Wunderwerk aus der Hand Gottes. Die Medizin kann heute vieles. Aber jeder ist sich selber anvertraut und muss die kostbare Gottesgabe der Gesundheit selber hüten und pflegen. Es gibt im Leben Dinge, die man erst recht zu schätzen lernt, wenn man sie nicht mehr hat. Dazu gehören Jugend und Gesundheit. Oft gehören beide zusammen. Die Jugend vergeht, man kann sie nicht bewahren – die Gesundheit schon, soweit es in unserer Macht steht.

10. Februar

Lärmende Pauke

„Wenn ich in den Sprachen der Menschen und Engel redete, hätte aber die Liebe nicht, wäre ich dröhnendes Erz oder eine lärmende Pauke. ... Und wenn ich meine ganze Habe verschenkte, und wenn ich meinen Leib dem Feuer übergäbe, hätte aber die Liebe nicht, nützte es mir nichts“ (*1 Kor* 13,1.3).

Viel äußeres Tun kann die Liebe nicht ersetzen. Oft ist es so, dass unsere Liebe bei genauem Hinsehen eine gehörige Portion Eigenliebe enthält und manchmal mit viel Lärm einhergeht. Da werden z. B. Wohltätigkeits-Tombolas veranstaltet, oder Schauspieler erzählen im Fernsehen von ihren guten Werken für Kinder in der Dritten Welt. Das muss nicht schlecht sein, hat aber manchmal den Beigeschmack von Publicity.

Selbstvergessenheit können wir auf Grund unserer Veranlagung zur Eigenliebe nicht von selber leisten. Gott muss uns dabei helfen. „Wenn das Weizenkorn nicht in die Erde fällt und stirbt, bleibt es allein; wenn es aber stirbt, bringt es reiche Frucht“ (*Joh* 12,24). Dieses Sterben bedeutet nicht Selbstaufgabe, wohl aber, dass wir den andern, falls es die Situation verlangt, wichtiger nehmen als uns selbst.

11. Februar

Im Sessel der Ersten Klasse

In seinem Buch „Eines Menschen Zeit" schreibt Peter Bamm: „Seit 2000 Jahren betet die Christenheit um nicht mehr als »Unser tägliches Brot gib uns heute«. Wer Hunger hat, ist eher fähig, seinen Nächsten zu lieben, als jemand, der satt ist. Wer bei der Reise mit der Eisenbahn während eines Schneegestöbers auf einem Kohlenhaufen sitzt, ist freundlicher zu seinem Nächsten als jemand, der wohlig durchgewärmt und von seinem Nachbarn durch eine Armstütze getrennt in der Ersten Klasse fährt. In solchem Komfort seinen Nächsten zu lieben wie sich selbst, ist sogar für einen frommen Christen zu viel verlangt."
Die Not weckt den Überlebensinstinkt im Menschen. Gemeinsame Not kann uns aber auch motivieren, die engen Grenzen des Ich zu überschreiten und anderen Menschen zu helfen. Die Not bringt brutalen Egoismus hervor, aber auch Menschen, die bereit sind, ihr letztes Brot mit anderen zu teilen. Nichts schweißt Freundschaften mehr zusammen als die gemeinsam erlittene Not und der gemeinsam geteilte Mangel. Vielleicht spürt die notleidende Kreatur deutlicher, dass wir alle von Gott abhängen. Diese Einsicht schafft mehr Solidarität als der Komfort, den man sich selbst geschaffen hat.

12. Februar

Arm und nackt

In der Offenbarung des Johannes spricht Gott durch seinen Engel zu der Gemeinde von Laodizea: „Du behauptest: Ich bin reich und wohlhabend, und nichts fehlt mir. Du weißt aber nicht, dass gerade du elend und erbärmlich bist, arm, blind und nackt.

Darum rate ich dir: Kaufe von mir Gold, das im Feuer geläutert ist, damit du reich wirst; und kaufe von mir weiße Kleider, und zieh sie an, damit du nicht nackt dastehst und dich schämen musst; und kaufe Salbe für deine Augen, damit du sehen kannst" (*Offb* 3,17-18). Die antike Stadt Laodizea in Kleinasien war eine Wohlstandsgesellschaft. Die Stadt war durch den Purpurhandel reich geworden. Auch wir könnten so sprechen: Wir haben Geld, um uns alles zu kaufen, eine Wirtschaft, die immer weiter wachsen muss. Wir besitzen Geld, um weite Reisen zu machen und um uns Genuss zu verschaffen. Wenn wir krank werden, steht uns ein Gesundheitssystem zur Verfügung, das Krankheiten wirksam bekämpfen kann.
Dabei bemerken wir nicht, dass wir nackt, bloß und blind sind, denn wir können das Leben der Schutzlosen nicht schützen. Wir können unsere Beziehungen nicht in der Liebe Christi gestalten. Wir können nicht treu sein, wie er treu ist. Wir haben Durst nach immer mehr, aber nicht nach jenem Wasser, von dem uns Christus zu trinken geben will und von dem er sagt, dass es „zur sprudelnden Quelle" wird, „deren Wasser ewiges Leben schenkt" (*Joh* 4,14). Von der Wahrheit will niemand etwas wissen, so dass unsere Augen blind bleiben. Vielleicht sollten wir uns Salbe kaufen, damit wir wieder sehen.

13. Februar

Jeder Tag hat an seiner Last genug

Menschen, die in sich ruhen, können mit Stress besser umgehen. Christus sagt: „Jeder Tag hat genug eigene Plage" (*Mt* 6,34). Es reicht, wenn ich diesen Tag erlebe, der heute ist. Nur an diesem Tag, in diesem Augenblick kann ich leben, kann ich lieben. Nur jetzt kann ich den Willen Gottes erfüllen. Was gestern war, ist bereits vergangen. Was morgen sein wird, weiß ich nicht. Ja, genau genommen, weiß ich nicht einmal, ob ich den morgigen Tag überhaupt erleben werde.

An der Turmuhr der Kirche von Andechs steht der lateinische Spruch „Una ex hisce morieris" („in einer dieser Stunden wirst du sterben") als Mahnung an alle Pilger und bierseligen Ausflügler, die den Heiligen Berg von Oberbayern erklimmen und den Weg hinunter manchmal nur schwer finden.

In meiner Heimatstadt Trier gibt es zwei Kirchtürme: Einer ist der des Doms, der andere der Turm der Bürgerkirche St. Gangolf. Der Turm von St. Gangolf war ursprünglich höher als der Dom, bis der Bischof ein weiteres Stockwerk draufsetzen ließ, um den Kirchturm der Bürger zu übertreffen. Auf einem Turm steht die Inschrift „Vigilate et orate" („Wacht und betet", *Mt* 26,41) und auf dem anderen: „Nescitis qua hora Dominus veniet" (vgl. *Mt* 24,44: „der Menschensohn kommt zu einer Stunde, in der ihr es nicht erwartet") als Mahnung an alle, die diese Wirklichkeit vor lauter Geschäftigkeit vielleicht vergessen.

14. Februar

Verweile Augenblick, du bist so schön

Es gibt Tage, die könnten so bleiben, und wir würden dabei nicht müde. An ihnen spüren wir einen Hauch von Ewigkeit und atmen wir die Luft des Tabor, des Berges, auf dem die Jünger Christus in überirdischer Verklärung schauen durften. Solche Augenblicke erinnern uns daran, dass Gott uns für den Himmel geschaffen hat, für die Freude und nicht für das Leid.

Gerade fromme Christen neigen manchmal dazu, diese Tatsache zu vergessen.
Ein solcher für mich unvergesslicher Tag war vor einigen Jahren ein Septembertag in den Ammergauer Bergen. Es war ein milder Herbsttag an einem frischen Bergmorgen. Die Luft war klar und würzig. Noch vor Sonnenaufgang ging ich los. Allmählich hob sich der Nebel. Zusammen mit anderen aus dem Dorf zogen wir schweigend hinauf zur Kreuzspitze, um oben gemeinsam Eucharistie zu feiern. Danach saßen wir noch zusammen auf dem Gipfel, unter uns die Wiesen, die Dörfer, die Ammer, Ettal, Oberammergau und in der Ferne die Garmischer Berge. Die Herbstsonne machte alles klar, hell und wunderbar ruhig. Wir sprachen miteinander und unsere Stimmen waren eingebettet in die Stille der Berge. Alle spürten: So war es gut. So könnte es bleiben.
Wir brauchen solche Augenblicke, um die Hoffnung nicht zu verlieren. Jesus hat die Jünger mit auf den Tabor genommen, damit sie in der Depression von Getsemani nicht den Mut verlieren würden.

15. Februar

Öfter auf die Seele warten

Eine Geschichte erzählt, wie ein australischer Aborigine am Straßenrand sitzen blieb, um auf seine Seele zu warten, nachdem ihn jemand im Auto mitgenommen hatte. Während sich die Menschen der vorindustriellen Ära, auch heute noch in den Entwicklungsländern, an Jahres- oder Festzeiten als dem Maß ihrer Zeit orientiert haben, ist in den technisch hoch entwickelten Industrieländern das Maß der Zeit vorwiegend an Arbeits- und Produktionsabläufe gebunden. Je schneller der Arbeits- und Lebensrhythmus

ist, desto „wertvoller" wird die Zeit, auch wenn uns in den westlichen Industrienationen aufgrund der hohen Lebenserwartung objektiv gesehen viel mehr Zeit zur Verfügung steht als den Menschen früherer Zeiten oder in den Entwicklungsländern.
Die häufigste Klage in Beziehungskrisen ist: Er oder sie hat oder hatte keine Zeit für mich. Zeit haben für jemanden bedeutet: Du bist mir so wertvoll, dass ich ein Stück meines Lebens für dich verwende. Es bedeutet, dass ich neben den vielen anderen Optionen, die ich habe, diese wähle: Ich möchte in diesem Augenblick mit dir zusammen sein, mit dir sprechen, für dich etwas tun.

16. Februar

Die Zeit und das Meer

Wenn wir Zeit sagen, meinen wir die lineare Zeit, die man mit der Stoppuhr bestimmen und festhalten kann. Es ist diese lineare Zeit, die uns fehlt. Sie ist messbar und quantifizierbar. Sie ist es auch, die uns wie Sand zwischen den Fingern durchrieselt, und die uns so viel Angst macht, weil sie vergeht, ohne dass wir sie festhalten können, um all die vielen Dinge zu tun und zu erleben, die wir uns vorgenommen haben. Sie ist berechenbar, voraussagbar und begrenzt.
Die Zeit in der Natur mit ihrem Werden und Vergehen, mit ihren Sonnenaufgängen und ihren Sonnenuntergängen ist etwas ganz anderes. Jeder, der einmal längere Zeit an einem Meeresstrand gelegen hat, kann erleben, wie das ständige Kommen und Gehen der Brandung das Zeitgefühl verschwinden lässt. Und dies ist außer Sonne und Erholung vielleicht ein Grund, weshalb die meisten Menschen heute ans Meer in Urlaub fahren. Es gibt ihnen das Ge-

fühl, aus der Alltagswelt mit ihren Zeitzwängen aussteigen zu können.
Die Natur hat ihr eigenes Zeitmaß, das auch unserem menschlichen Organismus entspricht. Denn schließlich sind wir ein Teil dieser Natur, von der wir uns durch unsere von Zwängen bestimmte Zivilisation sehr weit entfernt haben. Frauen haben mehr Verbindung zum Rhythmus des Lebens. Sie erfahren es an ihrem Körper durch die periodischen Wechsel in ihrer Fruchtbarkeit, durch die neun Monate einer Schwangerschaft und durch die persönliche Erfahrung mit heranwachsenden Kindern. Aber Frauen leiden auch mehr an ihrer Entfernung vom natürlichen Rhythmus, den ihnen die Natur vorgibt. Die Zeit der Natur ist die Zeit, die von Gott stammt. Dagegen ist die Zeit unserer Uhren unsere eigene Zeit, die wir uns selber gemacht haben.

17. Februar

Unsere Zeit

Man könnte das Wesen des Menschen dadurch definieren, dass er Zeit hat, dass er in der Zeit lebt. Zeit ist eine wesentlich menschliche Dimension. Zwar vollzieht sich alles Leben als Bewegung und damit innerhalb von Werden, Entstehen und Vergehen, aber allein der Mensch wird sich bewusst, dass seine Existenz zwischen Vergangenheit und Zukunft eingespannt ist. Zeit ist eine ausschließlich menschliche Dimension.
Die Tiere, Pflanzen und Steine haben auch ihr Werden und Vergehen, aber nur der Mensch hat eine Biografie, eine Geschichte. Albrecht Goes schreibt in seinem Gedicht mit dem Titel „Die Kerze": „Stern und Tier und Blume kennen nur die willenlose Zeit,

erst im eigenen Verbrennen sind wir menschlich eingeweiht ..."
Es gibt Sekunden im Leben eines Menschen, die nie zu vergehen scheinen und die sich seinem Erinnern eingraben. Andererseits gibt es lange Jahre, die kaum eine Spur hinterlassen. Es ist das Maß des Erlebens, das unsere Zeit bestimmt, vor allem die Zeit, in der wir geliebt haben oder uns geliebt fühlten.

18. Februar

Die gleiche Suppe

Seit Einstein, Planck und Heisenberg wissen wir, dass die Struktur des Weltalls nicht auf der Geometrie der Fläche aufbaut. Es ist vielmehr ein gekrümmter Raum, der vergleichbar der Oberfläche einer Kugel in sich selbst zurückkehrt. Zeit ist gemäß der Relativitätstheorie nicht kontinuierlich oder etwas Gleichmäßiges, sondern sie läuft je nach Geschwindigkeit des Beobachters im Raum schneller oder langsamer ab.
Und doch sitzen wir alle um denselben, großen Topf Zeit, tunken unsere Löffel ein und scheiden sie allesamt als Vergangenheit wieder aus. Die Zeit ist für alle da, und für wen sie nicht mehr da ist, der ist selber nicht mehr da. Doch wer wollte die Zeit eines Indios im Hochland von Bolivien, der tagelang auf einen Zug wartet, mit der Zeit eines Börsenmaklers vergleichen, der in Sekunden ein Vermögen gewinnen oder verlieren kann. Wer wollte die Sekunde, in der die Bombe von Hiroshima ausgeklinkt wurde, vergleichen mit der Sekunde, in der im Park ein welkes Blatt von einem Baum in den Teich fällt. Da ist die exakte Zeit der unerbittlichen Chronometer, unbestechlich in ihrer unaufhaltsamen, alles verschlingenden Progression. Und dann gibt es den Augenblick, die phy-

sikalische Zehntelsekunde, die Jahre fortwirkt durch ihren alles wendenden, alles raffenden Inhalt. Und erst die Zeit Gottes, der von Ewigkeit her das Maß aller Dinge in unzähligen Milliarden Jahren abgemessen hat!

19. Februar

Die stehende Uhr

Vor Jahren führte ich im Rahmen meiner Ausbildung in verschiedenen Krankenhäusern Obduktionen durch. Meist waren dort Uhren angebracht, damit der Obduzent sehen konnte, wie viel Zeit er bereits bei der Sektion zugebracht hatte. Häufig standen diese Uhren – und ich ärgerte mich, weil es schwierig ist, bei einer Sektion auf die eigene Uhr zu schauen, bis der Sektionsgehilfe einmal zu mir sagte: „Die Uhren gehen richtig, denn die Toten haben keine Zeit mehr. Außerdem sind stehende Uhren die einzigen, die zweimal am Tag die richtige Zeit anzeigen."

Unser Leben vergeht, ohne dass wir es an einem bestimmten Tag festmachen könnten. Wir werden jede Sekunde, jede Minute, jede Stunde älter. An einzelnen Tagen wie Geburtstagen oder Jahrestagen und am Heranwachsen von Kindern wird es uns bewusst. „Man lebt nur einmal", sagt man, wenn man sich etwas gönnen will. Das ist sicherlich manchmal gut, denn wir sollen uns auch selber gern haben. Manchmal sagen wir es aber auch, wenn wir einer lästigen Pflicht ausweichen wollen, vielleicht sogar einem Kreuz, das sich uns unerwartet in den Weg stellt. Doch wer Christus nachfolgen will, „der verleugne sich selbst, nehme täglich sein Kreuz auf sich" und folge ihm nach (*Lk* 9,23).

20. Februar

Was schon hinter uns liegt

Manchmal werden wir uns plötzlich bewusst, dass unser Leben nicht mehr vor uns, sondern schon weitgehend hinter uns liegt. Das kann passieren, wenn wir irgendwann aus dem gelegentlich etwas trüben Wasser unseres Alltags nach oben kommen, im Urlaub, bei einer Beerdigung, in einem Stau auf der Autobahn oder einfach so.

Mir ging es so, als ich vor einigen Jahren in München an der Isar entlang spazieren ging. Am Rand des Weges hatten Kinder ihre gesamten Schätze zum Verkauf ausgebreitet: Puppen, Spielautos, Mickymaus-Hefte, Legosteine und sonstigen Krimskrams. Als ich interessiert die ganze Herrlichkeit betrachtete, fragte ein kleiner Knirps, ob ich etwas kaufen wollte. Lächelnd sagte ich, dass ich nichts von den ganzen Sachen wirklich brauchen könnte. „Aber", sagte der Kleine, „vielleicht Ihre Enkelkinder" und sah mir dabei treuherzig in die Augen.

Die Jahre vergehen und man stellt fest, dass mit abnehmender Zukunft der Raum für Illusionen immer kleiner wird. Es ist gut, ab und zu innezuhalten und zu bemerken, wie das Leben fließt, wie es voranschreitet und eines Tages zu Ende sein wird. Als Christen genügt es uns nicht, dass wir uns bloß damit abfinden. Wir glauben, dass der Tod das Tor zum Leben ist.

21. Februar

Stressmacher Jugend

Einer der Stressmacher unserer Zeit ist die übertriebene Anbetung der Jugend. Reklame und Fernsehen propagieren Lebensqualität als einen Mix von Ju-

gend, Fitness, Schönheit und Sex. Frühere Generationen waren da realistischer. Vor Jahren sah ich in einem Museum das Bild eines jungen Mannes aus dem 17. Jahrhundert. Der junge Mann war dargestellt in der vollen Kraft seiner Jugend, lächelnd mit allen Erwartungen des Lebens auf seinem glatten Gesicht. Als ich dann weiterging, bemerkte ich, dass auf der Rückseite des Bildes genau gegenüber dem Kopf des jungen Mannes ein Totenschädel in gleicher Haltung aufgemalt war. Der Maler hatte naiv, aber treffend, die Ambivalenz und Spannung unserer menschlichen Existenz dargestellt. Auf der einen Seite der souveräne Blick in die Zukunft aus der Kraft des vollen Augenblicks, also die siegesgewisse Zukunftserwartung, und auf der anderen Seite die harte Realität, dass der Boden, auf dem sich diese scheinbar so sichere Zukunft gründet, unweigerlich früher oder später mit dem Tod endet.
Solange wir leben, haben wir Zeit. Aber Zeit gibt es auch dann noch, wenn wir selber keine Zeit mehr haben. Unsere Angehörigen, unsere Nachbarn, unser Hund haben noch Zeit, wenn wir bereits tot sind. Die Ampeln an der Ecke werden weiter umschalten, die Kinder werden weiter um acht in die Schule gehen und die Kastanienbäume im Biergarten werden genauso schön blühen wie im letzten Jahr. Zeit haben ist untrennbar mit Leben verknüpft.

22. Februar

Jeder Tag ist Leben

Ein Tag ist ein kleines Leben. Er beginnt mit einem Morgen und endet mit einem Abend wie das Leben mit einer Geburt beginnt und mit einem Tod endet. Sicherlich hast du schon erlebt, wie ein strahlender

Frühlingstag anbricht. Der Nebel senkt sich herab und die Sonne steigt siegessicher hinter den Bergen hervor. Es ist, als würde die Welt neu erstehen. Jeder beginnende Tag ist schwanger mit der Fülle der Möglichkeiten, die das Leben für jeden Menschen bereithält. An jedem Tag können wir Menschen begegnen, die für uns Leben bedeuten können. An jedem Tag können wir Gott begegnen, der die Fülle des Lebens ist.

Als Petrus in der aufgehenden Sonne des Tages am See Genezareth seine Netze zusammensuchte, hatte er bestimmt keine blasse Ahnung davon, dass ihm gerade an diesem Tag, der für ihn begann wie jeder andere, der Herr, der Messias, der König von Israel, auf den die Jahrtausende warteten, begegnen würde. Christus hielt es nicht für nötig, einen günstigeren Augenblick auszusuchen.

Simon Petrus, Kephas, den Felsen seiner künftigen Kirche wollte er gerade bei seiner normalen alltäglichen Arbeit aufsuchen. Der Herr hätte Petrus auch eingeben können, sich in die Wüste zurückzuziehen, wie er es bei manchen Propheten des Alten Testamentes getan hat, um ihn von dorther zu berufen. Vielleicht wollte uns Christus dadurch zeigen, dass es die normalen Alltags-Situationen sind, in denen er auf uns wartet.

23. Februar

Die Zeit Gottes

Neulich sah ich auf der Autobahn einen von einem Sprayer an die Wand geschriebenen Spruch: „Beim letzten Zeitton beginnt die Ewigkeit." Hier wird in Kurzform auf die Möglichkeit eines Ausstiegs aus der Geschichte hingewiesen. In der Ewigkeit gibt es

keine Zeit mehr. Aber was haben wir dann, wenn wir keine Zeit mehr haben? Augustinus hat sich in seinen berühmten Bekenntnissen Gedanken hierüber gemacht.
Es gibt sie, die Zeit Gottes. Christus deutet sie geheimnisvoll an, als er zu den Juden sagte: „Noch ehe Abraham wurde, bin ich" (*Joh* 8,58). Im Alten Testament heißt es: „Wie ein Wassertropfen im Meer und wie ein Körnchen im Sand, so verhalten sich die wenigen Jahre zu der Zeit der Ewigkeit" (*Sir* 18,10). Etwas davon können wir auch in unserem menschlichen Leben erfahren: Ein Augenblick des Glücks oder des Schmerzes kommt uns wie eine Unendlichkeit vor und wiegt vielleicht mehr als viele Jahre unseres Lebens.
Lange Jahre der Berufstätigkeit mit dem täglichen Einerlei des Alltags schrumpfen in der Erinnerung auf wenige Episoden zusammen. Und doch waren diese Jahre angefüllt mit tausend wichtigen Dingen, die wir längst vergessen haben und die uns im Rückblick manchmal als unbedeutend vorkommen. Nur Gott weiß, was in unserem Leben wirklich von Bedeutung war, und wir können darauf vertrauen, dass unsere Zeit bei ihm gut aufgehoben ist.

24. Februar

Marta und Maria

Als Jesus im Hause des Lazarus zu Besuch ist, sind dort die beiden Schwestern Marta und Maria (vgl. *Lk* 10,38-42). Während Maria zu Füßen des Meisters sitzt und seinen Worten lauscht, sorgt Marta dafür, dass Essen auf den Tisch kommt. Eine alltägliche häusliche Szene, die Jesus zum Anlass nimmt, Worte ewiger Weisheit zu sprechen. Wahrscheinlich hätte Marta ebenfalls gerne gehört, was der Meister ihrer Schwester zu sagen hatte. Deshalb sagt sie: „Sag ihr doch, sie soll mir helfen!" Doch zugleich mit einem Lob für ihre Sorge um das leibliche Wohl spricht Jesus ihr einen milden Tadel aus: „Marta, du machst dir viele Sorgen und Mühen. Aber nur eines ist notwendig. Maria hat das Bessere gewählt, das soll ihr nicht genommen werden."

Geistliche Autoren haben aus diesen Worten den Vorrang der Kontemplation vor dem Tun abgeleitet. Man kann es aber auch so interpretieren: Marta und Maria stellen Grundtypen des Umgangs mit Gott und Welt dar. Marta, die auch bei anderen Gelegenheiten die aktivere der beiden Schwestern war, hat den tätigen Teil übernommen, möchte sich aber eigentlich lieber wie Maria der Meditation zuwenden. Sie ist dadurch innerlich gespalten. Hätte sie ihren Teil erfüllt, ohne gleichzeitig zu Maria hinüber zu schielen, hätte Christus vielleicht nichts zu ihr gesagt. Nun aber ergriff er die Gelegenheit, um zu erklären, dass Kontemplation, das Sitzen zu Füßen des Meisters, keine verlorene Zeit ist. Wenn das Tun sinnvoll sein und Bestand haben soll, muss es in Beziehung zum Gebet, zur Kontemplation stehen. Als Schwestern gehören Marta und Maria zusammen, und Maria kann nur deshalb zu Füßen des Meisters sitzen, weil Marta für das Essen sorgt.

25. Februar

Im Schweigen hält die Zeit den Atem an

Im Hinhören auf Gott, in der Kontemplation nehmen wir teil an der Zeit Gottes, atmen wir bereits die Luft der Ewigkeit, denn was ist der Himmel anderes als ein ständiges Nahe-bei-Gott-Sein, eine fortwährende

Kontemplation. Dann „werde ich durch und durch erkennen, so wie ich auch durch und durch erkannt worden bin“ (*1 Kor* 13,12).
Wer kontemplativ lebt, für den steht die Zeit still, sie wird funktionslos und beharrt im Augenblick. Wer dauernd nur redet und handelt, füllt die Zeit mit Eigenem auf, aber er behält sie auch für sich und nimmt ihr die Weite und die Öffnung zur Ewigkeit. Die hl. Thérèse von Lisieux sagt: „Das Schweigen ist die Sprache der glücklichen Himmelsbewohner.“
Eine Seele ohne Schweigen ist wie ein Körper ohne Schutz. Wer dagegen das Schweigen pflegt, bewahrt seine Seele. Es ist das Fehlen der Dimension der Dauer, der Ewigkeit, das den Menschen die Fähigkeit zum Schweigen und zur Muße nimmt. Sie müssen alles gleich jetzt haben, denn danach gibt es nichts mehr. Das treibt sie dauernd an. Von vielen Menschen bei uns könnte folgender Ausspruch aus dem Alten Testament stammen: „Durch Zufall sind wir geworden, und danach werden wir sein, als wären wir nie gewesen. Der Atem in unserer Nase ist Rauch, und das Denken ist ein Funke, der vom Schlag des Herzens entfacht wird“ (*Weish* 2,2).

26. Februar

Die Zeitkrankheit

Viele Menschen sind heute zeitkrank. Ihnen fehlt Zeit wie anderen Leuten die Gesundheit. Dabei ist eigentlich genug Zeit da. Im Durchschnitt schaut jeder Bundesbürger drei Stunden Fernsehen am Tag. Aber wenn man jemanden fragt, ob er einem Kranken einen Besuch machen kann, hat er meist keine Zeit. Das Wertvollste, das man heute einem Menschen schenken kann, ist Zeit.

Arbeit wird vor allem nach Zeit bezahlt. Stechuhren bestimmen die Zeit der Arbeit. In Alten- und Pflegeheimen werden Zeitschlüssel erstellt, in wie vielen Minuten jemand gefüttert, gekämmt oder gewaschen werden muss. Angehörige haben keine Zeit, um das bei ihren Eltern zu tun. Mütter haben keine Zeit, um bei ihren kleinen Kindern zu sein, weil sie sich für andere Tätigkeiten Zeit nehmen müssen, für die sie bezahlt werden. Sie delegieren die Kinderbetreuung an andere, die zwar auch keine Zeit haben, aber dadurch, dass sie dafür bezahlt werden, dann doch Zeit haben.

Eine junge Lehrerin mit mehreren Kindern sagte kürzlich auf die Frage, warum sie nicht in einer Schule unterrichte: „Warum soll ich meine Kinder von fremden Leuten erziehen lassen, um fremde Kinder erziehen zu können?" Ob wir für etwas Zeit haben oder nicht, hängt davon ab, wie wichtig es für uns ist. Viele Mütter sind allerdings aus ökonomischen Gründen gezwungen, zur Arbeit zu gehen, weil sonst das Geld nicht reicht. Hier müsste der Staat mehr Hilfe leisten. Wenn eine Gesellschaft keinen Raum mehr lässt für das, was unserem Leben über den täglichen Konsum hinaus Sinn gibt – und das sind an erster Stelle Kinder und Familie –, dann ist sie krank und wird auf Dauer nicht überleben können. Sinn kann uns letztlich nur das geben, was über den jeweiligen Tag hinaus Bestand hat.

27. Februar

Karussell im Kopf

Manchmal gibt es in unserem Kopf ein Karussell. Alles dreht sich im Kreis. Ein Problem nimmt uns total gefangen, und es gelingt uns kaum, einen klaren Gedanken zu fassen. Wir suchen nach Lösungen und stellen uns vor, wie wir mit der Person sprechen, die uns das Problem macht. Dann werden wir manchmal zornig und ungerecht. Dagegen mahnt uns der hl. Paulus: „Die Sonne soll über eurem Zorn nicht untergehen" (*Eph* 4,26).

Aber andererseits wurde auch Jesus zornig, als er sah, wie die Leute aus dem Tempel Gottes einen Kaufladen gemacht hatten. Er stieß die Tische der Verkäufer um und vertrieb sie mit einer Geißel aus dem Tempel (vgl. *Mt* 21,12-17). Das ist nicht das Bild des sanften Jesus, das wir uns gemacht haben. Und doch sagt er zu seinen Jüngern: „Ich bin gütig und von Herzen demütig" (*Mt* 11,29).

Es gibt Situationen, in denen nicht zu reagieren bedeuten kann, dass wir uns selber schuldig machen, wenn Unrecht geschieht. Da ist Protest am Platz, vor allem dann, wenn die Rechte anderer – oder auch die Rechte Gottes, dem wir als unserem Herrn und Schöpfer Dank und Gehorsam schulden – missachtet werden. Auch wenn wir selber Unrecht erleiden, dürfen wir protestieren, allein schon deshalb, weil wir die Pflicht haben, den anderen Grenzen aufzuweisen, weil sie sonst haltlos in ihren Forderungen und dadurch zu Tätern des Unrechts werden.

28. Februar

Die Reifungshelfer

Der Wunsch nach individueller Selbstentfaltung bringt die Menschen in Arbeit und Freizeit unter ständigen Leidensdruck. Um dem hohen Anspruch, den sie an das Leben stellen, zu genügen, müssen sie in stets kürzerer Zeit immer mehr arbeiten, damit sie genügend Geld und Freizeit haben.

Die sogenannte Erlebnisgesellschaft bringt keine reifen Menschen hervor, die befähigt sind, schwierige Situation in ihrem Leben zu bestehen. Deshalb wächst mit der Erlebnisindustrie auch die Psychoindustrie, die Hilfe in existentiellen Krisen anbietet. Es gibt in Deutschland und in den anderen westlichen Ländern bei weitem mehr Psychiater und Psychotherapeuten als Seelsorger. Mit über 600 verschiedenen therapeutischen Methoden versuchen sie, ihren Klienten zu helfen. Der bekannte Wiener Komiker Nestroy sagte einmal: „Es gibt viele Krankheiten, aber nur eine Gesundheit." In Anlehnung daran könnte man sagen: Es gibt viele Methoden, aber nur eine Heilung.
Der Ansatz Christi ist radikal anders: „Wer das Leben gewinnen will, wird es verlieren; wer aber das Leben um meinetwillen verliert, wird es gewinnen" (*Mt* 10,39). Dieses Paradoxon kann jeder erfahren, wenn er einmal eine Stunde Zeit d. h. ein Stück von seinem Leben „verliert", etwa um einen Kranken oder Behinderten zu besuchen oder jemandem zu helfen, obwohl er eigentlich keine Zeit und genug mit eigenen Problemen zu tun hat. Sehr oft wird er anschließend das Gefühl haben, eine Stunde Zeit gewonnen statt verloren zu haben.

März

1. März

Versöhnung

Wir Deutschen schleppen die schlimme Geschichte des 20. Jahrhunderts mit uns herum. Im Namen des deutschen Volkes sind furchtbare Dinge geschehen. Aber es ist auch wahr, dass zum ersten Mal in der Geschichte sich ein Volk daran gemacht hat, für seine Verbrechen zu sühnen und Wiedergutmachung zu leisten.

Vielleicht ist das der tiefe Sinn von Schuld, dass sie Gelegenheit zur Versöhnung schafft. Es ist eine zutiefst positive und christliche Deutung von Schuld, die ihren Ausdruck im „Exsultet" der Osternachts-Liturgie findet: „O glückliche Schuld, welch großen Erlöser hast du gefunden." Aber nicht nur im Leben der Völker, sondern auch im Leben jedes Einzelnen muss der Gedanke Platz greifen, dass Schuld und Versagen in der Vorsehung Gottes einen Platz haben. „Wenn das Herz uns auch verurteilt – Gott ist größer als unser Herz, und er weiß alles" (*1 Joh* 3,20).

Wenn die göttliche Barmherzigkeit die dem Bösen gesetzte Grenze ist, dann allein aus diesem Grunde: Durch die Erlösung und Barmherzigkeit Gottes wird das Böse von Grund auf besiegt durch das Gute, der Hass durch die Liebe und der Tod durch die Auferstehung (vgl. Johannes Paul II., *Erinnerung und Identität*).

Aber auch die Barmherzigkeit des Menschen, der aufgerufen ist, Gott nachzuahmen, setzt dem Bösen eine Grenze, indem er das Wort Christi beherzigt: „Seid barmherzig, wie es auch euer Vater ist!“ (*Lk* 6,36).

2. März

Die versorgte Gesellschaft

Vor gut 150 Jahren zeichnete der Staatsphilosoph Alexis de Tocqueville am Beispiel Amerikas ein visionäres Bild unserer heutigen Gesellschaft: „Ich erblicke eine Menge einander ähnlicher und gleichgestellter Menschen, die sich rastlos im Kreise drehen, um sich kleine Vergnügungen zu verschaffen, die ihr Gemüt ausfüllen. Jeder steht in seiner Vereinzelung dem Schicksal aller anderen fremd gegenüber. Was die übrigen Mitbürger angeht, so steht er neben ihnen, aber er sieht sie nicht, er berührt sie, und er fühlt sie nicht; er ist nur in sich und für sich allein vorhanden.“

Diese Schilderung mutet ganz aktuell an: Da ist der fürsorgliche Staat, der sich um alles kümmert. Jedes Glied kann sich an ihn wenden, aber untereinander helfen sie sich immer weniger. Sie sind gar nicht mehr in der Lage zu beurteilen, wann andere Hilfe brauchen. Die Anonymität der Absicherung geht soweit, dass selbst die vitalen Bedrohungen nicht mehr wahrgenommen werden. So ertranken vor einigen Jahren Kinder, die im Eis eingebrochen waren im hüfttiefen Teich des Münchener Olympiaparks vor den Augen von hunderten Sonntagsspaziergängern.

Als Medienkonsumenten leben wir in einer teilweise virtuellen Welt, die es uns schwer macht, zwischen der Normalität und den virtuellen und realen Bedrohungen zu unterscheiden. Aber es geht ja meist nicht darum, schwere Bedrohungen von unseren Mitmen-

schen abzuwenden, sondern im Alltag mit all seinen kleinen und großen Widrigkeiten ihnen nicht die kalte Schulter zu zeigen, vielmehr ihnen Mitgefühl und manchmal auch Mitleid entgegenzubringen.
Die Hinwendung zum Nächsten, der neben uns lebt und arbeitet, und das Interesse füreinander beginnen mit dem gemeinsamen Blick nach oben, zum gemeinsamen Vater, der alle seine Kinder liebt und möchte, dass sie sich im Zeichen seiner Liebe auch untereinander lieben, indem sie das Wort des hl. Paulus verwirklichen: „Einer trage des anderen Last; so werdet ihr das Gesetz Christi erfüllen“ (*Gal* 6,2).

3. März

Das verwöhnte Kind

Der unreife Mensch will nicht wahrhaben, dass jede höhere Befriedigung eine gewisse Anstrengung verlangt. Er ist deshalb nicht in der Lage, unmittelbare Bedürfnisse einzuschränken. Es macht ihm Angst, denn aufgeschobene Bedürfnisse lassen innere Leere aufkommen. Der unreife Mensch mit seiner „Nimm-dir“-Mentalität akzeptiert nicht die Notwendigkeit, auf Verhaltensweisen oder Gewohnheiten zu verzichten, die langfristige Lebensziele gefährden. In der Beziehung zwischen Mann und Frau ist er nicht bereit, die Komplexität dieser Beziehung und ihre sozialen Implikationen anzuerkennen. Nur der reife Mensch ist in der Lage, momentane Optionen zugunsten größerer Sinnzusammenhänge zurückzustellen. Für den unreifen Menschen genießt der momentane Wunsch nach Bedürfnisbefriedigung absolute Priorität. Bei der Lösung von Konflikten wird keine Rücksicht auf Familie und Kinder genommen.

Der Wunsch nach Selbstentfaltung und Selbstverwirklichung wird rücksichtslos zum Idol erhoben, auch zum Preis zerbrochener Familien. Erst wenn wir uns wieder darauf besinnen, dass die Ehe auch schwerwiegende und nicht auflösbare Verpflichtungen gegenüber denen enthält, die aus diesem Bund hervorgegangen sind, und dass diese Verantwortung auch vor Gott besteht, sind wir wieder in der Lage, zum Wohle der Kinder unseren Lebensegoismus an die zweite Stelle zu setzen.

4. März

Gang nach Emmaus

Manchmal träumen wir jahrelang von einem Glück, das wir in unserem Leben versäumt zu haben meinen. Plötzlich stellen wir aber fest, dass wir uns getäuscht haben. Wir begegnen einer Person oder einer Situation, die uns schlagartig klar macht, dass dieses Glück, so wie wir es uns vorgestellt haben, nicht in Erfüllung gehen konnte. Es ist die Stunde der Ernüchterung, die uns endlich von den Träumen frei macht und uns auf den Boden der Realität zurückholt.

So ist es den Jüngern ergangen, als sie nach dem Tod Jesu am Kreuz nach Emmaus gehen. Sie sind enttäuscht und niedergeschlagen. Der Traum von einem Messias, der mit Macht und Glanz Israel groß macht, ist zerplatzt wie eine Seifenblase. Sie werden nun frei für die Begegnung mit dem wahren Messias, der nicht nur Israel, sondern die ganze Welt erlösen will. Jesus öffnet ihnen die Augen, indem er mit ihnen das Brot bricht und zu ihnen spricht: „Musste nicht der Messias all das erleiden, um so in seine Herrlichkeit zu gelangen?“ (*Lk* 24,26). Noch am gleichen Abend brechen die Jünger nach Jerusalem auf, um diesen Messias zu verkünden.

5. März

Vater und Mutter Natur

Die Hinwendung zu Gott wird heute oftmals durch die Hinwendung zur Natur ersetzt. Die Natur ist dann die letzte Lebensinstanz. Damit geht aber die Möglichkeit zur Hinwendung an einen personalen Gott im Gebet verloren.
Wenn wir uns die Natur zum Vorbild nehmen, wird der Kampf um die besten Weideplätze unseren Alltag bestimmen. Wir werden unsere Mitmenschen nur noch als Artgenossen sehen, mit denen wir zur Erreichung gemeinsamer artspezifischer Ziele kooperieren können. Diese Menschen werden aber zu Konkurrenten, wenn es ums nackte Überleben geht. Regungen wie Mitleid, Barmherzigkeit oder selbstlose Hingabe passen nicht in ein evolutionistisch geprägtes Weltbild und werden folglich als neurotische Fehlentwicklungen interpretiert.
Wenn wir dann zu den Sternen blicken, werden sie nur den kalten Glanz eines herzlosen Alls widerspiegeln und kein Gebet wird dann mehr über unsere Lippen kommen.

6. März

Unser tägliches Brot

Im Vaterunser beten wir: „Unser tägliches Brot gib uns heute“. Gott entspricht zumindest in unseren Breitengraden dieser Bitte sehr reichlich. Anders als in der Kriegs- und Nachkriegszeit ist nicht Mangel, sondern Wohlstand und Überernährung unser Problem. Gicht und Diabetes sind typische Überfluss-

krankheiten als Folge von Fettsucht und haben heute stark zugenommen (Metabolisches Syndrom lautet der Fachausdruck dafür).
Manchmal aber scheint es, dass wir an einer Art spiritueller Unterernährung leiden, dass uns die nötige Nahrung fehlt, um im Alltag zu bestehen. Christus sagt: „Der Mensch lebt nicht nur von Brot, sondern von jedem Wort, das aus Gottes Mund kommt" (*Mt* 4,4). Vor Jahren gab es eine geistliche Bewegung, die sich zum Ziel gesetzt hatte, dass ihre Mitglieder jeden Tag ein kleines Kapitel aus der Heiligen Schrift lesen. Das geschah aus der Überzeugung, dass der Mensch, um im Alltag als Christ zu überleben, das Wort Gottes braucht.
Manchmal erinnern wir uns später an Worte, die unser Vater oder unsere Mutter oder sonst jemand zu uns gesagt haben. Sie bekommen manchmal erst nach Jahren Bedeutung für uns. So kann es auch mit dem Wort Gottes geschehen. Wir haben es schon oft gehört, aber in einem bestimmten Augenblick oder einer bestimmten Lebenssituation bekommt es für uns eine neue und große Bedeutung.

7. März

Uns einiges einfallen lassen

Der Alltag ist auch der Ort unserer kleinen und großen Leidenschaften, unserer Kämpfe um Macht, Einfluss und Prestige. Da spielen Neid und Missgunst eine Rolle. Hier können aber auch unsere positiven Eigenschaften einen Platz finden: Liebe, Großmut, Verzeihen, Hilfsbereitschaft, ja sogar die großen christlichen Tugenden: Glaube, Hoffnung und Liebe. All das sind keine abstrakten Begriffe, sondern sie

bekommen in unserem Alltag Profil und Wirklichkeit.
Eine Patientin kam zu mir und bat um einen Rat für ihre Ehe. Ihr Mann arbeitet sehr viel für die Familie, steht morgens sehr früh auf und kommt erst spät nach Hause. Er verkriecht sich dann hinter der Zeitung und ist für seine Frau und seinen kleinen Sohn während des Abends kaum mehr ansprechbar. Die Ehe steht auf der Kippe. Aus Rache bleibt die Frau morgens im Bett liegen und lässt ihren Mann allein frühstücken, bevor er morgens um sieben Uhr zur Arbeit geht. Ich riet ihr, morgens aufzustehen und mit ihrem Mann, der anschließend einen langen Arbeitstag hat, zusammen zu frühstücken. Im Gegenzug sollte der Mann die Zeitung weglassen. Dadurch wurde die Situation entschärft: Der Mann zeigte sich zugänglicher für die Probleme der Frau, und ihr Umgang miteinander wurde wieder anders.
Solche Vorleistungen können wir nur bringen, wenn noch ein kleiner Rest von Großzügigkeit in uns vorhanden ist, noch ein Rest jenes kleinen Wortes mit großem Inhalt – Liebe. Auch in unserem Verhältnis zu Gott sollten wir solche Vorleistungen bringen. Wir müssen uns dann vielleicht sagen: Ich sollte mir morgens den Wecker stellen, um früher aufzustehen, damit ich noch Zeit für Gebet, für ein Gespräch mit Gott, meinem Vater habe. Dann werden wir auch mehr Kraft haben, unsere Beziehungen untereinander von Bequemlichkeit und Egoismus freizuhalten. Von Jesus heißt es: „In aller Frühe, als es noch dunkel war, stand er auf und ging an einen einsamen Ort, um zu beten“ (*Mk* 1,35). Um die Beziehungen zu unseren Nächsten, aber auch zu Gott, vitaler zu gestalten, müssen wir uns einiges einfallen lassen.

8. März

Ent-Täuschungen

Im Alltag erfahren wir neben vielen Freuden auch die großen und kleinen Enttäuschungen, die das Leben für jeden von uns bereit hält und die uns manchmal mit einem harten Stoß in die Realität zurückholen, nachdem wir uns vielleicht für kürzere oder längere Zeit im siebten Himmel oder zumindest in Wolkenkuckucksheim aufgehalten hatten. Enttäuschung heißt ja oft: Wir haben uns getäuscht und sind nun auf den Boden der Tatsachen zurückgekehrt.

Ent-täuscht sind wir oft über andere: Weil sie uns nicht so gerne haben, wie wir es wünschen, weil sie nicht einhalten, was sie uns versprochen haben und vieles mehr. Ent-täuscht können wir aber auch über uns selbst sein, weil wir feststellen, dass wir nicht so gut, nicht so schön oder klug sind, wie wir es gerne wären. Die Ent-Täuschungen im Alltag sind manchmal sehr hilfreich für uns. Sie können uns zu demjenigen führen, der weder selber täuschen noch getäuscht werden kann, zu Gott, der uns ins Leben ruft und der auf uns wartet. Sie können uns helfen, nach und nach zu den wahren Motiven unsrer Handlungen zu gelangen und unsere Gesinnung zu läutern.

9. März

Weisheit und Güte

In der klassischen Theologie sprach man von der sogenannten Gabe der Wissenschaft als einer der sieben Gaben des Heiligen Geistes. Sie besteht darin, zu wissen, was die Dinge und Menschen sind und was sie für uns bedeuten. Man könnte diese Gabe der Wissenschaft auch Weisheit nennen.

Der weise Alte ist einer der Archetypen von C. G. Jung und stellt einen Grundtypus menschlicher Existenz dar. Alter, Weisheit und Güte wurden immer miteinander in Verbindung gebracht. „Uns're Tage zu zählen, lehre uns! Dann gewinnen wir ein weises Herz", heißt es im Alten Testament (*Ps* 90,12).
Wer seine Tage zu zählen gelernt hat, weiß, dass sie vergehen. Er weiß, dass er vergänglich ist. Er weiß, dass er nicht der Mittelpunkt der Welt ist. Die Weisheit lehrt uns, dass wir nicht das einzige Maß unseres Denkens und Fühlens sind. Die Weisheit lehrt uns auch, gegenüber uns selbst und der Welt gelassen zu sein. Alter und Erfahrung zählten in der vorindustriellen Zeit mehr als heute. In der heutigen Zeit scheint die Anpassung an technische und gesellschaftliche Entwicklungen wichtiger zu sein als die auf Erfahrung beruhenden Kenntnisse. Es zeigt sich aber immer mehr, dass auch heute die Erfahrung und Weisheit, auch die damit verbundene rechte Einschätzung von Dingen und Menschen, notwendiger denn je sind, um den wahren Wert technischer und gesellschaftlicher Fortschritte zu beurteilen und sinnvoll anzuwenden.

10. März

Partnerschaft

Der Ausdruck „Partnerschaft" für die Ehe suggeriert ein Vertragsverhältnis, das bei Fortfall der Ausgangsbedingungen oder beim Auftreten von Schwierigkeiten bei der Vertragserfüllung auch wieder zu kündigen ist. Christliche Ehe hat mit dieser Form von Partnerschaft nichts zu tun. Früher einmal gab es den Ausdruck: Ehen werden im Himmel geschlossen. Tatsächlich: Die christliche Ehe ist mehr als ein Inter-

essenbündnis oder eine Lebensgemeinschaft. Sie ist ein Bund, der vor Gott geschlossen wird und damit über Mann und Frau hinausweist und insofern auch in den ganz alltäglichen Schwierigkeiten mit der Hilfe Gottes rechnen kann.
Die christliche Ehe ist Sakrament. Wie die übrigen Sakramente ist die Ehe ein Weg zu Gott und mit Gott, den uns Jesus Christus geschenkt hat. Die Sakramente verbinden uns und unser Leben mit Christus auf geheimnisvolle Weise nach dem Bild von Rebstock und Rebzweigen. „Bleibt in mir, dann bleibe ich in euch. Wie die Rebe aus sich keine Frucht bringen kann, sondern nur, wenn sie am Weinstock bleibt, so könnt auch ihr keine Frucht bringen, wenn ihr nicht in mir bleibt" (*Joh* 15,4).

11. März

Selig die Armen im Geiste

Erfolg und Prestige sind bei uns ganz groß angeschrieben. Wenn wir jemanden kennen lernen, versuchen wir zunächst herauszufinden, welchen Beruf er wohl hat und wie viel Geld er verdienen mag. Daraus definiert sich unsere Beziehung zu ihm.
Christus dagegen sagt: „Selig, die arm sind vor Gott; denn ihnen gehört das Himmelreich" (*Mt* 5,3). Die Beziehung zu Gott, aber auch die Beziehung zu unseren Mitmenschen verlangt eine Art geistiger Armut, die der Mensch haben muss, um zu Gott und zum Anderen zu gelangen. Arm sein ist hier nicht materiell gemeint, sondern bedeutet das Frei-Sein für den Andern, unser Frei-Sein für Gott.
Johannes Tauler gebrauchte den Begriff des „ledigen Gemüts" und meint damit, dass der Mensch von den Dingen und von sich selbst innerlich leer werden

müsse, damit er Gott und auch den Nächsten in sich aufnehmen kann.

12. März

Die Früchte der Arbeit

Es scheint logisch, dass Menschen mit viel Geld auf Geld ihr ganzes Vertrauen setzen, weil sie viel davon haben und leicht den Eindruck bekommen, dass ihr Lebensglück vom Besitz abhängt. Denn mit Geld kann man vieles kaufen. Wenn man selbst einmal in Not gerät, ist es oftmals leichter, von einem armen Menschen Geld zu bekommen als von einem reichen. Denn wer selber arm ist oder war, weiß, was das bedeutet. So kann man vielleicht auch die Spendenfreudigkeit der Deutschen nach dem Krieg erklären.
„Es gibt aber, wenn wir der Heiligen Schrift glauben wollen, eine positive, geistig zu verstehende Armut, die uns erst befähigt, Gott mehr als uns selbst zuzutrauen. Es sind die Armen im Geiste, die alles von Gott erwarten, auch das Gelingen ihrer menschlichen Anstrengungen. Unsere Gesinnung kann nicht einfältig sein, wenn sie nicht arm ist ... Die Armut fängt nach dem Wort Christi bei der Gesinnung an. Mit der rechten Gesinnung siehst du ruhig der Gefahr ins Auge, die Früchte deiner Arbeit zu verlieren. Mit einer einfältigen Gesinnung verzichtest du schon von vorneherein auf alle Früchte. Du erwartest sie nicht einmal mehr. Nur um diesen Preis kann deine Arbeit zugleich Gebet sein“ (Thomas Merton).

13. März

Vertrauen

Solange wir noch verstehen wollen, werden wir keinen Frieden haben. Erst wenn wir aufhören, alles zu

hinterfragen, und das, was als Geheimnis Gottes hinter unserem Leben steht, einfach so lassen, können wir uns ruhig dem überlassen, der uns hält.
Verstehen ist freilich ein wichtiges Element jeder Beziehung. In unserer Beziehung zu Gott jedoch hat Verstehen seine Grenzen. Manches an Gott verstehen wir nicht. Er ist aber unser Vater. Wo wir nicht verstehen, darf an diese Stelle tiefes Vertrauen treten und wir dürfen sprechen: Du meinst es gut mit mir, auch wenn ich es nicht verstehe. „Und der Friede Gottes, der alles Verstehen übersteigt, wird eure Herzen und eure Gedanken in der Gemeinschaft mit Christus Jesus bewahren" (*Phil* 4,7).
Häufig wird ein Gegensatz zwischen Glauben und Wissen gesehen. Glauben ist aber auch Wissen, und zwar ein Wissen, das über den bloßen Intellekt hinausgeht. Glaube ist ein Wissen, das dem Menschen durch Gott geoffenbart wird. Der Glaube bezieht sich auf die vertrauensvolle Annahme eines Wissens, das der tiefsten Wahrheit des Menschen und der Welt entspricht. Dieses Wissen hat uns Christus gebracht. Er sagt uns: „Ich bin der Weg und die Wahrheit und das Leben" (*Joh* 14,6).

14. März

Das Zwiebelchen

Dostojewski lässt in seinem Roman „Die Brüder Karamasow" eine seiner Figuren die Geschichte von einem bösen Weib erzählen, die in ihrem Leben keine einzige gute Tat hinterlassen hatte, so dass sie als Strafe in einen Feuersee geworfen wurde. Ihr Schutzengel stand dabei und dachte: „Ich sollte mich an eine gute Tat von ihr erinnern, um sie Gott zu erzählen." Und er erinnerte sich und sagte zum Herrn: „Sie

hat in ihrem Gemüsegarten ein Zwiebelchen aus dem Beet gerupft und es einer Bettlerin gegeben." Und der Herr antwortete ihm: „Nimm also du das selbige Zwiebelchen und reiche es ihr in den See hinunter, sie kann sich daran festhalten und sich von dir herausziehen lassen, und wenn du sie aus dem See herausgezogen hast und das Zwiebelchen reißt nicht ab, darf sie ins Paradies eingehen."
Der Engel tat so, reichte ihr das Zwiebelchen und zog das Weib daran vorsichtig aus dem See. Als die andern Sünder das sahen, klammerten sie sich an die Alte. Das Weib aber trat mit den Füßen nach den andern und schrie: „Das ist mein Zwiebelchen und nicht eures, und nicht ihr werdet hier herausgezogen, sondern ich." Kaum hatte sie das gesagt, als das Zwiebelchen abriss und das Weib in den brennenden See zurückfiel. Der Engel aber weinte und ging.
Der Egoist schaut eben nur auf seine eigene Rettung. Wenn es ihm gut geht, interessieren ihn die andern nicht mehr. Er will mit niemandem teilen. Wenn wir bereit sind, auch das wenige Gute, das wir haben, mit anderen zu teilen, vermehrt es sich unter unseren Händen. Dann erhalten wir mehr als wir ursprünglich hatten.

15. März

Sein und Haben

In einer Gesellschaft, die sich selbst und ihre Glieder über Leistung und Haben-Wollen definiert, muss man geistig arm werden und gegen den Strom schwimmen, um zur Quelle zu gelangen. Ich muss Dinge für wichtig nehmen, die weder Prestige noch Leistung produzieren. Ich muss meine Antenne auf

Gott ausrichten. Er ist mein Leistungsmaßstab, denn er allein ist die Quelle unseres Handelns.
Wenn wir uns angewöhnen, in der Gegenwart Gottes zu leben und zu arbeiten, kommt unser Leben aus Gott und wir sind ständig mit ihm verbunden. Das wird uns die Kraft geben, all die Dinge, die wir tun sollen, gut zu tun.
Wer die Dinge nur dann gut tut, wenn er durch sie Vorteile hat, arbeitet nicht mit der rechten Motivation, die wir als Christen haben sollen. Letztlich wird ein solcher Mensch aufhören, gute Dinge zu tun, falls sie ihm keine Vorteile mehr bringen. Er wird sogar geneigt sein, Böses zu tun, falls ihm das Vorteile bringt.
Wenn wir unser Leben nur nach der Maxime „Rechnet sich das?“ ausrichten, werden wir ein Teil des Systems, das nur noch ökonomische Werte gelten lässt. Wohin das führt, zeigt uns die jüngste Weltwirtschaftskrise. „Was nützt es einem Menschen, wenn er die ganze Welt gewinnt, dabei aber sein Leben einbüßt? Um welchen Preis kann ein Mensch sein Leben zurückkaufen?“ (*Mt* 16,26).

16. März

Die Leiter an der richtigen Wand aufstellen

Arbeit im christlichen Geist heißt keineswegs, dass ich bei meiner Arbeit nicht auf meinen Vorteil schauen darf oder dass ich nicht versuche, meine Arbeit gut zu machen, um viel Geld zu verdienen und meine Familie damit zu ernähren. Das nicht zu beachten, wäre weltfremd und gegen die familiären Pflichten, die ebenfalls Pflichten der Liebe sind und dem Willen Gottes entsprechen. Es heißt aber, dass ich meine Ar-

beit nicht ausschließlich als Geld- und Prestigeerwerb definiere.
Und es heißt, dass ich die Prioritäten richtig setze. Ein sehr erfolgreicher Manager sagte in einem Interview: „Jahrelang bin ich die Leiter des Erfolgs schnell und entschlossen hinaufgeklettert, bis ich feststellte, dass ich sie an die falsche Wand angelehnt hatte."
Manchmal muss in unserem Leben etwas Unvorhergesehenes passieren, damit wir sehen, dass wir auf dem Irrweg sind. Ein vermeintlicher Fehlschlag erweist sich oftmals als Beginn einer wichtigen Kurskorrektur. Vielleicht dürfen wir so auch die Weltwirtschaftskrise von 2008 verstehen.

17. März

Arbeit als Dienst

Zunächst einmal sollte ich meine Arbeit als Dienst an Gott und den Menschen sehen. Dazu gehört zwar auch, dass ich für meine Arbeit bezahlt werde. Aber im Extremfall sollte ich als Arzt oder Rechtsanwalt, Bäcker oder Metzger bereit sein, meinen Dienst umsonst zu leisten, wenn es die Nächstenliebe erfordert.
In der Zeit nach dem Krieg haben z. B. viele Bauern der hungernden Stadtbevölkerung geholfen. Häufig war das ein Tauschgeschäft. Mein Vater arbeitete damals in einem Bekleidungskaufhaus. Die Bezahlung bestand in einem Anzug, der dann gegen Butter, Eier und Schinken getauscht wurde. Es gab aber auch Bauern, die hungernden Familien ohne Gegenleistung geholfen haben. Damals war man froh, wenn man Verwandte auf dem Land hatte, die einem mit Lebensmitteln halfen.
Heute breitet sich die Armut in unserer Gesellschaft aus. Viele können nur überleben, weil sie sich Le-

bensmittel an einer „Tafel“ besorgen können. Manche können auch Medikamente nicht mehr bezahlen. Tagtäglich werden wir auch bei uns mit Menschen konfrontiert, die unsere Hilfe brauchen, ohne dass sie uns etwas dafür geben können.

18. März

Wenn Arbeit an die Seele geht

Zu mir kam ein junger Patient, der seine erste Stelle in einem Unternehmen angefangen hatte. In den wöchentlichen Abteilungssitzungen, bei denen er den Vorsitz führen musste, hatte er Angstattacken und fürchtete, sein Herz könne stehen bleiben. Einmal ging er sogar in der Mittagspause zum Arzt und während seines Jahresurlaubs begab er sich in eine Klinik.

Angst ist heute weit verbreitet. Sie tritt manchmal dann auf, wenn Menschen sich machtlos ausgeliefert fühlen. Das kann in einer entseelten Arbeitswelt geschehen. Die Erfahrung von Austauschbarkeit bei ungenügender Leistung, die Bedrohung durch nicht erreichte Erfolgsziele und die Auslieferung an nicht steuerbare Marktmechanismen fördert Angst. Zwang zum Erfolg führt zu rücksichtslosem Einsatz.

Es bleibt keine Zeit mehr zum Nachdenken, zur Muße oder zum Austausch mit andern. Alle Gedanken kreisen nur noch um die Arbeit und wie sie am effektivsten zu bewältigen ist.

„Wenn wir arbeiten, um unseren eigenen Wert zu steigern, um in unseren eigenen Augen etwas wert zu sein, um unser Selbstwertgefühl zu steigern oder um etwas darzustellen, sind wir letztlich von dieser Arbeit abhängig. Unser Wert und unsere Ruhe hängen von der Arbeit und ihren Erfolgen ab“ (Thomas Merton).

19. März

Schmelztiegel der Liebe

Gott erschuf den Menschen als sein Ebenbild, als Mann und als Frau, denn er sah, dass es nicht gut ist für den Menschen, wenn er allein ist. Er ließ also über Adam einen tiefen Schlaf fallen und erschuf aus ihm Eva, die er ihm zur Gefährtin und Helferin gab (vgl. *Gen* 1,27; 2,18-25). Der Gott der Offenbarung ist dreifaltiger Gott. Er ist ein Gott in Beziehung: Gott Vater, Gott Sohn und Gott Heiliger Geist, die durch das gemeinsame Wesenselement der Liebe verbunden sind, denn Gott ist die Liebe (vgl. *1 Joh* 4,8.16). Diesem geheimnisvollen Schmelztiegel der Liebe verdanken Welt und Mensch ihre Existenz. Liebe bildet keinen exklusiven Club, zu dem andere keinen Zutritt haben.

So sollte auch der Mensch ein Geschöpf in Beziehung sein, ein Wesen, das zur Liebe berufen ist, zur Liebe als Mann und als Frau. Und diese menschliche Liebe sollte schöpferisch sein wie die göttliche Liebe, die ihn erschuf.

Jede christliche Ehe soll dieses Siegel der göttlichen Liebe in sich tragen, die sich selbst überschreitet. In Christus wurde ihr das Siegel der Erlösung eingeprägt. Im Kreuz und der Auferstehung Christi soll die Ehe ein lebendiges Zeichen sein, dass sie die Liebe des dreifaltigen Gottes „in guten und in schlechten Tagen“ widerspiegeln kann.

20. März

Schachtelfiguren

Alles Tun und Denken mit der Liebe in Verbindung bringen, ist nur dann möglich, wenn wir uns mit der Liebe selbst, mit Gott, auf Dauer verbinden. Denn er ist der Ursprung von allem, und in seiner Hand ruht alles. Es bleibt ein undurchdringliches Geheimnis, wie der allmächtige Gott sich klein macht, damit der Mensch ihm begegnen kann. Durch die gnadenhafte Einheit mit Christus lässt Gott den Menschen an der Fülle seines dreifaltigen Lebens teilhaben, wo Vater, Sohn und Heiliger Geist in einer immerwährenden liebenden Beziehung zueinander stehen. Diese Liebe kann sich immer und überall in unserem Leben manifestieren.

Die Liebe ist kompatibel mit jeder Tätigkeit. Sie umfasst die Liebe zu allen Menschen und Dingen dieser Welt und auch zu uns selbst. Die Grenze dieser Liebe verschwimmt am Horizont der Ewigkeit und ist allein in der Lage, die geheimsten Sehnsüchte der Menschen zu erfüllen. Die menschliche Liebe und die Liebe zu Gott und in Gott gehören zusammen wie Schachtelfiguren.

Die menschliche Liebe lebt von ihr und hat auf Dauer nur Bestand, wenn sie die Verbindung zu ihr nicht aufgibt. Die menschliche Liebe ist ein Symbol und Abbild der ewigen Liebe, die in Gott ist. Insofern ist sie selber ohne Grenzen ist, sprengt sie die Grenzen des eigenen Ich. So lautet das Liebesgeständnis Julias in Shakespeares *Romeo und Julia*:

So grenzenlos ist meine Huld, die Liebe
So tief ja wie das Meer. Je mehr ich gebe,
Je mehr auch hab ich; beides ist unendlich.

Seit die Liebe selbst in Christus eine menschliche Gestalt angenommen hat, ist es uns möglich, uns beständig mit Gott und seiner Liebe zu verbinden. Nur durch die Liebe vermag der Mensch sein kleines Leben mit dem großen Gott zu verbinden.

21. März

Der Christ der Zukunft

Karl Rahner sagt einmal: „Der Christ der Zukunft wird ein Mystiker sein oder er wird nicht mehr sein." Ich möchte hinzufügen: Er muss ein Mystiker des Alltags sein, denn der Alltag ist unsere Welt.
„Es gibt keinen anderen Weg. Entweder lernen wir, den Herrn in unserem alltäglichen Leben zu entdecken, oder wir werden ihn niemals finden." Und „es tut unserer Zeit not, der Materie und den ganz gewöhnlich erscheinenden Situationen ihren edlen, ursprünglichen Sinn zurückzugeben" (Josefmaria Escrivá). Damit werden sie zu einer Gelegenheit der ständigen Begegnung mit Christus und bekommen eine geistige Dimension. Die christliche Berufung besteht darin, „aus der Prosa des Alltags epische Dichtung zu machen. Himmel und Erde scheinen sich am Horizont zu vereinigen; aber nein, in euren Herzen ist es, wo sie eins werden, wenn ihr heiligmäßig euren Alltag lebt" (Josefmaria Escrivá, *Gespräche*).
„Es ist kein anderer Weg zu Gott, denn durch den Alltag unseres Tuns" (Matthias Claudius).

22. März

Allen dienen

Als Christen, die im Alltag Gott begegnen wollen, müssen wir uns von jedem bloßen Funktionalismus in unserer Arbeit lossagen. Wir müssen sie vor allem als Dienst auffassen. Christus selbst hat sich beim Letzten Abendmahl den Jüngern als Beispiel des Dienstes vorgestellt. Er hat den niedrigsten Dienst, den es in der damaligen Gesellschaft gab, übernommen. Er hat den Jüngern die Füße gewaschen. Das ist die Magna Charta göttlichen und menschlichen Dienens, die uns Christus als Vermächtnis ins Herz schreiben wollte.

„Jesus, der wusste, dass ihm der Vater alles in die Hand gegeben hatte und dass er von Gott gekommen war und zu Gott zurückkehrte, stand vom Mahl auf, legte sein Gewand ab und umgürtete sich mit einem Leinentuch. Dann goss er Wasser in eine Schüssel und begann, den Jüngern die Füße zu waschen und mit dem Leinentuch abzutrocknen, mit dem er umgürtet war. ... Als er ihnen die Füße gewaschen, sein Gewand wieder angelegt und Platz genommen hatte, sagte er zu ihnen: Begreift ihr, was ich an euch getan habe? Ihr sagt zu mir Meister und Herr, und ihr nennt mich mit Recht so; denn ich bin es. Wenn nun ich, der Herr und Meister, euch die Füße gewaschen habe, dann müsst auch ihr einander die Füße waschen. Ich habe euch ein Beispiel gegeben, damit auch ihr so handelt, wie ich an euch gehandelt habe“ (*Joh* 13,3-5.12-15).

Über diesen Worten schweben das erhabene Geheimnis der Person Christi und sein inniger Gehorsam gegenüber dem Vater. Christus wusste, dass er von Gott gekommen war und zu Gott zurückkehren würde ... Auch wir kommen von Gott und kehren zu ihm zurück. Dazwischen liegt die Zeit unseres Dienstes an den Menschen und des Gehorsams gegenüber dem Vater.

23. März

Die Saiten der Seelen

Männer sind es gewohnt, sich durch Leistung zu definieren. Sie identifizieren sich mit dem, was sie tun, und nicht mit dem, was sie sind, es sei denn, was sie im Beruf sind. Frauen sind anders. Sie leben mit sich selbst und ihrem Körper. Sie sind näher am Leben und an sich selber. Sie spüren sich selbst mehr und leben intuitiver. Männer übernehmen immer noch am liebsten die Rolle des Ernährers und des Machers, des materiellen Prellbocks für Frau und Kinder.

Materielle Anforderungen lassen sich eingrenzen. Sie sind messbar in Euro und Cent. Emotionale Ansprüche sind potentiell grenzenlos. Dem stehen viele Männer hilflos gegenüber. Oft ergreifen sie in Panik und mit schlechtem Gewissen die Flucht in Sachen. Sie arbeiten bis zur Erschöpfung, um den emotionalen Ansprüchen und der Überschwemmung durch Gefühle zu entgehen. Gerade für den Mann ist es wichtig zu erkennen: „Was nützt es einem Menschen, wenn er die ganze Welt gewinnt, dabei aber sich selbst verliert und Schaden nimmt?" (*Lk* 9,25).

Der Mann und die Frau können sich mit ihren unterschiedlichen Eigenschaften z. B. in einem Ehebund, wunderbar ergänzen und dadurch im Anderen Saiten zur Schwingung bringen, die nur auf diese Weise erklingen können. Dann können Männer mehr Emotionen zeigen, und Frauen können mehr Verständnis dafür aufbringen, dass Männer hinter Sachen herlaufen, um keine Emotionen zeigen zu müssen.

24. März

Dunkle Nacht

Die hl. Thérèse von Lisieux beschrieb einmal als Voraussetzung für das Glück, dass es notwendig sei, sich auf nichts zu stützen. Wenn sie von „nichts“ spricht, meint sie „nichts außer Gott“. Die hl. Teresa von Ávila, ihr großes Vorbild, sagte es in einem kurzen Satz: „Gott allein genügt.“

Im Spannungsfeld zwischen dem menschlichen Nichts und dem göttlichen Alles spricht Gott das Wort seiner Liebe zum Menschen, indem er in Jesus den unendlichen Abstand zwischen menschlichem Nichts und göttlichen Alles überwindet, indem er selbst Mensch wird. Damit hat er prinzipiell der Angst ihren Boden entzogen, was aber nicht heißt, dass gläubige Christen keine Angst haben dürften, denn sie sind auch nur schwache Menschen.

Viele Menschen erfahren das Nichts in ihrem Leben als Angst oder auch Sinnlosigkeitsgefühl. Unbewusst machen sie eine ähnliche Erfahrung wie die großen Mystiker, die diesen Zustand als „dunkle Nacht“ bezeichnet haben. Man hat dabei das Gefühl, als würde einem der Boden unter den Füßen weggezogen. Unbemerkt von der Öffentlichkeit hat das – wie andere Heilige – auch Mutter Teresa von Kalkutta erfahren.

Der spirituelle Weg, sich der Angst und dem eigenen Nichts bewusst zu stellen, ist heutigen Menschen meist verschlossen, denn dazu müssten sie sich zu einem Leben mit Gott entschließen – und das wollen viele nicht. Bei konkreten Ängsten vermag die Verhaltenstherapie oft Besserung bewirken. Aber das Grundproblem der existentiellen Angst bleibt bestehen. Nur der spirituelle Weg vermag die Ohnmacht und Angst von der Wurzel her anzugehen.

25. März

Unser wahrer Name

Romano Guardini spricht einmal davon, dass jedem Menschen ein Wort von Gott gesagt wird und dass dieser Mensch in seinem Leben Antwort darauf geben soll. Maria sprach diese Antwort in ihrem „fiat“: „Mir geschehe, wie du es gesagt hast“ (*Lk* 1,38). Diese Antwort war so wirkmächtig, dass das Wort in ihr Mensch werden konnte.

Es ist ein Lieblingsgedanke der deutschen Mystik, dass in jedem Menschen Christus immer neu geboren werden soll. „Und wäre Jesus tausendmal geboren, doch nicht in Dir, so wärst Du ewiglich verloren“, sagt Angelus Silesius. Das Wort, das Gott zu uns spricht, ist unsere wahre Identität. Es ist der Stein der Apokalypse, den jeder Mensch aus der Hand Gottes erhält: „Ich werde ihm einen weißen Stein geben, und auf dem Stein steht ein neuer Name, den nur der kennt, der ihn empfängt“ (*Offb* 2,17).

Ein Gehorsam, der diese Identität nicht achtet, führt nicht zu Gott. Denn welche sonstige Funktion sollte Gehorsam haben als vielmehr zu Gott zu führen? Auch der Gehorsam gegenüber Menschen muss letztendlich seinen Ursprung und sein Ziel in Gott haben. Eine Spiritualität, die nicht zur Findung unserer Identität, zum Finden des Steines beitragen würde, untergräbt das Selbstwertgefühl und lässt einer Vision des eigenen Lebens keinen Raum. Sie würde ängstliche und depressive Charaktere produzieren und damit dem Geist einer frohen Botschaft widersprechen.

26. März

Der Gehorsam Jesu

In den Konsekrationsworten des römischen Mess-Kanons heißt es, dass sich Jesus aus freiem Willen dem Leiden unterwarf. Leiden müssen alle Menschen, und es gibt Menschen, die ihr Leiden mit bewundernswerter Geduld tragen, obwohl sie noch nie etwas von Christus gehört haben. Als Christen haben wir nicht weniger zu leiden als andere Menschen. Darin unterscheiden wir uns nicht von ihnen. Worin wir uns aber doch unterscheiden sollten, ist der Wunsch, zu leiden, wie Christus gelitten hat, nämlich im Gehorsam gegen den Vater.

In einem Gebet von Charles de Foucauld kommt diese Haltung wunderbar zum Ausdruck: „Mein Vater, ich überlasse mich dir; mach mit mir, was dir gefällt. Was du auch mit mir tun magst, ich danke dir. Zu allem bin ich bereit, alles nehme ich an. Wenn nur dein Wille sich an mir erfüllt und an allen deinen Geschöpfen, so ersehne ich weiter nichts, mein Gott. In deine Hände lege ich meine Seele. Ich gebe sie dir mit der ganzen Liebe meines Herzens, weil ich dich liebe und weil diese Liebe mich treibt, mich dir hinzugeben, mich in deine Hände zu legen, ohne Maß, mit einem grenzenlosen Vertrauen. Denn du bist mein Vater."

27. März

Dein Wille geschehe

Der Alltag ist der bevorzugte Ort unseres Gehorsams gegenüber dem heiligen Willen des Vaters und unseres Dienstes an den Menschen. Der Alltag bietet uns häufig Gelegenheit, aus ganzem Herzen die Worte Christi aus dem Vaterunser nachzusprechen: Dein

Wille geschehe! Und manchmal werden wir uns mit dem Heiland in unserem Getsemani finden, wo wir mit ihm sprechen: Vater, wenn es möglich ist, lass diesen Kelch an mir vorübergehen. Doch nicht mein Wille geschehe, sondern der deine.

Unser Gehorsam gegenüber Gott besteht in den ganz normalen Dingen: Dass ich morgens pünktlich aufstehe, damit ich meinen Dienst an den andern gut ausführen kann, in der Art und Weise, wie ich meine schlechten Launen mit Humor behandle, um den andern keinen schlechten Tag zu bereiten.

Alles das hört sich schlicht und bürgerlich an und passt auch nicht zu unseren alltäglichen Ellbogenkämpfen. Doch diese Dienstbereitschaft und Hingabe ist die Lehre Christi für uns, der zu uns sagt: „Darum lernt, was es heißt: Barmherzigkeit will ich, nicht Opfer" (*Mt* 9,13). Es kann für uns aber dennoch ein echtes „Opfer" sein, wenn wir um Gottes und der Menschen willen unseren Launen keinen freien Lauf lassen und unsere Pflichten eines jeden Tages erfüllen, selbst wenn es uns schwer fällt.

28. März

Geheiligt werde dein Name

Mit Christus beten wir im Vaterunser: „Geheiligt werde dein Name, dein Reich komme." Gottes Name ist schon heilig ohne unser Zutun. Er kann aber noch geheiligt werden, indem wir als seine Kinder in der Einheit mit Christus – er der Weinstock, wir die Rebzweige – hier auf Erden seinen heiligen Willen erfüllen, damit sein Reich jetzt schon komme, das Reich seines Sohnes, von dem Jesus gesagt hat, dass es nicht von dieser Welt ist. Obwohl es seiner Heiligkeit nichts hinzufügt, ist die Heiligung seines Namens

etwas, das Gott sich von seinen Kindern wünscht. Vielleicht ist das so, wie auch ein reicher Vater, der alles hat, sich freut, wenn seine kleine Tochter oder sein Sohn ihm einen Strauß selbstgepflückter Blumen schenkt.
Der hl. Ambrosius, geboren 339 in Trier, sagt in einem Kommentar zur Genesis: „Gott möchte, dass es Geschöpfe mit freiem Willen gibt, die ihm als seine Kinder aus freien Stücken in Liebe dienen und dadurch seinen Namen heiligen. Um uns das zu lehren hat er seinen Sohn gesandt."
Für uns unbegreiflich: Der große und allmächtige Gott beugt sich zu uns herab. Er macht sich klein, um uns zu erreichen und uns zu ermuntern, seine Kinder zu sein. Wenn wir weiter darüber nachdenken, müssen wir im Licht des Glaubens sagen: Wenn es ein Glück auf dieser Erde gibt, dann ist es das: Wir dürfen als Kinder Gottes leben.

29. März

Selektion

„Die Gesellschaft kann die Leidenden nicht annehmen und sie nicht in ihrem Leiden tragen, wenn die einzelnen dies nicht können", betont Benedikt XVI., „und wiederum der einzelne kann das Leid des anderen nicht annehmen, wenn er nicht selbst im Leiden Sinn, einen Weg der Reinigung und der Reifung, einen Weg der Hoffnung zu finden vermag" (Enzyklika *Spe salvi*).
Das Leiden kann durchaus ein „Lernort der Hoffnung" sein. „Nur die große Hoffnungsgewissheit, dass trotz allen Scheiterns mein eigenes Leben und die Geschichte im Ganzen in einer unzerstörbaren Macht der Liebe geborgen ist und von ihr her, für sie

Sinn und Bedeutung hat, kann dann noch Mut zum Wirken und zum Weitergehen schenken. Gewiss, wir können das Reich Gottes nicht selber „bauen" – was wir bauen, bleibt immer Menschenreich mit allen Begrenzungen, die im menschlichen Wesen liegen. Das Reich Gottes ist Geschenk, und eben darum ist es groß und schön und Antwort auf Hoffnung" (*Spe salvi*).

Kein Mensch entgeht der Frage, wie er sich zu seinem eigenen Leid und zu dem der anderen stellt. Eine Gesellschaft, die den Wert des Leidens negiert, neigt dazu, den Leidenden selbst zu eliminieren, um ihm selbst und der Gesellschaft diese Last abzunehmen. Wer den Menschen nur nach den Gesetzen der Biologie betrachtet, wird auf Dauer keine Hinderungsgründe für ein solches Handeln finden. Er wird sogar zur Auffassung gelangen, dass es eine Pflicht ist, Leid um jeden Preis zu vermeiden.

Aber „nicht die Vermeidung des Leidens, nicht die Flucht vor dem Leiden heilt den Menschen, sondern die Fähigkeit, das Leiden anzunehmen und in ihm zu reifen, in ihm Sinn zu finden durch die Vereinigung mit Christus, der mit unendlicher Liebe gelitten hat" (*Spe salvi*).

30. März

Der Wert der Arbeit

„Arbeit ist immer noch weniger langweilig als das Vergnügen", sagte Charles Baudelaire, der Autor der „Les Fleurs du mal". Das kann jeder bestätigen, der einmal arbeitslos war.

Arbeit ist heute vielfach zu einem begehrten und umkämpften Gut geworden. Sie ermöglicht uns all die vielen Dinge, die das Leben in unserer Gesellschaft lebenswert machen: eine schöne Wohnung, Reisen, Prestige, Beziehungen, jugendliches Image und Erfolg. Viele junge Menschen verzichten wegen der Arbeit ganz oder zeitweilig auf eine Familie. Ob sie diese Wahl noch für gut befinden, wenn sie einmal alt sind, bleibt abzuwarten.

Eine Lektion über den therapeutischen Wert der Arbeit gab mir vor Jahren ein etwa dreißigjähriger Patient, der mir gestand, dass er jeden Tag fünfzehn Halbe (Bier) trank. Ich fragte ihn: „Wie kommt es, dass Sie so viel Bier trinken?" „Sehen Sie", antwortete er, „ich bin arbeitslos und sitze den ganzen Tag vor dem Fernseher, bis das Programm zu Ende ist, und dabei trinke ich ein Bier nach dem andern, weil ich mich langweile." Nach ein paar Monaten kam der Patient wieder. Seine vormals erhöhten Leberwerte waren fast normal. Ich fragte ihn, wie er das erreicht hätte. Er antwortete mir: „Ich habe jetzt eine Arbeit gefunden und muss schon um fünf Uhr aufstehen. Abends komme ich erst um sechs Uhr nach Hause. Dann esse ich und sehe die Tagesschau. Dann bin ich so müde, dass ich ins Bett falle, und bis dahin schaffe ich nur fünf Halbe (Bier)."

„Müßiggang ist aller Laster Anfang", so lautet ein bekanntes Sprichwort. Die Erfahrung lehrt, dass der Mensch ohne Arbeit leichter aus dem Lot oder gar auf die sogenannte „schiefe Bahn" gerät. Arbeiten zu können ist ein Wesenselement des Menschen. Deshalb müssen der Einzelne und die Gesellschaft alles tun, damit jeder Mensch Arbeit hat. Denn die Arbeit ist ein Teil der Würde des Menschen. Der Mensch wurde geschaffen, um zu arbeiten: Gott nahm „den Menschen und setzte ihn in den Garten von Eden, damit er ihn bebaue und hüte" (*Gen* 2,15).

31. März

Alles war gut, bis Dornen und Disteln kamen

Ursprünglich war die Welt ein Ort der Harmonie des Menschen mit Gott und der Welt. In der Genesis heißt es: Gott schuf die Welt und den Menschen und er „sah alles an, was er gemacht hatte: Es war sehr gut“ (*Gen* 1,31). Nach biblischer Darstellung wurde die Welt erst durch das Versagen des Menschen zu einem Ort, wo auch Dornen und Disteln wachsen. Gott sprach zu Adam: „Im Schweiße deines Angesichts sollst du dein Brot essen, bis du zurückkehrst zum Ackerboden; von ihm bist du ja genommen. Denn Staub bist du, zum Staub musst du zurück“ (*Gen* 3,19).

Es gibt eindrucksvolle Darstellungen der Geburt Jesu, z. B. in der Alten Pinakothek in München von Rogier van der Weyden aus dem 15. Jahrhundert. Über der Krippe hängt das Kreuz, auch auf oberbayrischen Hinterglasbildern sieht man öfter das Jesuskind, das mit einem kleinen Kreuz in der Hand spielt. Maria und Josef schauen mit nachdenklichem, ernstem Blick zu.

Das Leben Jesu stand von Anfang an unter dem Kreuz. Er hat die Dornen und Disteln, die Adam gesät hat, am eigenen Leib erfahren. Christus hat sie gewissermaßen mit Stumpf und Stiel ausgerissen, indem er sie zum Anlass seines Gehorsams zum Vater gemacht hat. Er „war gehorsam bis zum Tod, bis zum Tod am Kreuz“ (*Phil* 2,8). Aber nicht erst am Kreuz hat uns Christus erlöst, sondern durch jeden Tag in seinem Leben, durch seinen Alltag. Und das ist die Botschaft an uns: Auch wir können ihm darin nachfolgen, denn durch die Taufe sind wir mit Christus identisch geworden.

April

1. April

Mobbing und Kriege

Angeblich verliert die deutsche Wirtschaft jährlich bis zu 40 Milliarden Euro durch sogenanntes Mobbing. Es sind die Dornen und Disteln der Genesis (vgl. *Gen* 3,18). Wenn wir wissen wollen, warum es Kriege gibt, brauchen wir nur in unseren Alltag zu schauen. Die Konflikte am Arbeitsplatz, in den Familien, das rücksichtslose Verhalten im öffentlichen Leben und im Verkehr – all das auf die Nationen und Staaten projiziert, das sind die Kriege. „Es gibt Weltkrisen, weil es an Heiligen fehlt" (hl. Josefmaria Escrivá, *Der Weg*).

Wie sähe eine Gesellschaft aus, in der die Menschen sich nach den Grundsätzen Jesu richten? Einige sagen, eine solche Gesellschaft würde nicht mehr funktionieren. Menschlich gesprochen haben sie Recht. Aber sie rechnen nicht mit der Gnade Gottes, denn sobald der Mensch sich wirklich auf die Gnade einlässt, tun sich mitten in der Welt wunderbare Wege auf, die der Mensch mit den bloßen Augen des Verstandes nicht sieht.

Die großen Gestalten des Christentums, wie etwa der hl. Franziskus oder in unserer Zeit Mutter Teresa, haben uns das gezeigt. Aber auch für den gewöhnlichen Laien mitten im Alltag haben sich „die göttlichen Wege der Erde" aufgetan (hl. Josefmaria Escrivá), wenn er versucht, mitten im Alltag nach der authentischen Liebe Christi zu leben. Es sind Wege, die jeder von uns mitten im Alltag gehen kann, wenn er sich auf Christus einlässt, wenn er seine Hand ergreift und sich von ihm führen lässt.

2. April

Auch in Pfützen spiegelt sich die Sonne

Auch wenn uns der Alltag manchmal trübe und grau wie eine Pfütze vorkommt, in der unser Leben stehen geblieben ist, so können sich darin dennoch der Himmel und die Sonne der Gegenwart Gottes widerspiegeln. Wir müssen nur den Heiligen Geist wirken lassen. „Der Geist weht, wo er will" (*Joh* 3,8).

Gewöhnen wir uns an, unsere Kraft aus den kleinen Dingen zu schöpfen, die uns Gottvater über den Weg schickt. Ein Lächeln, eine Blume, eine Wolke am Himmel, ein gutes Wort, das wir geben oder empfangen, ein Mensch, dem wir helfen konnten – es sind tausend Dinge, die wir nicht beachten, falls wir nicht gewohnt sind, alles aus den Händen Gottes zu empfangen, das Gute wie das Schlechte.

Wir müssen es machen wie die hl. Theresia vom Kinde Jesu: „Für mich ist das Gebet ein Aufschwung des Herzens, ein schlichter Blick zum Himmel, ein Ausruf der Dankbarkeit und Liebe inmitten der Prüfung und inmitten der Freude."

Nutzen wir die tausend Anlässe des Alltags zum Anlass des Gesprächs mit Gott, der unser Vater ist. Dann wird unser Alltag neue Formen und Farben gewinnen. Wir werden staunen, welche Kraft wir daraus gewinnen. Es lohnt sich, mit Christus in das „Grab" des Alltags hinabzusteigen, um dann auch mit ihm aufzuerstehen.

3. April

Nach dem Winter kommt ein Frühling

Früher bin ich über den Frühling hinweggegangen, wie man in den frühen Erwachsenenjahren über die Kindheit in Erwartung des Lebens hinweggeht. Heute ist mir der Frühling mit seinem Licht, seiner Fülle, seiner Helle und seinen Farben die liebste Jahreszeit. Es lohnt sich, einen ganzen Winter zu warten, um all die Fülle zu erleben, die die Dürre des Winters ablöst. In dem Roman „Endmoräne" über eine alternde Frau sagt Monika Maron: „Der Herbst ist die Zeit, wo ich mich am wenigsten unnütz fühle. Herbst ist wie das Alter die Zeit des Abschieds. Wer Abschiede mag und wer das Alter als Abschied erlebt, liebt den Herbst. Es kann aber auch das wohlige Gefühl des Endes sein, das wir aus der Sicherheit erleben: Es gibt nochmals einen Frühling, und er wird kommen, selbst dann, wenn ich ihn nicht mehr erlebe."

Der ewige Frühling, an den wir Christen glauben, ist für alle da. Und je weniger Frühlinge wir auf dieser Erde noch vor uns haben, desto näher rückt er uns. Martin Luther hat das bekannte Wort gesprochen: „Auch wenn ich wüsste, dass morgen die Welt zugrunde geht, würde ich heute noch einen Apfelbaum pflanzen."

Es ist dieses unerschütterliche Vertrauen, dass die Welt in den Händen Gottes ruht, selbst dann, wenn sie bereits dem Untergang geweiht ist, und dass unser Tun sogar dann noch in Gott einen Sinn hat, den wir ihm von uns aus nicht geben können.

4. April

Ist Arbeit eine Strafe?

Es ist nicht verwunderlich, dass viele Menschen der Meinung sind, dass die Arbeit eine Strafe Gottes sei, denn oft erleben wir gerade die Arbeit als Teil unseres Alltags, der besonders auf uns lastet und oftmals echtes Leiden verursacht.

Kürzlich sprach ich mit einem Patienten, einem gläubigen Christen, der aufgrund seiner Lebensumstände, nicht zuletzt wegen seiner Arbeitssituation, in eine depressive Stimmung geraten war. Auch er sagte mir zu einem gewissen Zeitpunkt unseres Gesprächs: „Eigentlich ist die Arbeit doch eine Strafe Gottes und wir müssen sehen, wie wir damit fertig werden." Ich widersprach ihm und forderte ihn auf, zuhause in seiner Bibel nachzulesen, wo steht, dass der Mensch zur Arbeit erschaffen wurde: Gott nahm „den Menschen und setzte ihn in den Garten von Eden, damit er ihn bebaue und hüte" (*Gen* 2,15). Das geschah also vor dem Sündenfall. Als der Patient das nächste Mal in meine Therapiestunde kam, musste er mir Recht geben. Es war für ihn eine Entdeckung.

Johannes Paul II. schreibt in seiner Enzyklika *Laborem exercens*: „Die Kirche schöpft bereits *aus den ersten Seiten des Buches Genesis* die Überzeugung, dass die Arbeit eine fundamentale Dimension menschlicher Existenz auf Erden darstellt." Das Zweite Vatikanische Konzil hat sich in der Konstitution *Lumen gentium* so geäußert: Den christlichen Laien „ist der Weltcharakter in besonderer Weise eigen. ... Sie leben in der Welt, das heißt in all den einzelnen irdischen Aufgaben und Werken und den normalen Verhältnissen des Familien- und Gesellschaftslebens, aus denen ihre Existenz gleichsam zusammengewoben ist."

5. April

Die Sehnsucht des Anfangs

In der Arbeit wohnt der Mensch in gewisser Weise dem Ursprung der Schöpfung bei, denn die dem Menschen eigene Entsprechung zur Schöpfertat Gottes ist Arbeiten. In der Arbeit tritt der Mensch an die Stelle Gottes, indem er das Werk der Schöpfung als sein Ebenbild fortführt und vollendet.

In unserer Zeit ist die Arbeit aber auch die größte Versuchung des Menschen, sich an die Stelle Gottes zu setzen und nach eigenem Gutdünken zu verfahren. Die Macht des technisierten Menschen reicht soweit, dass er die Schöpfung vernichten kann statt sie zu entwickeln und zu bewahren. Hier liegt die größte Gefahr des modernen Menschen nicht nur für ihn selbst, sondern auch für sein Verhältnis zu Gott, seinem Schöpfer. Die Arbeit sollte begleitet sein vom Dialog Gottes mit dem Menschen über die Schöpfung und ihren Ursprung. Im Gebet reflektiert der Mensch sein Tun und bringt es vor Gott. Arbeit und Alltag werden so zu Grundlagen unserer Kommunikation mit Gott, unserem Schöpfer. „Gott sah alles an, was er gemacht hatte: Es war sehr gut“ (*Gen* 1,31). Dieses Wort hat Gott nicht zurückgenommen.

Dem muss unser Ja zu den Dingen und Menschen entsprechen, denen wir in Arbeit und Alltag begegnen. „In Wahrheit: Gott verlangt so sehr nach uns, als ob seine ganze Seligkeit an uns läge. Und sein Wesen, alles, was Gott der Vater gemacht und geschaffen hat im Himmel und auf Erden mit all seiner Weisheit und Güte, dies alles hat er darum getan, dass er uns damit zurückrufe und einlade in den Ursprung und in sich zurückbrächte“ (Johannes Tauler).

6. April

Arbeit als Dialog mit dem Schöpfer

„Der Mensch soll eine gute und nützliche Tätigkeit haben, wie es sich ergibt. Die Sorge aber soll er Gott befehlen. Sein Werk hat er ganz unauffällig und in Stille zu verrichten und er soll bei sich selbst bleiben und Gott darein einbeziehen und oft mit einem einwärts gewendeten Gemüt nach innen blicken, ganz innerlich und gesammelt. ... Der Mensch soll nämlich wahrnehmen können, ob der Geist Gottes ihn zum Tätigsein bestimmt oder ob der Geist Gottes Beschaulichkeit wünschte. Nicht an sich erweist sich das eine oder andere als besser; es kommt darauf an, dem Heiligen Geist im Wirken oder Ruhen so zu folgen, wie er will" (Johannes Tauler).

Nach Tauler soll die Arbeit des Christen kein bloßer Broterwerb oder eine Form der Selbstverwirklichung sein. Der Heilige Geist soll uns bei der Arbeit führen. Christus selbst sagt von sich, dass er die Werke vollbringe, die ihm der Vater aufgetragen hat (vgl. *Joh* 5,36; 10,25). Man kann sich vorstellen, dass dies auch für die tägliche Arbeit des Erlösers gegolten hat, denn auch sie war das Erlösungswerk, das er im Gehorsam gegen den Vater vollbracht hat.

So können und dürfen wir uns in Bezug auf unsere Arbeit vorstellen, dass der Heilige Geist jeden Menschen in seinem Tun und in seiner Arbeit die Wege führt, die der Vater von Ewigkeit für ihn vorgesehen hat. So erhält jeder Handgriff, jede Begegnung in der Arbeit, aber auch alle Leiden und alles Ungemach ein mystisches Moment und eine tiefe Verbindung mit Christus.

7. April

Verjährte Blicke

Wer wollte die Zeit, in der ein Stein in Jahrmillionen vom Gebirge ins Meer gewandert ist, mit den Lebensjahren eines Menschen vergleichen. Die Zeit als erfahrener, durchmessener und erlittener Raum und als menschliche Geschichte wird durch die Erlebensdimension auf eine andere Ebene gehoben. Die Zeit, in der das Ich gelebt hat, ist unendlich viel kostbarer als die ganze Zeitspanne, in der die Gebirge entstanden und die Meerengen eingeebnet wurden und die Dinosaurier ausgestorben sind.

Eine Sekunde in meinem Leben bedeutet mir mehr als die gesamte Zeit zwischen der Schlacht auf den Katalaunischen Feldern und der Französischen Revolution. Die Zeit hat für mich als Vergangenheit nur Bedeutung, insofern sie eine Beziehung zu meinem Leben hat.

Aber als Christen sollten wir auch wissen, dass es eine Heilsgeschichte gibt. Es ist die Geschichte vom Eingreifen Gottes in das verlorene Schicksal des Menschen. Es ist die Geschichte von Gott, der sich herabbeugt zu den Menschen, um sich durch konkrete Ereignisse mitzuteilen. Es ist die Geschichte vom Hirten, der dem verlorenen Schaf nachgeht, um es wieder heimzubringen (vgl. *Mt* 18,12-14; *Lk* 15,3-6).

8. April

Gehorsam

Leonhard Bernstein wurde einmal gefragt, was nach seiner Meinung ein gutes Orchester ausmacht. Seine überraschende Antwort war: Jene sind die besten Orchester, die die besten zweiten Geiger, Flötisten oder Trompeter haben, denn die erste Geige spielen viele gut, aber nur wenige verstehen es, die zweite Geige gut zu spielen. Welche Eigenschaft wird hier verlangt? Letztlich Gehorsam. Fügsam sein, sich einfügen können – das bedeutet bereit sein, falls es notwendig sein sollte, die zweite Geige zu spielen, um dem Ganzen zu dienen.

Im Zusammenhang mit der Kirche gebraucht Paulus hierfür das Bild des Leibes. Was passiert, fragt er, wenn der Fuß Kopf oder Hand sein will? (vgl. *1 Kor* 12,14-26). Fügsamkeit und Gehorsam müssen aber einem sittlich guten Ziel dienen. Gehorsam kann verbrecherisch sein, wenn er sich von ethischen Werten losgesagt hat. Denken wir nur an den Gehorsam eines KZ-Kommandeurs im Dritten Reich, der sich einer menschenverachtenden, mörderischen Ideologie verpflichtet hatte.

Aber auch heute sind wir auf subtilere Weise an Menschenbilder gebunden, die oft ebenso die Gefahr der Entwertung des Menschen durch den Menschen in sich bergen. Ein echter Gehorsam ist niemals blind ohne Rücksicht auf die Werte, denen er dienen muss. Ein Orchester ist ein sinnvolles Ganzes, das der Musik und damit der Kunst und mithin dem Menschen dient.

9. April

Arbeit sollte den neuen Menschen schaffen

Das 20. Jahrhundert hat den Versuch gesehen, die Arbeit zu mystifizieren. Die Arbeit sollte einen neuen Menschen hervorbringen. Das Ergebnis waren der real existierende Sozialismus und der Gulag. Marx hatte für das Zeitalter des Kommunismus die Rückgewinnung des Paradieses verheißen, in dem der Mensch frei nach Belieben jeder gewünschten Tätigkeit nachgehen konnte. Morgens sollte er fischen, mittags jagen und abends ruhen. Die marxistische Utopie sollte die Religion, das Opium des Volkes, ablösen.

Religion war die Droge, mit der die herrschende Klasse die Massen durch Verheißung auf ein Jenseits vertröstete. Stattdessen sollten sie Klassenkampf und Weltrevolution als Mittel einsetzen, hier und jetzt das Paradies zu schaffen. Allerdings war dieser Weg weit, steinig und blutig. Marx war ein Idealist, der nach eigenen Worten Hegel vom Kopf auf die Füße gestellt hat. „Die Philosophen haben die Welt nur verschieden interpretiert; es kommt darauf an, sie zu verändern" (Karl Marx). Das gewaltige Geschichtsexperiment, das Marx damit in Gang gesetzt hat, gehört zu den blutigsten Epochen der Weltgeschichte. Dafür stehen Namen wie Lenin, Stalin, Mao Tsetung, Pol Pot usw. Es bewies, dass der Mensch, wenn er sich eine Welt ohne Gott schafft, bald aufhört Mensch zu sein.

Das verlorene Paradies kann der Mensch nicht von sich aus zurückgewinnen. Das Paradies liegt nicht in ihm und auch nicht in der Welt oder in ihrer Beherrschung. Nur in Gott oder im Leben mit ihm kann der Mensch sein Glück – oder wenn wir so wollen: seine Utopie vom Paradies – finden, wenn auch manchmal verbunden mit Leid und Schmerzen, aber mit Hoffnung.

10. April

Die Liebe macht nicht bitter

Die Liebe läßt sich nicht erbittern und „trägt das Böse nicht nach" (*1 Kor* 13,5). Vom seligen Pater Rupert Mayer (1876–1945), der bereits zu Lebzeiten als

„Apostel Münchens" galt, wird in einer Anekdote berichtet, dass immer wieder Betrüger seine Hilfsbereitschaft ausnützten. So kamen Leute von der Straße zu ihm mit mehreren Kindern, die aber nicht ihre eigenen waren und stellten sich als notleidende Familien vor. Als ihn einmal jemand darauf hinwies, lachte er nur und sagte: „Wenn ich alles prüfen wollte, ob es auch stimmt, dürfte ich nichts Gutes mehr tun."

Die Liebe klammert das Böse und Ärgerliche nicht aus. Sie lässt sich dadurch aber nicht von der Liebe abhalten und wendet sich nicht mit Bitterkeit ab, wenn man sie nicht versteht oder gar verachtet oder ausnützt. Sie kann auch einmal eine Fünf gerade sein lassen. „Sie erträgt alles" (*1 Kor* 13,7), auch das Schwere und Ungereimte, das ihr im Anderen begegnet. Ja, sie vermag manches Schwere mit Humor zu nehmen und zu entschärfen und ihm einen Teil der Bitterkeit zu nehmen, falls es möglich ist.

11. April

Flug zum Mars

Wir machen uns darüber Gedanken, wie wir zum Mars fliegen können, wie wir am schnellsten von einem Ort zum anderen kommen. Aber viel interessanter ist die Frage, warum wir das eigentlich sollen, was der Sinn des Ganzen ist. Ansonsten kann auf uns leicht der Spruch zutreffen: „Als sie das Ziel aus den Augen verloren hatten, verdoppelten sie ihre Anstrengungen" (Mark Twain).

Warum sind so viele bei uns gegen eine Geschwindigkeitsbeschränkung auf der Autobahn? Warum wollen sie so schnell überall hin? Der Bundesbürger sitzt im Durchschnitt jeden Tag drei Stunden vor dem Fernsehen. Wollen sie noch mehr Fernsehen?

Während des Autofahrens kann man nicht gut fernsehen.
Robert Spaemann veröffentlichte 1981 ein Buch mit dem Titel „Die Frage wozu?". Diese Frage steht über unserer ganzen westlichen Zivilisation. Solange sie nicht ernsthaft gestellt wird, taumelt unsere Zivilisation am Rande des Abgrunds.

12. April

Der Kampf ums Überleben

Darwin hat den Kampf ums Überleben als Grundgesetz der Natur propagiert. Das hat eine viel größere Auswirkung auf die Geschichte des 20. Jahrhundert gehabt, als man meinen könnte. Es war auch die „Philosophie" des Ersten Weltkriegs, als man glaubte, dass nur ein Krieg die Menschheit reinigen könnte, denn im Kampf sollten nur die Besten überleben. Es war auch die in ganz Europa verbreitete Lehrmeinung an den Universitäten, dass durch eugenische Maßnahmen der Volkskörper gereinigt werden müsse. Das war keineswegs nur eine schreckliche, verschrobene Idee der Nazis. Es war eine, so meinte man, wissenschaftlich fundierte Tatsache, dass es biologisch privilegierte Rassen gibt.
Das sollte uns zu denken geben, wenn wir heute den neuesten Erkenntnissen der Wissenschaft hinterherlaufen oder die Normen des menschlichen Verhaltens aus der Evolution ableiten.
Die Geschichte des 20. Jahrhunderts sollte uns gelehrt haben, wie schrecklich es ist, wenn der Mensch und seine Wissenschaft darüber bestimmen, was gut und böse ist. Aber haben wir daraus gelernt?

13. April

Pflegefälle

Jeder, der einmal einen Pflegefall betreut hat, weiß, was es bedeutet, einen Menschen rundum zu betreuen, der keine andere Perspektive hat, als dass er seinem Ende entgegengeht. Manchmal überfällt die Angehörigen das eigentlich Aussichtslose ihres Tuns und sie können bei der pausenlosen Anstrengung in eine Depression oder ein Burn-out geraten.

Vom christlichen Standpunkt aus ist dieses Tun aber sehr sinnvoll. Denn „was ihr für einen meiner geringsten Brüder getan habt, das habt ihr mir getan" (*Mt* 25,40). Wir wissen auch nicht, was in einem Demenzkranken oder einem Koma-Patienten vorgeht, welche Gedanken des Dankes gegenüber seinen Angehörigen und Betreuern, welche Gebete oder welche Ergebenheit in den Willen Gottes trotz des schweren Leidens in ihm aufsteigen.

Bei meiner demenzkranken Mutter habe ich immer wieder erlebt, wie sie sich in lichten Augenblicken mit lebhaften Gesten für alle Dienste, die man ihr erwies, bedankt hat. Nur Gott weiß letzten Endes, wozu das alles gut sein kann. Er sagt uns mit den Worten des hl. Paulus: „Das Sichtbare ist vergänglich, das Unsichtbare ist ewig" (2 *Kor* 4,18). Im Glauben dürfen wir hoffen, dass das – auf bloß menschlicher Ebene sinnlose – Leiden vor Gott einen Sinn haben kann, denn „kostbar ist in den Augen des Herrn das Sterben seiner Frommen" (*Ps* 116,15). Das wird aber nur durch das Kreuz Christi verständlich.

14. April

Valenzen freihalten

Der deutsche Mystiker Johannes Tauler (1300–1361) sprach vom ledigen, d. h. freien und einfältigen Gemüt, das jeder Mensch haben sollte, um zu Gott zu gelangen. Tauler meinte, dass der Mensch gegenüber Gott wie ein leeres Gefäß erscheinen müsse, in das Gott seine Gnade hineingießen kann.

Man könnte auch sagen, der Mensch als Dialogpartner soll sich Valenzen für Gott freihalten. Daran fehlt es uns heute. Wenn man bedenkt, wie viel Zeit wir für Fernsehen oder Freizeit verwenden und dass nach einer statistischen Erhebung die Gesprächszeit unter Eheleuten in den letzten 20 Jahren um die Hälfte zurückgegangen ist, kann man sehen, wie wenig Zeit uns bleibt für das Hören auf andere Menschen oder auf Gott.

Hören setzt voraus, dass wir schweigen können und nicht dauernd reden. Wer nur redet, hört nur die eigene Stimme und die eigenen Gedanken. Wenn wir zuhören, tritt die Welt des anderen an uns heran und wir nehmen etwas von seiner Welt in uns auf. Wir nehmen wahr, was andere uns sagen und bilden uns selbst einen Eindruck und reagieren entsprechend. Wer nicht zuhören kann, verzichtet darauf, sich zu ändern. Er bleibt wie er ist.

15. April

Überfordert

Menschen mit starkem religiösem Streben sollten immer wieder prüfen, ob ihr geistliches Leben in lebendiger Verbindung mit ihrem Alltag bleibt und wie ihre wohlgemeinte Botschaft bei anderen ankommt. Sonst könnten sie vielleicht ein Zerrbild des-

sen abgeben, was sie mit gutem Willen überbringen möchten.
Julien Green schrieb in einem seiner Tagebücher: „Es ist in der Tat erstaunlich, dass manche Menschen, die religiös strebend sind und täglich ein umfangreiches geistliches Programm absolvieren, oft heillos überfordert sind ... und Kälte ausstrahlen, wenn es um menschliches Verständnis ... geht. Es scheint manchmal, dass sie von der Erfüllung ihrer religiösen Verpflichtungen derart absorbiert sind, dass sie keine Kraft und Zeit mehr haben, um menschliche Wärme auszustrahlen."
Tatsächlich birgt das Streben nach religiöser Vervollkommnung die Gefahr in sich, gegenüber der Mitwelt gefühllos zu werden. Es kann sein, dass die religiöse Sicht der Dinge den Alltag so stark relativiert, dass man die Alltagsprobleme anders oder überhaupt nicht mehr so empfindet wie der „Normalmensch". Von daher kann tatsächlich eine Gefühllosigkeit auftreten, die in ihrer Sterilität als Kälte wirkt. Man meint dann bereits genug getan zu haben, indem man dem anderen verspricht, für seine Anliegen zu beten oder ihn auf Gott verweist, der ihm sicher helfen wird.

16. April

Liebe bis zum Äußersten

Christus liebte bis zum Äußersten, bis zur völligen Selbstverleugnung. Äußerste Liebe traf auf äußerste Bosheit. Das Mysterium des Kreuzes steht im engen Zusammenhang mit dem „Mysterium iniquitatis", dem Geheimnis der Bosheit (vgl. *2 Thess* 2,7). Das Geheimnis der äußersten Liebe ist die Überwindung des Bösen. Das Äußerste an Leiden ist hier auch das

Äußerste an Liebe. Als Mensch und als Gott konnte Jesus äußerstes Leid mit äußerster Liebe verbinden, so wie er aus dem Tod heraus seine Auferstehung zum Leben bewirkte.
Jeder, der viel mit leidenden und kranken Menschen zu tun hat, erfährt: Im Leiden zeigt sich erst die wahre Persönlichkeit eines Menschen. Im Kreuz offenbart sich Jesus als wahrer Gott und wahrer Mensch. Der Hauptmann unter dem Kreuz sagte: „Wahrhaftig, das war Gottes Sohn!" (*Mt* 27,54).
„Wenn das Leiden kommt und fragt: »Wer bist du?«, müssen wir deutlich antworten und unseren Namen nennen. Damit meine ich, dass wir das Innerste dessen zum Ausdruck bringen müssen, was wir sind, was wir sein wollten und was aus uns geworden ist" (Thomas Merton).

17. April

Das Kreuz umarmen

Vor Jahren betreute ich eine Patientin, bei der in der Klinik eine bösartige Tumorerkrankung im bereits fortgeschrittenen Stadium festgestellt worden war. Die Patientin war nicht verbittert, aber sehr traurig. Immer wieder haderte sie mit ihrem Schicksal. Da ich wusste, dass sie eine gläubige Christin war, sprach ich auch einmal über das Kreuz, das sie nun zu tragen hatte. Sie hörte mir aufmerksam zu.
Als ich einige Zeit später wieder zu ihr kam, war sie ganz verändert. Bewegt zeigte sie mir ein großes Kruzifix, das ihr jemand aus ihrem Elternhaus in einem Dorf im Salzburger Land in ihre Wohnung nach München gebracht hatte. Sie erzählte mir, wie sie in Tränen ausgebrochen war, als man ihr das Kreuz brachte und wie sie es umarmte. Sie war jetzt wie

umgewandelt. Sie buchte für ihre Tochter und ihre beiden Enkelkinder eine Reise in die Türkei, und obwohl sie selbst nicht mitfahren konnte, war sie sehr glücklich, dass sie ihnen diese Freude machen konnte. Einige Wochen später starb sie ruhig und in großem Frieden in einer Klinik.

18. April

Vollkommen ...?

„Ihr sollt also vollkommen sein, wie es auch euer himmlischer Vater ist" (*Mt* 5,48). Diese Forderung Christi an uns können wir nur schwer verstehen. Schließen sich Menschsein und Vollkommenheit nicht aus? Jeder Mensch ist unvollkommen und hat Fehler. Das gehört zur Definition des Menschen. Wie kann Christus Vollkommenheit von uns fordern? Jesus sagt an anderer Stelle: „Seid barmherzig, wie es auch euer Vater ist!" (*Lk* 6,36).

Jesus zeigt uns einen Weg, wie wir den Vater nachahmen können. Wenn ein Mensch gegenüber einem anderen Menschen barmherzig ist, überschreitet er sich selbst. Er lässt seine egoistische Natur hinter sich, steigt herab vom Thron seiner eigenen eingebildeten Vollkommenheit und nimmt gegenüber andern jene Haltung ein, in der Gott dem Menschen begegnet. Indem er barmherzig ist, wird der Mensch Gott ähnlich. Der Mensch wird dann in gewisser Weise vollkommen wie sein himmlischer Vater.

19. April

Stärke und Schwäche

Ich bin dann geliebt, wenn meine Schwäche nicht Stärke provoziert. Vor Jahren hörte ich diesen Satz in einer Predigt und konnte fürs Erste nicht viel damit anfangen. Aber je länger ich darüber nachdachte, desto mehr wurde mir klar, dass er etwas Wichtiges ausdrückte. Es ist ja weniger, dass wir die Schwächen der anderen ausnützen würden. Meist möchten wir mit viel gutem Willen den andern helfen. Aber neben dem guten Motiv zu helfen benutzen wir die Schwäche des anderen, um selbst besser dazustehen und uns besser zu fühlen. Ja, manchmal demütigen wir die anderen, ohne es zu bemerken.

Ich bin dann geliebt, wenn meine Schwäche nicht Stärke provoziert – das kann auch bedeuten, dass ich selbst schwach sein darf und aus dem Muster ständigen Funktionierens einmal herausfallen kann, ohne abgeschoben zu werden. Im Neuen Testament sagt Jesus zu seinen Jüngern: „Dem, der dir den Mantel wegnimmt, lass auch das Hemd" (*Lk* 6,29). Wenn jemand dir seine Schwäche offenbart, nutze sie nicht aus, sondern nimm' sie zum Anlass, gut zu sein, ja deine Grenzen hinter dir zu lassen.

Das passt nicht in das Muster einer Ellenbogengesellschaft. Es passt aber zu einem Jünger und einer Jüngerin Christi, die – soweit sie können – die Schwäche der Menschen zum Anlass nehmen, barmherzig zu sein. Es passt auch zu dem Wort des hl. Paulus: „Wenn ich schwach bin, dann bin ich stark" (*2 Kor* 12,10).

20. April

Zivilisation der Liebe

Es sind manchmal nur kleine Gesten, die uns den Alltag erhellen können: Jemand hält uns mit einem Lächeln die Tür auf, wenn wir hindurchgehen wollen. Ein Autofahrer bleibt stehen, wenn er bemerkt, dass wir über die Straße gehen wollen, oder er wechselt uns Geld fürs Parken. Jemand lässt uns am Flaschenpfand-Automaten vor, weil wir weniger Flaschen haben als sie oder er. Es sind die tausend Zeichen des Dienstes und der Achtung voreinander, die unsere Zivilisation ausmachen. Sie können eine tausendfache Reflexion des Wortes Christi sein: „Wer bei euch groß sein will, der soll euer Diener sein" (*Mt* 20,26).

Bei allen negativen Erscheinungen ist unsere westliche Zivilisation doch geprägt von den Grundideen des Christentums. Dazu gehören vor allem die Achtung vor der Würde der Person und die Solidarität mit den Schwachen und Kranken ohne Ansehen von Rasse, Religion und Herkunft. Wenn die Christen diese Grundideen des Christentums überall in die Tat umsetzen würden, sähe die Welt anders aus.

21. April

Am Kreuz

Leiden hat etwas Passives, Unausweichliches an sich. Zum Wesen des Leidens gehört es, dass ich es mir nicht selber aussuche, sonst wäre es Masochismus. Indem wir agieren, versuchen wir durch Beeinflussung der Situation, dem Leiden zu entgehen. Solange ich etwas tun kann, habe ich das Gefühl, die Situation im Griff zu haben, zumindest, sie beeinflussen zu können.

Es gibt Situationen, die man nicht mehr im Griff haben kann. Krankheit und Tod gehören dazu. Da beginnt das Leiden. Hier beginnt auch die Parallele mit der menschlichen Seite des Leidens Christi, seinem Ausgeliefertsein, seinem Alleinsein, ja des Scheiterns. In der Identifikation mit Christus in der Taufe und in der Eucharistie können wir die beiden Worte des hl.

Paulus nachsprechen: Ich will „in meinem irdischen Leben“ das ergänzen, „was an den Leiden Christi noch fehlt“ (*Kol* 1,24).

In der letzten Lebenszeit von Johannes Paul II. sahen wir einen Menschen, der sein Leben ganz darauf ausgerichtet hatte. Er konnte sogar mit Christus sagen: „Wenn ich über die Erde erhöht bin, werde ich alle zu mir ziehen“ (*Joh* 12,32). In dem Maße wie er litt, war er nicht mehr bloß Papst, sondern in gewisser Weise Christus. Das spürten die Menschen. Das zog sie unwiderstehlich an.

22. April

Licht und Hoffnung

Christliche Hoffnung ist eine positive Antwort auf den Tod. Im Tod und in der Auferstehung Christi erfährt der Christ seine endgültige Bestimmung. Paulus spricht im Korintherbrief davon, dass der christliche Glaube mit dem Glauben an die Auferstehung steht und fällt: „Wenn aber verkündigt wird, dass Christus von den Toten auferweckt worden ist, wie können dann einige von euch sagen: Eine Auferstehung der Toten gibt es nicht? ... Ist aber Christus nicht auferweckt worden, dann ist unsere Verkündigung leer und euer Glaube sinnlos“ (*1 Kor* 15,12.14).

Jede Hoffnung bedeutet letztlich Befreiung von Sterben und Tod. Durch die Taufe identifiziert sich der Christ auf gnadenhafte, vom Heiligen Geist gewirkte Weise mit Christus und wird befähigt, in seine Fußstapfen zu treten. Deshalb haben Leiden und Tod des Christen die gleiche Bedeutung wie bei Christus. In seinem Alltag soll er Spuren des Kreuzes und der Auferstehung entdecken. Wie das Tageslicht alles verwandelt, so wird unser Leben verwandelt, wenn diese Hoffnung darin einzieht.

23. April

Achate im Alltag

Achate sind von außen roh und unansehnlich. Wenn man sie spaltet, sind sie leuchtend und funkelnd in allen Farben. Unser Alltag kommt uns auch manchmal grau und unansehnlich vor. Erst wenn das Licht der Hoffnung darauf fällt, können wir Positives und neue Perspektiven in ihm entdecken. Durch Christus kann die Hoffnung in unser Leben eines jeden Tages Einzug halten.

Johannes Klimakos (579–649), ein griechischer Mönch und Schriftsteller des frühen Mittelalters, sagte: „Wer sich nach dem ausstreckt, was vor ihm liegt, wird jünger als er selbst." Die Hoffnung ist so etwas wie ein Jungbrunnen. Sie verhindert, dass wir mit unserem Blick im bloßen Augenblick verweilen. Sie richtet uns auf, so dass wir in die Weite hinausschauen können. Die Hoffnung auf dauerndes, ewiges Leben hat die Menschen immer wieder beschäftigt. In der Kunst des Mittelalters wird manchmal die Utopie des nicht alternden Menschen dargestellt, der einen Jungbrunnen zur Verfügung hat. In unseren Tagen erwarten viele Menschen von der Medizin die Erfüllung jenes Traumes.

Christus hat ewiges Leben verheißen. Er ist uns in der Auferstehung vorausgegangen. Er spricht zu seinen Jüngern nach seiner Auferstehung: „Im Haus meines Vaters gibt es viele Wohnungen. Wenn es nicht so wäre, hätte ich euch dann gesagt: Ich gehe, um einen Platz für euch vorzubereiten?" (*Joh* 14,2). Jesus Christus verheißt uns keinen Jungbrunnen, sondern ewiges Leben. Dem Christen wird das Leben im Tod nicht genommen, sondern gewandelt (aus der Liturgie der Kirche).

24. April

Die Welt als Symbol

Das Wort Symbol kommt von dem griechischen Verb *symballein* und bedeutet zusammenfügen. Wenn sich im alten Griechenland zwei Freunde trennen mussten, brachen sie einen Ring auseinander und jeder erhielt eine Hälfte als Zeichen, dass sie eigentlich zusammengehörten und lediglich das Schicksal sie jetzt trennte. Die von Gott geschaffene Welt ist bei allen Mängeln ein Symbol und Gleichnis der gesamten Wirklichkeit, so wie sie jetzt ist und wie sie ihre Vollendung bei Gott finden wird.

In der Taufe wird mit dem Wasser, einem Element der Schöpfung, diese endgültige Vollendung zeichenhaft vorweggenommen und dem Getauften die geheimnisvolle Macht verliehen, Kind Gottes zu werden. Johannes sagt in seinem Evangelium: „Allen aber, die ihn aufnahmen, gab er Macht, Kinder Gottes zu werden, allen, die an seinen Namen glauben“ (*Joh* 1,12). Und Paulus spricht von dem tiefen Verlangen der Schöpfung, an dieser Erlösung der Kinder Gottes teilzuhaben: „Denn die ganze Schöpfung wartet sehnsüchtig auf das Offenbarwerden der Söhne Gottes“ (*Röm* 8,19). Schon jetzt ist der Mensch aufgerufen, die Spuren Gottes darin zu finden und durch sein Leben und Handeln das Werk der Schöpfung zu vollenden.

25. April

Angstambulanzen

In früheren Zeiten waren existentielle Bedrohungen unmittelbarer erfahrbar, etwa in Kriegszeiten, aber auch zur Zeit der großen Seuchen, wo innerhalb weniger Wochen viele Menschen starben. Die Bedrohung ist heute viel anonymer. Zum ersten Mal in seiner Geschichte steht der Mensch vor der erschreckenden Erkenntnis, dass er durch die schrankenlose Anwendung seiner Fähigkeiten im Bereich der Technik zu seiner eigenen Bedrohung wird. Die Anwendung der Nuklearenergie, der Gentechnologie, die Ausbeutung der Natur mit all ihren Folgen und die Unfähigkeit, trotz des enormen technischen Fortschritts das Zusammenleben friedlich zu gestalten, machen dem Menschen Angst.

Furcht und Angst sind das Gegenteil von Hoffnung und Vertrauen. Balthasar Staehelin, ein Pionier der psychosomatischen Medizin, der jahrzehntelang die psychosomatische Abteilung der Universitätsklinik Zürich geleitet hat, hat bereits in den siebziger Jahren des vorigen Jahrhunderts Angst als Grundstörung bei psychosomatischen Erkrankungen angesehen. Er führte diese Angst auf das mangelnde Urvertrauen des modernen Menschen zurück: In seinem Streben nach Autonomie fühlt er sich allein mit seiner Verantwortung für sich und die Welt und ist damit überfordert.

Der Christ weiß bei aller berechtigten Sorge, die auch ihn bewegt, dass er nicht allein für sich und die Welt verantwortlich ist. Er weiß, dass jemand die Hand über ihn hält, mag ihm auch noch so Schlimmes widerfahren.

26. April

Geistliches Orchester

Ein ständiges Reden von Verzicht, Kreuz, Opfer und Unterwerfung in der Askese dünnt den Gehorsam aus und wirft die Attraktivität einer geistlichen Gemeinschaft über Bord. Eine solchermaßen strapazierte Verpflichtung zum Gehorsam leistet allenfalls religiösen Masochisten und machtbesessenen Sadisten Vorschub (Jörg Müller, *Ich habe dich gerufen*).

Jede geistliche Gemeinschaft, auch jede andere Gemeinschaft oder ein Betrieb oder Unternehmen, birgt in sich die Gefahr, dass den aufgrund ihres Leistungswillens und ihres Charakters vermeintlich Starken Führungsaufgaben übertragen werden. Sie werden dann dazu erzogen, ihre schwachen Seiten zu unterdrücken und müssen dafür oft einen hohen Preis, z. B. in Form psychosomatischer Krankheiten, bezahlen.

Es ist deshalb für geistliche Gemeinschaften wichtig, dass darin alle Temperamente ihren Platz haben, denn wie in einem guten Orchester sollen die verschiedenen Charaktere mit unterschiedlichen Tönen und Klangfarben einen Klangkörper bilden, von dessen Musik sich alle angezogen fühlen. Wenn zu viele „Starke“ mit Geltungstrieb und Leistungsbesessenheit darin vertreten sind, werden die Töne zu laut und schrill und es fehlen die leiseren Zwischentöne, die für jede geistliche Kultur wichtig sind. Sind aber nur die leisen Charaktertypen vertreten, kann die geistliche Musik, die daraus hervorkommt, schwach und langweilig wirken. Alle sind wichtig.

27. April

Vater lass die Augen dein ...

Ein junges Mädchen ging wegen starker Schmerzen zum Arzt. Sie erfuhr, dass sie einen unheilbaren Knochenkrebs hatte. Als sie nach Hause kam, war sie fröhlich wie immer, so dass ihre Eltern nichts von ihrer Krankheit ahnten. Nach dem Abendgebet schlief sie ruhig und fest ein. Sie fühlte sich so in Gott geborgen, dass selbst die schlimme Diagnose sie nicht davon abhielt, im Augenblick zu leben. Christliche Hoffnung heißt genau dies: Ich darf Kind sein. Ich darf ganz im Augenblick leben.

Es gibt heute viele Menschen, die nur im Augenblick leben. Sie leben von einem Fernsehprogramm zum andern, von einem Termin zum nächsten. Wenn der Christ im Hier und Heute lebt, tut er das, weil er sich ganz auf den Augenblick einlassen kann, denn nur in diesem Moment kann er leben und lieben. Zukunft und Vergangenheit gehören ihm noch nicht oder nicht mehr. Er kann sie getrost Gott überlassen, wenn er nur tagtäglich versucht, die Gegenwart zu gestalten. Das ist kein Gegensatz.

28. April

Nur das Beste ...

Besonders junge Menschen tun sich heute schwer, sich in ihren Beziehungen auf Dauer zu binden und festzulegen. Es ist die Angst, andere, vielleicht bessere Optionen für die Zukunft zu verpassen, denn wer einen Weg einschlägt, kann nicht gleichzeitig einen anderen gehen. Es ist, wie wenn man einen Fernsehapparat oder einen Kühlschrank kauft oder eine Urlaubsreise aussucht: Bevor man nicht alle Kataloge mit Fernsehapparaten, Kühlschränken und Reisen durchsucht hat, kann man nicht sicher sein, wirklich das Beste ausgewählt zu haben. Und so kann es sogar passieren, dass man den alten Kühlschrank behält oder Ferien zuhause macht, um nur ja keinen Fehler zu machen.

Ich bewundere meine Eltern. Als sie 1943 heirateten, war Krieg. Und sie wussten nicht, ob sie sich jemals wiedersehen würden. Sie vertrauten einfach auf die Zukunft. Sie hatten keine Zeit, „bessere Optionen" zu prüfen. Vielleicht glaubten sie auch an eine Vorsehung, die ihren Weg begleitet und ihnen die Kraft gibt, alles zu bestehen, was ihnen auf diesem Weg begegnen mag.

29. April

Geborgen

Gotteskindschaft ist die konkrete Hoffnung, dass es nicht nur im Allgemeinen mit der Welt gut enden wird, sondern dass auch mein kleines Leben hier und heute in den Vaterhänden Gottes geborgen ist. Letztlich ist alles, was uns im Leben begegnet, Teil unseres Weges zu Gott, zum Hause des Vaters.

Gerade tragische und widrigste Lebensumstände, wie im Angesicht des Todes, bringen das Licht der christlichen Hoffnung hell zum Leuchten. So betete Dietrich Bonhoeffer (1906–1945) das wunderbare Gebet seines hingebenden Vertrauens an Gott:

Von guten Mächten wunderbar geborgen
erwarten wir getrost, was kommen mag.
Gott ist bei uns am Abend und am Morgen
und ganz gewiss auch jeden Tag.

30. April

Spuren

Die Sakramente sind Spuren der Menschwerdung Christi (Josefmaria Escrivá, *Die Welt leidenschaftlich lieben*) und damit konkrete Heilszeichen, die den Christen gnadenhaft mit Christus identisch machen und ihn befähigen, in allen Wechselfällen des Lebens ähnlich wie Christus zu leben und zu sterben.

Die Sakramente sind Heilszeichen, in denen sich die christliche Hoffnung in äußerster Konkretheit und Gottesgegenwart aktualisiert. In den Sakramenten verdichtet sich christliche Hoffnung und Heilsgewissheit in für den Menschen fassbarer und erfahrbarer Wirklichkeit. Konkrete Dinge, „Lebens-Mittel" dieser Welt (Wasser, Wein, Brot, Öl), werden zum Mittel der Heilswirklichkeit. Dadurch hat die Materie am Heilsgeheimnis teil.

Dieser konkreten Heilsmacht der Sakramente, allen voran der Taufe, muss im Alltagsleben des Christen eine Einübung der Hoffnung entsprechen, die vor allem im Leben der Gotteskindschaft besteht. „Denn alle, die sich vom Geist Gottes leiten lassen, sind Söhne Gottes. Denn ihr habt nicht einen Geist empfangen, der euch zu Sklaven macht, so dass ihr euch immer noch fürchten müsstet, sondern ihr habt den Geist empfangen, der euch zu Söhnen macht, den Geist, in dem wir rufen: Abba, Vater! So bezeugt der Geist selber unserem Geist, dass wir Kinder Gottes sind. Sind wir aber Kinder, dann auch Erben; wir sind Erben Gottes und sind Miterben Christi, wenn wir mit ihm leiden, um mit ihm auch verherrlicht zu werden" (*Röm* 8,14-17).

Mai

1. Mai

Maria

Da gibt es einen Menschen unter Milliarden anderer – Maria –, die ganz rein war, ganz gut, ganz lieb und zugleich stark, fest und tapfer. Manchmal meinen wir: Das Liebe und Gute taugt nicht zum Festen und Starken. In einer Welt der Gewalt und der Leistung taugt es nur für Winkelexistenzen. Maria hat sich nicht in den Vordergrund gebracht. Aber wenn es darauf ankam, war sie zur Stelle: bei der Hochzeit in Kana und dann unter dem Kreuz.

Jesus hat einmal zu seinen Jüngern gesagt: „Leistet dem, der euch etwas Böses antut, keinen Widerstand" (*Mt* 5,39). Maria ist nicht zu Pontius Pilatus gegangen, um für Jesus zu bitten. Aber sie stand unter dem Kreuz. Vielleicht müssen wir auch das von ihr lernen: Es kommt nicht bloß darauf an, gegen das Böse in uns und um uns zu kämpfen. Es kommt auch darauf an, das Böse auszuhalten. Gott kann sogar aus dem Bösen Gutes machen. Das Böse ist das Einzige, das dem Menschen ganz allein gehört. Es ist das Einzige, das er nicht von Gott bekommen hat. Gott lässt es nur deshalb stehen wie im Gleichnis vom Unkraut unter dem Weizen (*Mt* 13,24-30), weil er selbst *dadurch* noch den Menschen retten möchte.

2. Mai

Wenn die Sonne lacht

Die moderne Hirnforschung hat herausgefunden, dass die Reizung bestimmter Hirnareale und die Ausschüttung bestimmter Hormone Gefühle von Glück und Freude hervorrufen. Aus eigener Erfahrung wissen wir, dass wir an bestimmten Tagen froher gestimmt sind als an anderen. Wenn uns nach einem langen Winter an einem Frühlingstag die Sonne mit mütterlichen Strahlen umfängt und uns die Natur mit ihrem Blütenzauber zulächelt, fällt uns das Froh-Sein leichter als an nasskalten Novembertagen. Anders als in der Sprache südlicher Länder, wo die sengende, harte Sonne, vor der man sich verbergen und schützen muss, mit dem männlichen Artikel bedacht wird („el sol“, „le soleil“, „il sole“) birgt unser deutsches Wort „die Sonne“ etwas Mütterliches, Wärmendes und Lebenspendendes.

Unsere Vorfahren wussten, warum sie ein Sonnwendfest gefeiert haben. Als unsere Vorfahren Christen wurden, erhielt das Fest eine neue Bedeutung. Sie feierten Weihnachten als den Tag, an dem Christus, die Sonne unserer Erlösung, geboren wurde. Wissen wir das heute noch?

3. Mai

Seht euch die Vögel des Himmels an

Etliche Patienten haben mich gefragt: „Warum muss ich eigentlich so alt werden?“ oder „Warum muss ausgerechnet ich diese Krankheit bekommen?“ Die Antwort fällt schwer. Solche Fragen können wir im Grunde nicht beantworten. Dennoch habe ich manchmal geantwortet: „Gott wird sich wohl etwas dabei gedacht haben.“ Tatsächlich fragen wir uns bei manchen Ereignissen unseres Lebens: „Warum lässt Gott das zu?“, vor allem dann, wenn uns ein Schicksalsschlag trifft, eine Krankheit, ein Todesfall, irgendein Versagen.

Als gläubige Menschen dürfen wir hoffen: Gott ist unser Vater und er wird für uns stets das Beste wollen. Am meisten erwartet Gott von uns schrankenloses Vertrauen. Darum sagt Jesus: „Seht euch die Vögel des Himmels an: Sie säen nicht, sie ernten nicht und sammeln keine Vorräte in Scheunen; euer himmlischer Vater ernährt sie. Seid ihr nicht viel mehr wert als sie?“ (*Mt* 6,26).

Ein erfülltes Leben erwächst aus der Erfüllung des Willens Gottes, der sich im jeweiligen Anspruch einer konkreten Situation zeigt. Immer verfolgt Gott dasselbe Ziel. Er möchte den Menschen in die Fülle seiner für uns unbegreiflichen Liebe ziehen. Die Größe der Heiligen liegt besonders in ihrem rückhaltlosen Vertrauen, mit dem sie sich in der Weite der Liebe Gottes geborgen wussten. Wir Menschen haben meist nur den nächsten Schritt vor Augen. Gott hingegen überschaut immer das Ganze unseres Weges bis zum Ende unserer Tage und er weiß, was für uns gut ist. Im Vertrauen darauf setzten die Heiligen ihrer Hingabe keine Grenzen.

4. Mai

Dankbarkeit

Die erste Stufe der Dankbarkeit ist, dass du das liebst, was Gott dir gegeben hat: Dich selbst, deinen Körper – dieses Wunderwerk der Schöpfung, das von der Erde genommen wurde, jedoch weit über sie hinausweist –, den der Mensch allzu oft auf seine

Funktionen – das Essen, das Trinken und die Lust – reduziert.
Der Mensch ist Teil der Natur und steht ihr zugleich gegenüber. Im Spannungsfeld zwischen Teilhabe an der Natur und Existenz als Individuum vollziehen sich Leben und Geschichte des Menschen.
Das Wort Existenz stammt aus dem Lateinischen. In seiner ursprünglichen Wortbedeutung bezeichnet es das Herausstehen des Menschen aus der Natur in einem bewusst erlebten und mitgestalteten Geschichtsmoment in Raum und Zeit, den der Mensch zugleich miterlebt und mitgestaltet. Der Mensch, der Bestandteil der Natur ist und zugleich aus ihr herausragt, wird zum Kreuzungspunkt zwischen naturhaftem Geschehen und sinngebender Überschreitung der Natur im Erkennen und Wollen, in der Freude und Dankbarkeit, aber auch im Leiden und bewussten Annehmen seines Lebens und seiner Bestimmung.

5. Mai

Hausbesuch

Ein paar Jahre nach dem Tod ihres Mannes machte ich bei einer alten Patientin einen Hausbesuch. Dabei sagte sie zu mir: „Herr Doktor, Sie werden es nicht glauben, aber als mein Mann vor sechs Jahren starb, waren Sie meine einzige Stütze. Sie waren der Einzige, mit dem ich sprechen konnte. Seit dem Tod meines Mannes will ich niemanden mehr sehen und mit niemandem sprechen. Es geht mir nicht aus dem Kopf, dass mein Mann so krank war. Heute mache ich mir solche Vorwürfe, dass ich mich nicht besser verhalten habe."
Und sie fuhr fort: „Als ich ihn um Weihnachten herum einmal im Krankenhaus besuchte, schauten wir

hinaus in den Innenhof des Krankenhauses, und er sagte zu mir: »Schau, was für schöne Christbäume da stehen«, obwohl an diesen Bäumen eigentlich nichts Besonderes dran war. Warum bin ich nicht auf den Gedanken gekommen, ihm einen kleinen Christbaum ins Krankenzimmer zu stellen? Und so viele andere Dinge, an die ich jetzt denken muss."

Was sollte ich ihr sagen? Ich hoffte auf eine Eingebung. Schließlich sagte ich zu ihr: „Schauen Sie, wir Menschen sind nicht in der Lage, alles auszudrücken, was wir fühlen. Und wir machen Fehler, ohne dass wir etwas dafür können. Das passiert vielen Menschen, die jemanden verlieren, den sie gerne hatten, und die nicht wussten, wie schnell sie ihn verlieren würden. Aber darüber dürfen Sie nicht vergessen, was Sie all die vielen Jahre für ihren Mann getan haben, als Sie mit ihm zusammen waren."

6. Mai

Das paradoxe Gebot

Im Lukasevangelium spricht Christus im Anschluss an die Seligpreisungen zu der Menge: „Liebt eure Feinde; tut denen Gutes, die euch hassen. Segnet die, die euch verfluchen; betet für die, die euch misshandeln. Dem, der dich auf die eine Wange schlägt, halt auch die andere hin, und dem, der dir den Mantel wegnimmt, lass auch das Hemd. Gib jedem, der dich bittet; und wenn dir jemand etwas wegnimmt, verlang es nicht zurück. Was ihr von anderen erwartet, das tut ebenso auch ihnen" (*Lk* 6,27-31).

Es ist erstaunlich, dass ein Glaube, dessen Gründer ein solch paradoxes Programm propagiert hat, zu einer Weltreligion aufsteigen konnte. Jemand könnte zynisch oder ketzerisch fragen, ob es vielleicht nur

deshalb sein konnte, weil die Christen sich nicht daran gehalten haben. Tatsache ist, dass die ersten Christen dies wahr gemacht haben. Mit den Waffen der Liebe besiegten sie eine Welt von Macht, Sex und Hass.
Kaiser Julian Apostata, der ursprünglich Christ war, wollte im 4. Jahrhundert das Heidentum aus staatspolitischen Gründen wieder einführen. Dabei sollte aber das Liebesgebot der Christen weiterbestehen. Denn der Apologet Tertullian hatte um 200 n. Chr. die Reaktion der Heiden überliefert, die – durch die übernatürlich und menschlich anziehende Art der Christen ihrer Zeit bewegt – zueinander sagten: „Seht, wie sie einander lieben."

7. Mai

Kulturrevolution

Vor Jahren hörte ich den Vortrag einer chinesischen Christin. Während der Kulturrevolution in China waren sie und ihre Familie schwersten Verfolgungen ausgesetzt. Eines Tages brachen die Roten Garden in ihr Haus ein, warfen alle Möbel zum Fenster hinaus und erschlugen vor ihren Augen einen ihrer Söhne, weil er sich weigerte, Kommunist zu werden. Sie selber wurde verhaftet und in ein großes Gefängnis ihrer Heimatstadt eingeliefert.
„Im Gefängnis", so berichtete sie, „haben sich in der Atmosphäre des ständigen Terrors und der Folter viele Hunderte meiner Mitbürger zu Christus bekehrt. Die Menschen waren in einer Situation, die menschlich gesehen hoffnungslos war." Und dann schloss sie: „Wo die Menschen alles verloren haben, wo sie vom Leben nichts mehr zu erwarten haben, da verstehen sie die Botschaft des Evangeliums."

Je mehr der Mensch an den Rand seiner Existenz gerät und sich und seine Existenz in Frage gestellt sieht, desto mehr scheint er eine Antwort außerhalb von sich selbst zu suchen. „Denn wer sein Leben retten will, wird es verlieren; wer aber sein Leben um meinetwillen und um des Evangeliums willen verliert, wird es retten" (*Mk* 8,35) und: „wenn das Weizenkorn nicht in die Erde fällt und stirbt, bleibt es allein; wenn es aber stirbt, bringt es reiche Frucht" (*Joh* 12,24), sagt Christus. Weshalb fühlen sich heute viele Menschen allein und ohne Hoffnung? Liegt es vielleicht daran, dass wir zu sehr damit beschäftigt sind, „unser Leben zu retten" und deshalb mit unserem Selbst und unserem Leben allein bleiben, ohne Hoffnung von außen?

8. Mai
1945

Eine Patientin erzählte mir, wie am Kriegsende ein Nachbar zu ihr kam und ihr einen blauen Koffer brachte und sagte: „Den können Sie behalten." Später erfuhr sie, dass er nach Hause ging und seine Familie und dann sich selbst erschoss. „Er war kein Nazi, aber er dachte, es ginge nicht mehr weiter", sagte die Patientin. Ich weiß nicht, warum sie mir das erzählt hat. Wahrscheinlich war ihr dieses Erlebnis bis zu jenem Tag nachgegangen.
Bei einem Besuch im Altenheim begann ein alter, bereits unter Demenz leidender Patient zu weinen und erzählte mir unter Tränen, dass er im Krieg in Stalingrad gewesen war und er sich jetzt in seinem Alter an all das Schlimme erinnerte, was dort geschehen war. „Wir konnten unsere gefallenen Kameraden noch nicht einmal begraben, so hart gefroren war der

Boden. Und ich hatte doch die Verantwortung für die ganze Kompanie, und zudem bin ich katholisch." In seinem jetzigen Zustand konnte er seine Gefühle nicht mehr so gut kontrollieren wie früher. Es brach noch einmal all das Furchtbare heraus, das er damals erleben musste. Vielleicht hatte er das alles über Jahrzehnte verdrängt. Oft sind es unbewältigte Erinnerungen, die im Alter erneut hochkommen.

Wir Nachgeborenen wissen nicht, was das für viele alte Menschen in Deutschland auch heute noch bedeutet. Viele tragen an der Last der Vergangenheit. Aber sie trauen sich meist nicht, davon zu erzählen, vielleicht auch deshalb, weil sie niemanden finden, der bereit ist, ihnen zuzuhören und diese Last mit ihnen zu teilen, aber oft auch, weil sie Angst haben, darüber zu sprechen.

Zu den geistlichen Werken der Barmherzigkeit gehört es, Menschen zu trösten. Um trösten zu können, müssen wir zuhören, um zu erfahren, woran Menschen leiden. Dazu brauchen wir Zeit, in der wir nicht bloß an uns selbst denken.

9. Mai

Wer ist der Größte?

Die theologischen Missverständnisse über Maria rühren vor allem daher, dass wir Gott nicht all das Großartige zutrauen, das er mit uns Menschen vorhat. Das Geheimnis Mariens ist das Geheimnis des Dienens als tiefstes Geheimnis Gottes und der Welt. Wenn Christus sagt: „Wer bei euch groß sein will, der soll euer Diener sein" (*Mk* 10,43), so trifft dies auf Maria an erster Stelle zu. Maria ist deshalb so hoch, weil sie am meisten und tiefsten gedient hat.

In den letzten Jahren gibt es in unserer Gesellschaft eine Tendenz, die weiblichen Elemente der Religion stark zu betonen. Religiosität wird oft als Antithese zur Leistungsgesellschaft verstanden und soll die Funktion von Trost und Ausgleich übernehmen. Sie soll einen Bereich übernehmen, in dem der Mensch nicht über Leistung definiert wird.
Wir dürfen dabei nicht vergessen, dass aber auch ein anderes Element in unserer heutigen Gesellschaft zu kurz kommt, nämlich das des Dienens, sozusagen das marianische Element. Wollen wir marianisch sein, lernen wir vor allem zu dienen, wie Maria gedient hat, indem sie sich Gott ohne Vorbehalt zur Verfügung stellte.

10. Mai

Spuren im Leben

Fritz Perl, einer der einflussreichsten Psychotherapeuten in den USA und Begründer der Gestalttherapie, hat vor jeder Therapiesitzung sein berühmtes „Gestaltgebet" mit den Teilnehmern gesprochen. Es scheint, dass es sich zum Credo der Beziehungen in unseren westlichen Gesellschaften entwickelt hat. Es lautet: „Ich tu, was ich tu, und du tust, was du tust. Ich bin nicht auf dieser Welt, um nach deinen Erwartungen zu leben, und du bist nicht in dieser Welt, um nach den meinen zu leben. Du bist du und ich bin ich, und wenn wir uns zufällig finden: wunderbar – falls nicht, kann man auch nichts machen." So berechtigt eine solche Maxime im Einzelfall sein mag, so problematisch, ja zerstörerisch ist sie, wenn sie zur Lebensphilosophie erhoben wird. Es scheint aber, dass viele heutige Menschen nach diesem Motto leben.

Gleichzeitig legte Perl großes Gewicht auf Gefühle und sprach den spontanen Äußerungen der Gefühle eine heilende Wirkung zu. Das individuelle Erleben und Ausleben von Gefühlen stehen auch ganz zuoberst auf der postmodernen Werteskala. Stichworte sind hier: Selbstverwirklichung, Kreativität und Erlebnisgesellschaft.

Beziehungen sind dann vital, wenn sie Spuren in unserem Leben hinterlassen. Sie können Glück oder Unglück für uns bedeuten. Es scheint, dass wir momentan folgenlose Beziehungen favorisieren. Die Beziehungen zwischen Mann und Frau dürfen keine Folgen haben, und falls doch, dann nur vorhersehbare. Darf deshalb unsere Beziehung zu Gott auch keine Folgen haben, oder auch nur vorhersehbare? Die Beziehung zu Gott bleibt aber von Natur aus nicht folgenlos für uns. „Denn in ihm leben wir, bewegen wir uns und sind wir" (*Apg* 17,28). Es ist wie beim Schwimmen, wobei ich nicht verhindern kann, dass Wasser an meinen Körper gelangt, es sei denn, ich ziehe mir einen Neopren-Anzug an.

11. Mai

Die Sehnsucht nach der Mutter

Neulich sagte mir ein Patient von über sechzig Jahren: „Mein ganzes Leben bin ich auf der Suche nach Geborgenheit und nirgendwo habe ich sie gefunden." Sind wir nicht alle Kinder, die Geborgenheit suchen? Oft ist dieser Wunsch uneingestanden das Motiv vieler unserer Handlungen und erklärt auch vieles an unserem Verhalten. Sind wir nicht oft wie Kinder, die wie Hänsel und Gretel im Wald umherirren und nach Vater und Mutter suchen? Es wird als Zeichen von Unreife gedeutet, wenn wir so etwas zugeben. Aber

ist das nicht unsere tiefste Sehnsucht? Man hat bestimmte Krankheiten, z. B. Asthma, als Schrei nach der Mutter interpretiert. Aber ist nicht unser gesamtes Leben die geheime Sehnsucht nach dem Mutterschoß, den wir seit unserer Geburt durch den Eintritt in unsere unwirtliche Welt als Ort der Geborgenheit verloren haben? Patienten mit schwerer Demenz schreien oft wieder nach der Mutter. Wenn das Gehirn auf seine archaischen Funktionen zurückgeworfen ist, kommt das wieder zum Vorschein.
Wenn man das einmal verstanden hat, versteht man die Menschen mit all ihren Ängsten, Nöten, Sorgen und auch ihren Irrwegen besser. Wir wären geduldiger mit den anderen, aber auch mit uns selbst. Wir würden leichter verzeihen. Denn vieles, das wir verurteilen, sind Hilferufe von Kindern, die nach der Mutter oder dem Vater suchen, die sie in die Arme schließen und an ihr Herz drücken.

12. Mai

Generationenhäuser

Wir sprechen viel vom demografischen Wandel und es schwingt viel Angst dabei mit. Wie werden wir mit der Situation fertig? Jede Änderung bringt nicht nur Probleme mit sich, sondern auch Chancen. Wenn ältere Menschen am Arbeitsplatz wieder mehr gefragt wären, würde das ihrem Selbstwertgefühl helfen. Denn ihre wertvolle Lebenserfahrung kann der ganzen Gesellschaft nützen.
Vielleicht wären auch die sogenannten Generationenhäuser, in denen mehrere Generationen unter einem Dach zusammen leben, eine Chance. Das könnte auch neue Impulse für ein christliches Zusammenleben bringen. Hier sind nämlich wesentliche Tugen-

den, wie Verständnis, Liebe und Geduld, gefragt. Paulus hat es so ausgedrückt: „Seid demütig, friedfertig und geduldig, ertragt einander in Liebe“ (*Eph* 4, 2).
Gerade alte Menschen brauchen viel Geduld. Geduld bedeutet Zeit. Auf der anderen Seite können ältere Menschen den jüngeren vieles vermitteln, was sie in einem langen Leben gelernt und erfahren haben. Die Art und Weise, wie sie Schicksalsschläge ertragen oder gemeistert haben, können den Jungen ein Beispiel geben, den Wechselfällen des Lebens gelassener zu begegnen. Durch ihre Frische an Körper und Geist können jüngere Menschen den älteren Freude bringen und sie die Beschwerden des Alters vergessen lassen.

13. Mai

Wie auch wir vergeben ...

Am 13. Mai 1981 versuchte Mehmet Ali Ağca Papst Johannes Paul II. zu töten. Noch im Krankenwagen auf dem Weg zur Klinik, halb bewusstlos vor Blutverlust und Schmerzen, flüsterte der Papst: „Ich verzeihe ihm.“ Als Mahatma Gandhi unter den Schüssen eines Mörders starb, waren seine letzten Worte: „Ich verzeihe dir.“ Könnten wir das auch?
Ein Patient sagte zu mir: „Obwohl meine Mutter jeden Tag in die Kirche geht, hat sie seit Jahren das Vaterunser nicht mehr richtig gebetet. Sie konnte meinem Vater einen Fehltritt nicht verzeihen, obwohl er ihr seine Schuld bekannt und bereut hatte. Jedes Mal, wenn sie gebetet hat: »Vergib uns unsere Schuld, wie auch wir vergeben unseren Schuldigern«, hat sie eigentlich gelogen.“

Vergeben ist schwer. Es ist so, als wenn wir ein Vermögen abgeben oder das Schuldkonto eines andern löschen würden. Wir stehen dann ohne unser sauer verdientes Geld da, indem wir den andern von seinem schlechten Gewissen lossprechen. „Ich spreche dich von deiner Schuld bei mir los und überlasse dich allein dem Urteil Gottes." Wenn wir so sprechen, fällt eine Last von uns. Es ist die Last, den anderen andauernd verurteilen zu müssen.

14. Mai

Ich vergesse dich nicht

„Kann denn eine Frau ihr Kindlein vergessen, eine Mutter ihren leiblichen Sohn? Und selbst wenn sie ihn vergessen würde: ich vergesse dich nicht" (*Jes* 49,15). Letzter Garant der Liebe unter uns Menschen ist der lebendige Gott selbst. Daran muss jede menschliche Liebe Maß nehmen, soll sie den Namen Liebe wirklich verdienen. Sexualität, die nur um ihrer selbst willen begehrt wird, verliert ihre Beziehung zu ihrem Ursprung in Gott. Sie ist nackt und bloß und letztlich ihres wahren Kerns beraubt. Sie kann dann in ihrer Entartung zerstörerisch werden und dämonische Züge annehmen. Durch unaufgehobene, bloß körperliche Nähe kann Sexualität Angst bereiten, denn jede Nähe ohne Liebe, die den ganzen Menschen meint, macht auf die Dauer Angst.

Es ist die Angst der Preisgabe des eigenen Selbst, von dem der Leib ein von der Seele unlösbarer Teil ist. Es ist das Bild der Angst von Adam und Eva nach dem Sündenfall, die sie veranlasste, sich vor ihrer eigenen Nacktheit zu schützen. Es ist die Angst des Menschen, der sich von Gott emanzipiert und nun ohne die schützende Aura der Gotteskindschaft in einer feindlichen Welt ohne Gott weiter leben muss. Es ist auch die Angst des postmodernen Menschen, der im eisigen Wind des Universums nur noch sich selbst vertrauen kann. Pascal sagte es so: Der Mensch (ohne Gott) ist ein Schilfrohr im All.

15. Mai

Reich an Barmherzigkeit

„Was ihr für einen meiner geringsten Brüder getan habt, das habt ihr mir getan" (*Mt* 25,40). Diese Worte aus dem Matthäus-Evangelium deuten auf einen tieferen mystischen Zusammenhang hin. Alles Erbarmen gegenüber den Menschen nimmt geheimnisvollen Bezug auf Christus. „Offenbaren diese Worte der Bergpredigt, die zunächst auf die Möglichkeiten des »Menschenherzens« hinweisen (nämlich »barmherzig« zu sein), nicht in derselben Richtung zugleich das tiefe Geheimnis Gottes, jene unauslotbare Einheit von Vater, Sohn und Heiligem Geist, in der die Liebe, der Gerechtigkeit Einhalt gebietend, dem Erbarmen Raum gibt ...?", fragt Johannes Paul II. in seiner Enzyklika *Dives in Misericordia.*

Der Barmherzige verzichtet darauf, Macht auszuüben oder auf seinem Vorteil zu bestehen. Er neigt sich zu dem Menschen, der seiner Barmherzigkeit bedarf, herab, ohne diesen zu demütigen, denn er weiß, dass wir allesamt der Barmherzigkeit Gottes bedürfen.

16. Mai

Sein und Tun

Eine Spiritualität wird Menschen nur dann anziehen, wenn sie in eine gewisse Antithese zum jeweiligen Zeitgeist tritt. In unserer Zeit und Gesellschaft, die oftmals das pausenlose Tun und Genießen zur Maxime erhoben hat, empfinden vor allem junge Menschen die Leere und das Leid, die eine solche Mentalität hervorbringen. Drogen und Alkohol unter der Jugend sind Ausdruck einer leeren Sinnsuche im Diesseits.

Viele dieser Menschen haben trotzdem eine verborgene Sehnsucht nach Lebenssinn, der vor allem im Sein und nicht bloß im Tun und Konsumieren besteht. Eine heutige Spiritualität, die religiös suchende junge Menschen ansprechen soll, muss auf das Sein zielen. Christliche Spiritualität sollte den Blick darauf richten, wie ein Mensch nach dem Geist Christi im Innersten sein soll. Die jungen Leute spüren, dass unsere Zeit nur vom Innersten des Menschseins her geheilt und bewältigt werden kann. Es ist ja auch erstaunlich, dass gerade kontemplative Orden in letzter Zeit wieder stärkeren Zuspruch haben.

Zum Sein gehört die Muße, die unfunktionale Beschäftigung mit scheinbar unnützen Dingen wie Kunst, Literatur, Natur und Sport oder auch Meditation und Gebet. Wer immer nur Dinge tut, nimmt sich selbst und die Welt nicht mehr wahr. Er verliert den Abstand zu sich selbst und den Dingen und kann sie letztlich nicht richtig beurteilen.

17. Mai

Gemeinschaft

Gemeinschaft kann nur da entstehen, wo alle Glieder im gleichen Geist wie in einem lebendigen Körper untereinander verbunden sind. Für Menschen mit einem biologistischen Weltbild ist die Seele nur die Summe aller Stoffwechselvorgänge, die den Körper steuern. Für Menschen, die an eine geistige Seele glauben, ist der Körper neben messbaren und dar-

stellbaren Funktionen von einem geistigen Wirkprinzip durchdrungen.
Um die Gemeinschaft der Gläubigen in der Kirche untereinander darzustellen, gebraucht Paulus das Bild des Körpers: Wie in einem Körper die Funktionen einzelnen Körperteilen entsprechen und in jeweiliger Abhängigkeit voneinander stehen, so stehen auch die Glieder der Kirche in dienender Beziehung zueinander (*1 Kor* 12,12-27). Ihre Seelenmitte ist Christus, der in seinem Gehorsam zum Vater den Gehorsam der Glieder untereinander begründet. Nur ein so begründeter Gehorsam ist im letzten Grund verbindlich, da er über die Gemeinschaft der Einzelnen hinaus auf eine höhere Autorität hinweist.
Der hl. Petrus begründet dies, indem er sagt: „Man muss Gott mehr gehorchen als den Menschen“ (*Apg* 5,29). Weder der Gehorsam gegenüber einer übermächtigen Volksgemeinschaft oder Ideologie noch die schrankenlose Anerkennung individualistischer Lebensgestaltung auch bei Entscheidung über Leben und Tod, kann diesen Gehorsam ersetzen oder ablösen. Wie viel unermessliches Leid wäre gerade dem deutschen Volk im 20. Jahrhundert erspart geblieben, wenn es mehr Menschen gegeben hätte, die diesen Grundsatz des hl. Paulus geachtet und gelebt hätten.

18. Mai

Wahlverwandtschaften

Eine Legende erzählt, wie der hl. Augustinus sinnend am Meeresstrand entlangging und er dabei auf ein Kind traf, das mit einem kleinen Eimer Wasser in ein Loch am Strand schöpfte. Der Heilige fragte das Kind: „Was tust du da?“ Und das Kind antwortete: „Ich schöpfe das Meer aus.“ „Aber das geht doch

nicht“, entgegnete ihm Augustinus. Doch das Kind sagte dem erstaunten Augustinus: „Das geht genauso wenig, wie du mit deinem Verstand verstehen kannst, was die Heilige Dreifaltigkeit ist.“
Wir können Gott nicht verstehen, aber wir können ihn lieben. Johannes sagt in seinem ersten Brief: „Denn die Liebe ist aus Gott, und jeder, der liebt, stammt von Gott und erkennt Gott“ (*1 Joh* 4,7). Das ist tröstlich für uns. Es ist nicht unser Verstand, der Gott begreifen muss, um ihn zu kennen. Unser Herz bekommt Zugang zu Gott, wenn es liebt. Es trägt den Schlüssel der Erkenntnis bei sich. Und mit diesem Schlüssel können wir die Tür zu unserer ewigen Wohnung aufschließen. Jeder Mensch kann deshalb Gott kennen, denn jeder Mensch wird mit der Fähigkeit geboren, zu lieben.
Goethe hat in seinen Wahlverwandtschaften die Affinität der Elemente zueinander mit dem Gesetz der Liebeszuneigung verglichen. Wenn wir unser Herz aufrichtig befragen, ist Gott unsere nächste Affinität, denn er hat uns geschaffen und erhält uns im Leben.

19. Mai

Beziehungsphasen

„Wir machen es in unseren Beziehungen wie mit dem Weihnachtsbaum. Zuerst behängen wir ihn mit Lametta und Kugeln, aber dann bemerken wir nach einigen Wochen, wie er wirklich aussieht“ (Gloria Swanson).
In einer ersten Phase der Verliebtheit neigen wir dazu, die Frau oder den Mann, in den wir verliebt sind, zu „vergöttern“ und der betreffenden Person Eigenschaften, die sie in der Realität nicht besitzen, anzuhängen wie Kugeln an einen Christbaum. Im Laufe

der Zeit stellen wir fest, dass er oder sie auch nur ein unvollkommener Mensch mit realen Fehlern und unangenehmen Seiten ist.
Dann kommt die zweite Phase, in der wir versuchen, die andere Person zu ändern, was meist von geringem Erfolg ist. In der dritten Phase scheiden sich die Wege. Entweder wir fangen an, die andere Person so zu lieben, wie sie nun einmal ist, oder es kommt die Phase der Resignation. Da bleibt in vielen Beziehungen nur der unansehnliche Docht von abgebrannten Wunderkerzen am Weihnachtsbaum übrig.

20. Mai

Maria in uns

Inmitten einer Gesellschaft, die von Effizienz und Erfolg geradezu besessen ist, sollten wir Maria in uns entdecken. Wenn Christus unser Bruder ist, dann ist Maria unsere Mutter und hat uns etwas von sich mitgegeben auf unserem Weg zu Gott und den Menschen – dieses Etwas heißt Dienen. In unserem Alltag sollten wir das Wort sprechen, das auch Maria gesprochen hat: „Siehe, ich bin die Dienerin, der Diener des Herrn" (vgl. *Lk* 1,38). Sie hat dieses Wort nicht nur im wichtigsten Augenblick ihres Lebens gesprochen, sondern hat es ihr ganzes Leben lang unzählige Male wiederholt, jeden Tag, alltäglich bis unter das Kreuz.
Jeder Tag gibt uns unzählige Gelegenheiten, für die anderen da zu sein, für sie zu beten, und dadurch auch Gott zu dienen. Wir tun jeden Tag unzählige Dinge und sind oft blind für ihren tieferen Gehalt. Nur wenn wir versuchen, mitten in der Welt kontemplativ zu leben, können wir das entdecken. Das kann uns dann heiter und gelassen machen, auch

wenn wir uns manchmal ärgern und auch weiterhin wirklich leiden, wenn uns die Dinge gegen den Strich gehen.

21. Mai

Toren um Christi willen

Aus der rein menschlichen Perspektive unverständlich ist die Liebe eines hl. Franziskus, einer hl. Elisabeth, eines hl. Damian de Veuster oder eines hl. Maximilian Kolbe, die ihr Leben bewusst für andere opferten. Gleiches gilt für jemand wie Alfred Delp und viele andere, die ihr Leben verloren, weil sie treue Jünger Christi gegenüber einem teuflischen Regime blieben.

Von der hl. Elisabeth wird berichtet, dass sie ihre Familie verließ, um den Armen zu dienen. Franziskus wurde für verrückt gehalten, als er die Wunden eines Aussätzigen küsste. Maximilian Kolbe ging im Konzentrationslager Auschwitz für einen Mitgefangenen, den er gar nicht kannte, in den Tod.

In seinem Testament fasste der hl. Franziskus seine Lebensweise zusammen: „Et eramus idiotae et subditi omnibus", was frei übersetzt heißt: Wir waren Toren (um Christi willen). Auch der hl. Paulus hat dies so gesehen: „Wir stehen als Toren da um Christi willen" (*1 Kor* 4,10) und „allen bin ich alles geworden, um auf jeden Fall einige zu retten" (*1 Kor* 9,22).

22. Mai

Liebe und tue, was du willst (Augustinus)

„Die Liebe hört niemals auf" (*1 Kor* 13,8). Warum? „Gott ist die Liebe" (*1 Joh* 4,8.16), und er allein bleibt ewig. Deshalb werden unsere Werke nur in dem Maße bleiben, wie sie an der Liebe teilhaben. Ganz

gleich, was ich im Leben tue, ob ich eine Schraube eindrehe, eine intellektuelle Arbeit leiste oder als Hausfrau koche oder putze, all das sind Dinge, die in sich sinnvoll sind, aber einen Wert von Dauer haben sie nicht. Erst wenn sie mit der Liebe in Verbindung treten, erhalten sie Dauer.
Deshalb sagt der hl. Augustinus: „Wenn du lobst, tue es aus Liebe, wenn du tadelst, tue es aus Liebe." Der große Katalysator eines gelungenen Lebens heißt Liebe.

23. Mai

Die leere Tube

Jedes Mal, wenn ich eine Tube Zahnpasta bis zum Ende aufgebraucht habe oder wenn ich einen Rasen gemäht oder etwas anderes von den tausend Alltags-Erledigungen zu Ende gebracht habe, kommt in mir das Gefühl auf, etwas beendet zu haben, um jetzt mit etwas Neuem anfangen zu können.
Diese endlose Kette setzt sich bei jedem von uns während unseres ganzen Lebens fort bis zum Tag unseres Todes. Doch was gibt es dann noch Neues anzufangen? Niemand kann uns eine Antwort darauf geben. Es ist noch niemand zurückgekommen, lautet die uralte Antwort aller Skeptiker. Eine Antwort kann tatsächlich nur einer geben, der seinen eigenen Tod persönlich überlebt hat und uns davon berichten kann.
Kein Philosoph, kein Weiser hat das von sich behaupten können. Nur Jesus hat von sich gesagt: „Ich bin die Auferstehung und das Leben. Wer an mich glaubt, wird leben, auch wenn er stirbt" (*Joh* 11,25). Christus ist vom Tode auferstanden und ist seinen Jüngern erschienen. „Er ist wahrhaft auferstanden",

heißt es in der Osterliturgie. Er hat uns auch gesagt, wie es weitergeht. Wir werden bei Gott sein, denn: „Im Haus meines Vaters gibt es viele Wohnungen. Wenn es nicht so wäre, hätte ich euch dann gesagt: Ich gehe, um einen Platz für euch vorzubereiten?" (*Joh* 14,2).

24. Mai

Bis dahin, wo es weh tut

Mutter Teresa von Kalkutta sagt einmal: „Haben wir den Mut, uns auf die Nächstenliebe einzulassen, bis dahin, wo es weh tut." Christus schildert uns im Beispiel vom barmherzigen Samariter (*Lk* 10,30-37) einen Menschen, der damit Ernst gemacht hat. Er nimmt sich eines Gewaltopfers an, das verletzt am Wegrand liegt, leistet Erste Hilfe und bringt den Mann in ein Haus, wo er weiter auf seine Kosten versorgt werden kann. Er war barmherzig, obwohl das Opfer Jude war und die Samariter nicht gut zu den Juden standen. Die vorübergehenden Juden, die eigentlich zur Hilfe für ihren Landsmann verpflichtet waren, gingen achtlos vorüber. Der Samariter, der von den Juden verachtet wurde, zeigte Erbarmen und nahm sich des Armen an und half, obwohl es lästig und unbequem war.

Ich denke hierbei an eine Patientin, die von ihren Angehörigen allein gelassen wurde. Aber eine Nachbarin, die lediglich im gleichen Haus wohnte, nahm sich ihrer an und sorgte für sie. Solche Menschen sind heute selten geworden, denn sie verschenken das Kostbarste, was wir heute haben: Zeit.

In unseren westlichen Wohlstandsgesellschaften ist kein Gut so knapp geworden wie Zeit. Obwohl die Arbeitszeiten immer kürzer werden, gibt es immer weniger Menschen, die Zeit haben. Es gibt den Spruch: „Zeit ist Geld". Man könnte aber auch – und mit mehr Realismus – sagen: „Zeit ist Liebe".

25. Mai

Aktion und Kontemplation

„Für Menschen mitten im Alltag gilt: Wenn Aktion und Kontemplation beieinander wohnen und unser Leben erfüllen, weil wir in allem vom Geist Gottes getrieben werden, dann sind wir geistlich gesehen reif" (Thomas Merton).

In einem Gleichnis vergleicht der Herr die Seele des Menschen mit einem Boden, auf den Samenkörner bei der Aussaat fallen: Einige fallen auf den Weg, andere unter Steine und Disteln, andere auf fruchtbares Erdreich. Je nachdem, wo sie hinfallen, gedeihen sie weiter oder nicht (vgl. *Mt* 13,1-9; *Mk* 4,1-9; *Lk* 8,4-8). Christus gebraucht immer wieder Bilder aus der Natur, um uns zu zeigen, dass das Leben der Gnade so real wie das natürliche Leben ist und dass es Gesetze des Wachstums in sich trägt, die denen aus der Natur gleichen.

Es sind Bilder vom Wachsen und Reifen. Geistlich reif werden heißt vor allem, den Willen Gottes wirken lassen und den Ackerboden der Seele bereiten, damit er die Saat des Reiches Gottes aufnehmen kann.

Aber was bedeuten dann die Steine, die Dornen und Disteln in uns, die die Saat am Aufgehen hindert? Es sind die Augenblicke, in denen wir fern von Gott und unseren Nächsten sind, in denen wir uns egoistischen Wünschen, unserer Eitelkeit, unserer Vergnügungssucht und unserem ungezügelten Streben nach subtiler Macht über andere hingeben. Dann wird der Boden, auf dem wir gehen, steinig und in unserer Seele wuchern Unkraut und Disteln.

26. Mai

Herr unserer Zeit

Wenn wir Menschen sind, die nur für den Augenblick leben, stolpern wir ohne Orientierung durch den Tag. Dann sind wir nicht mehr Herr unserer Zeit, sondern fühlen uns durch die jeweiligen Anforderungen des Augenblicks getrieben.
Es tut gut, Menschen zu erleben, die noch Herr ihrer Zeit sind. Sie nehmen sich die Zeit für ein Gespräch auf dem Flur oder mit einem Nachbarn auf der Straße, wenn sie bemerken, dass es in jenem Moment gut so ist.
Wir alle kennen dieses Gefühl, das uns immer wieder antreibt: „Wenn du dies und jenes noch erledigt hast, dann kannst du wieder frei atmen, dann geht es dir besser.“ Oder: „Nur noch zwei, drei Wochen, dann ist endlich Urlaub.“ Also strengen wir uns an und arbeiten auf dieses Ziel hin und bemerken nicht, dass wir permanent hinter allem herlaufen und dabei Gefahr laufen, unser Leben selbst zu verpassen.

27. Mai

Wahrheit und Leben

Niemand kommt mit einem Wahrheits-Gen auf die Welt. Eine klassische Definition von Wahrheit lautet: „Wahrheit ist die Übereinstimmung zwischen Denken und Sein.“ Das heißt: Wenn unser Denken wahr sein soll, muss es der Wirklichkeit entsprechen. Allerdings unterscheidet sich unser Denken oftmals von der Wirklichkeit, denn „errare humanum est“ (Irren ist menschlich).

Glaube im religiösen Sinn bezieht seinen Anspruch auf Wahrheit nicht bloß aus dem menschlichen Denken und der mit den Sinnen erfassbaren empirischen Wirklichkeit. Christus hat von sich gesagt: „Ich bin der Weg und die Wahrheit und das Leben" (*Joh* 14,6). Das hat kein Philosoph und kein Religionsgründer jemals von sich behauptet. Wahrheit begegnet dem Christen in einer Person, der er mit Hilfe der Gnade glauben soll. Die Wahrheit Christi ist ein höheres Leben, das ihn weit über das hinausführt, was der Mensch mit seinem natürlichen Verstand und Gemüt erkennen und erfahren kann. Dieses höhere Leben ist nicht bloß Dogma und Moral, sondern Geist und Wahrheit (vgl. *Joh* 4,23). Wie das organische Leben eines Baumes Einheit zwischen Stamm und Blättern schafft, so teilt sich das Leben und die Wahrheit Christi allen mit, die auf mystische Weise mit ihm verbunden sind: „Ich bin der Weinstock, ihr seid die Reben" (*Joh* 15,5).

28. Mai

Selbstvergessen

„Und wenn ich meine ganze Habe verschenkte, ... hätte aber die Liebe nicht, nützte es mir nichts" (*1 Kor* 13,3). Wohltätigkeit kann Liebe nicht ersetzen. Es gibt Menschen, die lieben andere, um sie zu besitzen oder um sie von sich abhängig zu machen. Andere wollen sich von der wahren Liebe freikaufen, indem sie Geld spenden oder andere mit materiellen Dingen überhäufen. Dabei versäumen sie, die Menschen ihrer nächsten Umgebung wirklich gern zu haben.

Mag sein, dass solches Tun nicht ganz ohne Wert ist, wenn es mit einem Rest an guter Absicht getan wird. Es fehlt ihm aber die Selbstvergessenheit, ohne die

jede Gabe noch beim Geber bleibt. „Geben ist seliger als nehmen“ (*Apg* 20,35).
Auch die körperliche Liebe kennt die Ekstase, das Außer-sich-Sein. Sie kann aber die menschliche Würde verletzen und führt zur Entfremdung von der wahren Liebe, falls sie nicht vom inneren Gleichklang und von tiefer innerlicher Verbundenheit begleitet wird.

29. Mai

Marmor, Stein und Eisen

Es ist etwas Großes, die Menschen zu lieben, weil sie Kinder Gottes sind. Tatsächlich sind wir nur so in der Lage, alle Menschen zu lieben. Wenn wir uns von unserem Instinkt leiten lassen, dann lieben wir nur die, die uns angenehm sind und auch nur so lange, wie sie das bleiben. „Wenn ihr ... nur die liebt, die euch lieben, welchen Lohn könnt ihr dafür erwarten?“ (*Mt* 5,46), sagt Christus. „Wir machen es dann wie Gourmets“, schreibt Augustinus in seinem Traktat über die Liebe, „die bestimmte Vögel lieben, weil sie gut schmecken.“
Tatsächlich ist es schwierig, die Menschen nicht so zu lieben, denn es ist eine weit verbreitete Meinung, dass Liebe vor allem ein Gefühl ist. Gefühle jedoch können sich schnell ändern. Die wahre Liebe aber hat etwas Unwandelbares. „Marmor, Stein und Eisen bricht, aber unsere Liebe nicht“, hieß es in einem Schlager von 1965. Die Bibel drückt es in einer klassischen Übersetzung so aus: „Stark wie der Tod ist die Liebe ... Auch viele Wasser der Trübsal können die Liebe nicht löschen“ (vgl. *Hld* 8,6-7).
Liebe hat zwar mit Gefühl zu tun, aber das Gefühl gibt nur die Richtung an. Eigentlich ist es der Wille,

der liebt. Nur der Mensch als ein leib-seelisches Wesen vermag es, sogar gegen sein Gefühl zu lieben. Ich möchte nicht sagen, dass dies der ideale Fall wäre, aber wohl, dass diese Liebe uns Gott näher bringt, weil sie der Liebe Gottes ähnlicher ist, denn Gott, der die Sünde verabscheut, „hat seine Liebe zu uns darin erwiesen, dass Christus für uns gestorben ist, als wir noch Sünder waren“ (*Röm* 5,8). So können wir als Menschen aber nur lieben, wenn wir zulassen, dass der Heilige Geist uns seinen Beistand leiht.

30. Mai

Abendmahl

In jeder Eucharistiefeier sind wir wie einst die Jünger im Obergemach des Abendmahls, am Vorabend des Leidens Christi, in mystischer Weise mit dem Herrn um den Tisch des Abendmahls versammelt. Der Priester spricht wie Christus die Worte: „Das ist mein Leib, der für euch hingegeben wird. Tut dies zu meinem Gedächtnis!“ (*Lk* 22,19). Auf mystische Weise teilen wir das Leidensschicksal Christi, indem wir ihn als Speise und Trank in uns aufnehmen. Wir empfangen dadurch die Kraft, in seinen heiligen Gehorsam gegenüber dem Vater einzutreten.
Unser Leben und unser Alltag erhält somit eine neue und mystische Dimension, die unser Leben verändert. Nach dem Glauben der Kirche ist der Wein das Blut Christi, sein Leben, das er in mystischer Weise in diesem Augenblick für uns hingibt, und das Brot ist sein Leib. Bei der Opferung mischt der Priester einen Tropfen Wasser dem Wein bei. Dieser Tropfen Wasser im Wein ist gleichsam unser Alltag, der in das Opfer Christi hineingenommen wird.

Es sind der „Schweiß unseres Angesichts" und die „Dornen und Disteln" der Genesis (*Gen* 3,18-19), die im Alltag oft vorhanden sind und die im Opfer Christi verwandelt werden sollen und können.

31. Mai

Jugenderinnerungen aus dem Isarwinkel

Morgens kam ein Mann von etwa vierzig Jahren in die Praxis. Er war groß und kräftig gebaut, mit vollem Lockenkopf, ein Kerl von der Art, wie sie Ludwig Thoma in seinen Jugenderinnerungen aus dem Isarwinkel beschreibt. Im Sprechzimmer setzte er sich mit einem Ruck auf den Stuhl mir gegenüber und trug mir seine Beschwerden vor. Er machte eine Pause, beugte sich zu mir herüber und flüsterte: „Aber was noch is, auf d'Nacht im Bett is mir der Tod von Altötting erschienen. Kennen Sie den? Wissen's der Sensenmann, der auf der Uhr ..., der macht: ratsch … ratsch und jede Sekunde stirbt oaner." Und er machte mit der Hand eine Bewegung wie mit einer Sense.

Ja, ich kenne den „Tod von Altötting". Jeder, der einmal dort war, kennt ihn: Es ist eine Skelett-Figur mit einer Sense in der Hand aus dem 16. Jahrhundert, hoch oben auf einer riesigen Standuhr neben dem Kircheneingang, die mit einem Sensenschlag die Sekunden anzeigt.

„Letzte Nacht", fuhr er fort, „war ich schon beim Einschlafen, da kam er durchs Schlüsselloch in die Schlafkammer nei, gradwegs auf mi zua. Ich bin schnell unter die Bettdecken g'schlupft und wie i wieder raus bin, da war er weg. Und Sie werden's net glaub'n, Herr Doktor: Am nächsten Tag stand der Leichenwagen vor der Tür und der Nachbar war g'storb`n. Jetzt glaub i, er wollt mi hol'n und den

Nachbarn hat er g'nommen. Die bringen da oben fei ganz schöne Würmer (Irrtümer) nei."
Dann erzählte er mir noch eine verworrene Geschichte, die als Kern enthielt, dass er sich gegenüber seiner mittlerweile verstorbenen Frau vermutlich unter Alkoholeinfluss öfter aggressiv verhalten hatte. Jetzt bekam er Angst, schlechte Karten zu haben, wenn er einmal „da oben" ankäme. Ich riet ihm, eine Wallfahrt nach Altötting zu machen und die Sache in Ordnung zu bringen.

Juni

1. Juni

Brot und Leben

In der Eucharistie wandelt Christus auf geheimnisvolle Weise Brot in seinen Leib und Wein in sein Blut. Die materiellen Gaben werden damit zur geistigen Nahrung, die uns stärkt und uns in inniger Einheit mit ihm den Weg zum Vater gehen lässt. Der hl. Jean-Marie Vianney, der Pfarrer von Ars, erklärt das auf einfache Weise so: „Um zu leben, brauchen die Geschöpfe Nahrung. Darum hat Gott Bäume und Pflanzen wachsen lassen. Sie sind ein schöner, wohlgedeckter Tisch, an dem alle Tiere sich die für sie passende Nahrung nehmen können. Doch auch die Seele des Menschen braucht ihre Nahrung. Als Gott unserer Seele Nahrung geben wollte, um sie auf der Pilgerfahrt des Lebens zu erhalten, da ließ er seinen Blick über die Schöpfung gleiten, doch er fand nichts, was ihrer würdig gewesen wäre. Da schaute er auf sich selbst und beschloss, sich selber zu geben ... O meine Seele wie groß bist du, dass nur Gott dich zufriedenstellen kann."

Gleichzeitig treten wir im gemeinsamen Eucharistie-Mahl auch in eine innige Einheit mit unseren Schwestern und Brüdern ein. Wir brauchen Gott, denn wir kommen von ihm. Und wir kehren zu ihm zurück. Wir brauchen die Menschen, denn wir sind Mensch und leben mit den Menschen. Gott sagt: „Meine Freude war es, bei den Menschen zu sein" (*Spr* 8,31). Die letzte Konsequenz dieser Worte ist die Eucharistie. Wenn wir eucharistische Menschen sind, werden wir mehr Freude haben, mit den andern zu sein, auch wenn sie uns manchmal nicht gefallen, denn wir werden erkennen, dass sie unsere Geschwister sind, so wie wir alle Schwestern und Brüder Christi sind.

2. Juni

Freiheit

Gegen Ende seines Lebens fasste der deutsche Sozialphilosoph Max Horkheimer (1895–1973) den Gedanken, dass die Erhebung des Menschen im Gebet zu einem Gott, der wirklich existiert, höchster Ausdruck seiner Freiheit ist. Nach der furchtbaren Erfahrung des Holocaust könne nur Gott den Ausgleich für alle Grausamkeit und Ungerechtigkeit, die von Menschen an Menschen verübt wurden, schaffen. Nur so könne die Welt aus der Sinnlosigkeit und Absurdität einer Welt ohne Gott gerettet werden.
Ein Jahrhundert vor Horkheimer hatte Dostojewski gesagt: „Wenn Gott nicht existiert, ist alles erlaubt." Nur wenn der Mensch seine Freiheit von Gott her definiert, erkennt er, dass die höchste Freiheit darin besteht, Gott und den Menschen zu dienen. Nur dann wird er diese Freiheit nicht missbrauchen, um Taten zu verrichten, die in der Hölle der Gottlosigkeit geboren werden, und die der Mensch dem Menschen zufügt, wenn er im andern nicht mehr das Ebenbild Gottes sieht.

3. Juni

Stille Heldin

Es gab viel stilles Heldentum in der Zeit des Nationalsozialismus. Eine Patientin erzählte mir, wie sie als junges Mädchen im Büro eines Kreisleiters beschäftigt war. Es war schon die Zeit, als die Predigten der Geistlichen von Spitzeln überwacht wurden und jene Pfarrer ins KZ Dachau kamen, die sich regimekritisch äußerten. Der Kreisleiter ließ – mit oder ohne Absicht – die Liste mit den Spitzelaufträgen offen auf seinem Schreibtisch liegen, so dass sie am Abend vorher die Priester warnen konnte. Die junge Frau schaffte sich einen Hund an, um abends, ohne Aufsehen zu erregen, das Haus verlassen zu können.

Jedes Mal, wenn ich so etwas höre, frage ich mich, wie ich mich wohl verhalten hätte. Wir trauen uns heute kaum, ein Gebet in der Öffentlichkeit zu sprechen, weil wir Angst haben, schief angeschaut zu werden oder als altmodisch zu gelten. Damals hatte Widerstand unter Umständen die Einweisung in ein Konzentrationslager oder zumindest empfindliche berufliche und persönliche Nachteile zur Folge.

Auch heute gibt es junge Menschen, die Christen sein wollen und deshalb, wie zum Beispiel in bestimmten muslimischen Ländern, ihr Land verlassen müssen, da sonst ihr Leben in Gefahr ist.

4. Juni

Gottes Lob

„Alles meinem Gott zu Ehren, in der Arbeit, in der Ruh, Gottes Lob und Ehr zu mehren ich verlang und alles tu.“ (*Gotteslob*. Katholisches Gebet- und Gesangbuch) Das bekannte Kirchenlied drückt ein Programm aus, das über die Zeiten aktuell bleibt. Die erste Frage des alten Katechismus lautete: „Wozu sind wir auf Erden?“ Und die Antwort lautet: „Wir sind auf Erden, um Gott zu erkennen, ihn zu lieben, ihm zu dienen und einst ewig bei ihm zu leben.“

Wir geben Gott die Ehre, wenn wir dankbar sind für das, was er uns gibt, an erster Stelle für unsere Existenz, dass wir leben und atmen, dass wir uns bewegen können, sehen und fühlen, denken und uns freuen können, so dass Gott von jedem und jeder von uns sagen könnte: „Dies ist mein geliebter Sohn, meine geliebte Tochter, an dem oder an der ich mein Wohlgefallen habe“ (vgl. *Mt* 3,17; *Mk* 1,11; *Lk* 3,22). Gerade die im Religiösen strebsamen Menschen meinen oft, dass sie nur dann Gott dienen, wenn sie etwas tun. Gott ist aber unser *Vater*. Er freut sich auch, wenn wir nur bei ihm sind oder wenn wir gleichsam zu seinen Füßen spielen, so wie auch Eltern ihren Kindern beim Spielen zuschauen und ihre Freude dabei haben.

5. Juni

Adoro te

Im Alten Testament erscheint Gott dem Mose im Feuer eines brennenden Dornbuschs. Mose fühlt sich als Knecht Gottes und fürchtet, er müsse sterben, als er die Stimme Gottes vernimmt (vgl. *Ex* 3,1–4,17). Christus will keine Knechte. Er will Freundschaft mit uns: „Ich nenne euch nicht mehr Knechte; ... Vielmehr habe ich euch Freunde genannt“ (*Joh* 15,15). Er will uns ganz und gar nahe sein, ohne jeden Abstand. Er möchte ein Teil von uns werden. Weil er Gott ist, kann er das. „Unser tägliches Brot gib uns heute“, spricht Christus im Vaterunser zu seinen Jüngern (vgl. *Mt* 6,11; *Lk* 11,3). Als Jesus diese Worte sprach, hat er auch daran gedacht, dass er selbst dieses Brot sein will, mit dem er uns nähren will. Das ist die Eucharistie, Christus im Brot.

Gott will uns ganz nahe sein. Dazu sendet er uns Christus seinen Sohn. Gott verbirgt sich, um uns nahe zu sein. In einem Hymnus zur heiligen Eucharistie, den Thomas von Aquin verfasst hat, heißt es: „Gottheit tief verborgen, betend nah' ich dir. Unter diesen Zeichen bist du wahrhaft hier." Christus tut das, damit wir ihn in uns aufnehmen können. Er verbirgt sich im Brot. Er möchte in uns sein.
Ganz im Anfang hauchte Gott uns an, um uns das Leben zu geben (vgl. *Gen* 2,7). Jetzt möchte er sich in Christus noch inniger mit uns vereinigen. Und deshalb verspricht der Sohn Gottes: „Wer mein Fleisch isst und mein Blut trinkt, der bleibt in mir, und ich bleibe in ihm" (*Joh* 6,56). Wer es fassen kann, der fasse es (vgl. *Mt* 19,12).

6. Juni

Beziehungen

Wir Menschen sind Personen mit Verstand und Gefühl, und deshalb sind es vor allem Beziehungen, die unser Leben glücklich machen. Materielle Dinge können das nur, sofern sie uns helfen, Beziehungen aufzubauen und zu pflegen. Beziehungen erfüllen uns vor allem, wenn sie bis zum inneren Kern der Person reichen.
Darüber hinaus gibt es eine spirituelle Schicht unserer Person, die uns mit Gott verbindet. Sie darf in unseren zwischenmenschlichen Beziehungen nicht ausgeklammert werden. Sonst fehlt den Beziehungen die Möglichkeit der Versöhnung und der Heilung, die nur in Gott möglich ist. Wenn wir unsere Beziehungen wirklich mit Gott verbinden, sind sie vom warmen Strom der göttlichen Barmherzigkeit umfangen. Dann können wir sogar die Unvollkommenheit er-

tragen, die jedes menschliche Miteinander mit sich bringt.

7. Juni

Der Mensch braucht Strapazen

Vor Jahren hörte ich in einem Studentenheim einen Vortrag von Viktor Frankl, dem Begründer der Logotherapie. „Bild am Sonntag" brachte eine Zusammenfassung mit dem sehr prägnanten und passenden Titel: „Der Mensch braucht Strapazen". Nun, vielleicht braucht der Mensch nicht unbedingt Strapazen, aber was er auf jeden Fall braucht, ist die Erfahrung von Sinn. Viktor Frankl sagte damals in seinem Vortrag: „Der Mensch ist kein bloßes Sinnenwesen, sondern auch – und vor allem – ein Sinn-Wesen." Und tatsächlich offenbart sich dieser Sinn meist erst, wenn dem Menschen etwas fehlt, was ihn davon abhält, träge in den Tag hineinzuleben.

Das ist die Achillesferse des Kapitalismus. Der Kapitalismus lebt davon, dass er dem Menschen alles verschafft, was er zum Wohlbefinden braucht. Wirtschaftswachstum bedeutet nichts anderes als mehr Konsum. Wer immer mehr konsumieren muss, um zu überleben, der stirbt an Herzverfettung. Hat etwa Karl Marx doch noch recht, wenn er die Selbstlimitation des Kapitalismus vorhergesagt hat? Zwar ist die Weltrevolution ausgeblieben, aber der Strick, an dem nach Karl Marx der Kapitalismus enden soll, hat sich bedrohlich zusammengezogen.

Aber Hoffnung kann uns geben, dass auch viele junge Menschen bewusst auf übermäßigen Konsum und Luxus verzichten, weil sie erkannt haben: „Der Mensch lebt nicht nur von Brot, sondern von jedem Wort, das aus Gottes Mund kommt" (*Mt* 4,4).

8. Juni

Wahrheit und Glaube

Es gibt eine Wahrheit. Sie ist unabhängig davon, ob ich sie erkenne oder ob ich nach ihr suche. Sie ist einfach da. Wahrheit heißt: Die Dinge und die Welt sind, wie sie sind. In der Wahrheit stimmen das Sein und unser Denken überein. Die Dinge und die Welt sind einfach da. Ich müsste sie nur noch so erkennen, wie sie wirklich sind.

Allerdings gibt es heute ein ungeschriebenes Dogma, dass die Wahrheit nicht erkennbar sei. Es gibt doch nur Hypothesen, wird behauptet, die jeweils neu falsifiziert werden müssen. Dies trifft teilweise auf die Naturwissenschaften zu. Zur Gesamterfassung und Deutung der Wirklichkeit aber reicht der Verstand eines Menschen nicht aus. Hier sind wir auf den übernatürlichen Glauben angewiesen. Ohne Glauben können wir die Welt und unsere persönliche Existenz letztlich nicht enträtseln.

9. Juni

Hunde und Menschen

Ein Patient kommt erschöpft und unterkühlt in die Praxis. Er hat einen kleinen Hund aus der kalten Isar gerettet. Einige Frauen, die zuschauten, hatten ihn ermuntert, hinter dem Tier herzuspringen. Als er dann das Tier gerettet hatte, kümmerten sie sich nur um den Hund und nicht um ihn. Dass er dabei fast selber ertrunken wäre, haben sie gar nicht bemerkt. Manchmal passiert es tatsächlich, dass Tiere mehr Beachtung finden als Menschen. Manches Kind auf der Welt wäre froh, wenn man es wie einen solchen Hund behandeln würde.

Je weniger Kinder wir in unserer heutigen Gesellschaft haben, desto mehr Haustiere gibt es. Wenn wir schon keine Kinder mehr haben können, die unser Leben zu stark einschränken, möchten wir doch nicht auf Lebendiges verzichten, an das wir uns anschmiegen können, wenn es uns einmal schlecht geht.
Sicherlich können Tiere gerade für Menschen, die allein leben oder leben müssen, eine wichtige Stütze sein. Ich habe manchmal gesehen, dass ein altes Ehepaar, nachdem die Kinder aus dem Haus gegangen waren, in einem Hund eine gemeinsame Aufgabe gefunden haben.
Aber wenn junge Menschen in einem Hund oder einer Katze einen Ersatz für Kinder sehen, spricht das nicht für ihr Vertrauen und ihre Hoffnung in die eigene Zukunft. Denn keine Beziehung zu einem Tier kann ersetzen, was es bedeutet, für Menschen da sein zu können, die wie wir Kinder Gottes sind und die wir auf ihrem Weg durchs Leben begleiten dürfen.

10. Juni

Freude

Die Freude ist ein Nebenprodukt unseres Lebens. Sie stellt sich ein, wenn wir am wenigsten daran denken. Ein heller Frühlingsmorgen, das Leuchten der Sonne im Schnee, das fröhliche Lachen eines Kindes, der unvermutete Anruf eines alten Freundes freuen uns. Das können wir nicht machen oder planen.
Freude ist nicht machbar. Sie stellt sich von selbst ein, wenn uns etwas gelingt oder wenn uns etwas geschenkt wird. Wir freuen uns am meisten, wenn wir nicht damit gerechnet haben. Vielleicht fehlt uns heute die Freude, weil wir zu viel vom Machen und Planen erwarten. Die Engel von Betlehem verkünden

„große Freude, die dem ganzen Volk zuteil werden soll“ (*Lk* 2,10). So beginnt die frohe Botschaft von der Geburt des Erlösers. Große Freuden, wie die Geburt eines Kindes, brechen in unser Leben herein, ohne dass wir dabei alles festlegen und planen können. Denn große Freuden sind ein Geschenk.
Freude ist wie das Leben selbst: Man hat sie, wenn sie zu uns kommt, aber man kann sie nicht einfordern. Aber wir können uns bereit machen, sie zu empfangen. Im Alten Testament heißt es: „Neid und Ärger verkürzen das Leben, Kummer macht vorzeitig alt“ (*Sir* 30,24). Es gibt immer Anlass, sich über jemanden oder etwas zu ärgern. Aber es gibt auch immer etwas, worüber wir uns freuen können. Dazu müssen wir jedoch bereit sein.

11. Juni

Anders als wir denken

Manchmal leben wir jahrelang in Erinnerungen und meinen, in unserem Leben etwas versäumt zu haben. Schließlich belehrt uns ein Ereignis, eine Begegnung oder eine späte Einsicht: Auch wenn wir uns damals anders entschieden hätten, wäre unser Leben anders verlaufen, als wir es uns in der Phantasie vorgestellt haben. Das ist nützlich und heilsam, denn es zeigt, wie wir manchmal jahrelang Opfer unserer Phantasie sein können, ohne es zu bemerken.
Aber auch wenn es tatsächlich so sein sollte, dass wir etwas verpasst haben, können wir darauf vertrauen, dass letztlich nur zählt, wie wir vor Gott erscheinen werden. Es gibt Darstellungen aus dem alten Ägypten, wo das Herz der Verstorbenen in der Unterwelt gewogen wird und danach die Entscheidung über das Schicksal des Menschen nach dem Tod getroffen

wird. Der hl. Johannes vom Kreuz sagte: „Am Abend unseres Lebens werden wir nach der Liebe gerichtet werden.“

12. Juni

Mann und Frau

Vielleicht war die Erziehung in puncto Sexualität früher zu streng. Aber anders als heute war damals klar, dass Sex kein Spaßartikel ist, sondern dass der Beziehung zwischen Mann und Frau eine Ernsthaftigkeit innewohnt, die auch mit dem Lebensschicksal zu tun hat. Es gab durchaus sinnvolle Barrieren, die verhindern sollten, dass Unerfahrenheit und blinde Verliebtheit später in aussichtslose Situationen führten.

Es gab z. B. die Verlobungszeit, in der jeder sich prüfen konnte, ob man von Neigung und Temperament zueinander passte oder nicht, und dies aus der alten Erkenntnis heraus, dass Liebe allein nicht genügt, sondern dass man sich auch langfristig mögen können muss.

Wenn man das heute belächelt, sollte man einmal vorurteilsfrei die Ergebnisse großer soziologischer Studien aus den USA zur Kenntnis nehmen, die besagen, dass Paare, die vor der Ehe bewusst auf intimen Sex verzichten, später eine wesentlich niedrigere Scheidungsrate aufweisen. Jedenfalls war die Zurückhaltung beim Sex für die Tiefe und Beständigkeit der Beziehung eher günstig. Vielleicht ist das auch deshalb so, weil das jugendliche Verlangen nach körperlicher Nähe der seelischen Reifung weit vorausgeht und sie sogar behindern kann, indem die feineren Akkorde seelischer Resonanz oder deren Fehlen gar nicht erst wahrgenommen werden.

13. Juni

„gehorsami"

Gehorsam hat in unserer heutigen Zeit eine männliche oder harte Bedeutung. Das kommt vielleicht auch aus der schlimmen deutschen Geschichte des 20. Jahrhunderts. Im Alt- und Mittelhochdeutschen hieß es noch die „gehorsami" oder die „gehorsame", etwa bis zur Zeit von Martin Luther.

Gehorsam im religiösen Sinn hat durchaus etwas Weibliches, Anschmiegsames oder Herzensmäßiges an sich, stammt es doch von „Hinhören" (lateinisch „obaudire", „oboedientia"), von der inneren Bereitschaft zur Aufnahme, zum Empfangen. Dies sind Eigenschaften, die von Natur aus besonders der weiblichen Wesensart entsprechen. Maria war die Gehorsame schlechthin. Ihr Gehorsam im „fiat" – „mir geschehe, wie du es gesagt hast" (*Lk* 1,38) – machte sie zur Mutter Gottes.

Es gibt auch die Perversion des Gehorsams ins Knechtische. Es ist das von Leidenschaften bestimmte Verhältnis der Hörigkeit, die den Willen wie von einer Droge abhängig macht. In eine solche Hörigkeit geraten heute viele Menschen, ohne es zu bemerken.

Der Mensch ist zum Hören geschaffen, denn erst das Hören – mehr noch als das Sehen – öffnet ihn zur Welt.

Taube Menschen sind viel stärker beeinträchtigt als Blinde, weil sie vom sozialen Leben viel stärker abgeschnitten sind. Wer hören kann, ohne ungeduldig zu werden, öffnet sich die Herzen der Menschen.

14. Juni

Gott nebenan

Warum können wir nicht beten? Liegt es vielleicht daran, dass wir uns nicht auf eine Beziehung einlassen wollen, die wirklich etwas von uns fordert, in der wir uns festlegen müssen, die uns das Leben unbequem machen kann und uns aus dem Sessel heraus- oder von den Events wegholt?

„Denn in ihm leben wir, bewegen wir uns und sind wir" (*Apg* 17,28). Wir verdanken Gott alles, jeden Atemzug, jede Hirnwindung, jeden Herzschlag. Wir sind völlig abhängig von ihm. „Verbirgst du dein Gesicht, sind sie verstört; nimmst du ihnen den Atem, so schwinden sie hin und kehren zurück zum Staub der Erde" (*Ps* 104,29). Unsere Abhängigkeit würde uns erdrücken, wenn Gott nur ein Mensch wäre.

In seiner Menschwerdung aber machte sich Gott klein, um es uns leicht zu machen, eine Beziehung mit ihm aufzunehmen. In Jesus haben wir Gott nebenan, einen Gott zum Anfassen, der als Kind zur Welt kommt. „Er war Gott gleich, hielt aber nicht daran fest, wie Gott zu sein, sondern er entäußerte sich und wurde wie ein Sklave und den Menschen gleich" (*Phil* 2,6-7), staunt Paulus. Im Prolog zu seinem Evangelium schreibt Johannes: „Und das Wort ist Fleisch geworden und hat unter uns gewohnt" (*Joh* 1,14).

Im Stammbaum Jesu (vgl. *Mt* 1,1-17; *Lk* 3,23-38) finden sich nicht nur bedeutende Persönlichkeiten und Heilige, sondern auch Sünder. Bis zur äußersten Grenze menschlicher Erniedrigung hat er sich vorgewagt, um dem verlorenen Schaf nachzugehen. Neben zwei Schwerverbrechern ließ sich Christus hinrichten. Mit Dirnen und Betrügern hat er sich abgegeben und hat das Unterste der damaligen Gesellschaft zum Obersten gemacht. „Wenn ich über die Erde erhöht bin, werde ich alle zu mir ziehen" (*Joh* 12,32).

15. Juni

Gottes Ebenbild

Wir sehen es als wesentliche Errungenschaft an, dass Frauen heute Tätigkeiten ausführen, die früher nur Männern vorbehalten waren. Männer und Frauen fliegen zusammen in einer Raumkapsel ins All. Gleichberechtigt bedienen sie komplizierteste Technik und sind gemeinsam physischen und psychischen Extremsituationen ausgesetzt. Aber trotzdem bleiben Männer und Frauen grundverschieden.

Vor einiger Zeit spielte sich vor den Augen der Welt das Melodrama zwischen einer amerikanischen Kosmonautin und einem ihrer Kollegen ab. Wir sollten verstehen, dass Mann und Frau, vor allem deshalb gleiche Berechtigung als Menschen haben, weil sie nur als Mann und Frau gemeinsam Ebenbild Gottes sind. „Gott schuf also den Menschen als sein Abbild; als Abbild Gottes schuf er ihn. Als Mann und Frau schuf er sie" (*Gen* 1,27).

Das ist zugleich eine Aussage über Gott selbst. Wir hätten ein falsches Gottesbild, würden wir dies nicht anerkennen. Das weibliche Element der Schöpfung darf nicht verloren gehen. Es ist das bewahrende und dabei immer wieder neu hervorbringende Element, das Gott als Spur seines Geistes in die Schöpfung gelegt hat. Eine Zivilisation, die das unterminiert, schaufelt sich selber das Grab.

16. Juni

Opferlamm

Ich weiß nicht mehr, in welchem Zusammenhang ein älterer Patient zu mir sagte: „Christus hat für uns gelitten, damit wir es gut haben. Wir brauchen nicht für Christus zu leiden." Ich habe dann darüber nachgedacht, weshalb dieser Mann das wohl gesagt hat.

Eine falsche Opfermentalität hat aus vielen guten Christen Menschen gemacht, die sich permanent als „Opferlamm" fühlen. Das hat sie manchmal gelähmt und sie daran gehindert, ihr eigenes Leben fest in die Hand zu nehmen. Es hat ihnen ein schlechtes Gewissen gemacht, wenn sie sich einen schönen Tag gemacht haben oder wenn sie aus Freude über die Blumen, die Natur, den Wald, die Berge oder das Meer und die Menschen die Arbeit und die Pflichten einmal vergessen haben.

Gewiss: Wer Christus nachfolgt, wird auch das Kreuz finden. Aber das Kreuz ist bereits da. Wir brauchen es nicht erst zu suchen. Es kommt jeden Tag auf uns zu. Es hat das Gesicht unseres Alltags. Es hat das Gesicht, das wir vor uns im Spiegel sehen: unsere Fehler, unsere Unzulänglichkeiten, unser Schmerz. Gott selbst zeigt uns dieses Kreuz.

Und mit Christus in Getsemani dürfen wir dann sogar sagen: „Vater, alles ist dir möglich. Nimm diesen Kelch von mir!" (*Mk* 14,36). Dann wird uns Gott vielleicht auch einen Engel schicken, der uns die Kraft verleiht, mit Christus zu sprechen: „Aber nicht, was ich will, sondern was du willst, soll geschehen" (*ebd.*).

17. Juni

Ohne Vorbehalte

„Die Liebe ist langmütig, die Liebe ist gütig. Sie ... lässt sich nicht zum Zorn reizen“ (*1 Kor* 13,4-5). Die langmütige und gütige Liebe regt sich nicht auf, sie gerät nicht in Unruhe, wenn andere sich falsch verhalten. Sie weiß, dass menschliches Sein unweigerlich mit Unvollkommenheiten und Fehlern einhergeht. Liebe kann gelassen hinnehmen, wenn jemand sich danebenbenimmt.

Liebe hat den Blick der Mutter, die auch im negativen Verhalten der Kinder einen guten Kern erkennen kann. Mütter lieben ihre Kinder, so wie sie sind. Und nicht nur das, sie legen in ihre Kinder auch dort noch Positives hinein, wo objektiv gesehen manchmal nichts Positives zu finden ist.

Wir alle in unserem Leben sind permanent auf der Suche nach Menschen, die uns akzeptieren, wie unsere Mütter das getan haben. Die Mütter verkörpern gleichsam das Geheimnis von Menschen, die wirklich lieben, so etwa auch die Heiligen: Jeder spürt, da ist ein Mensch, der mich so annimmt wie ich bin, und der mich gleichzeitig darüber hinausführt zu dem, wie ich sein soll.

Eine solche Vision hatte Jesus von seinen Aposteln, als er sagte: „Ihr werdet meinen Kelch trinken“ (*Mt* 20,23), obwohl er doch bereits wusste, dass sie in der entscheidenden Stunde seines Leidens in Getsemani und am Kreuz ihn allein lassen würden und dass sie erst später in der Kraft des Heiligen Geistes Zeugen bis in den Tod sein würden. Er liebte sie ohne Vorbehalte.

18. Juni

Dienen ist herrschen

„Wer bei euch groß sein will, der soll euer Diener sein, und wer bei euch der Erste sein will, soll euer Sklave sein. Denn auch der Menschensohn ist nicht gekommen, um sich dienen zu lassen, sondern um zu dienen und sein Leben hinzugeben als Lösegeld für viele" (*Mt* 20,26-28). Diese Worte sprach Jesus, als er mit seinen Jüngern auf dem Weg nach Jerusalem war. Es war einer der Tage vor seinem Tod. Sie hatten sich untereinander gestritten, wer der Größte unter ihnen war, und das, obwohl ihnen Jesus von seinem bevorstehenden Tod gesprochen hatte.

Einige Tage später beim letzten Abendmahl gab Jesus seinen Jüngern ein Beispiel vorbehaltlosen Dienstes. Er tat etwas für sie Unvorstellbares, nämlich den Dienst eines Sklaven, als er ihnen die Füße wusch. Er machte sich dadurch zum Sklaven aller. Uns wollte er dadurch zeigen, wie unser eigenes Leben gelingen kann: „Wenn nun ich, der Herr und Meister, euch die Füße gewaschen habe, dann müsst auch ihr einander die Füße waschen" (*Joh* 13,14).

Als unser Herr und Meister gibt uns Christus Einblick in den letzten Grund unserer eigenen Freiheit, die ihren Ursprung und ihr Ziel in der Freiheit zum Dienen findet. Nur da, und nicht in der Willkür autonomer Sinnsuche, findet der Christ – als Bild und Symbol Christi und in seiner Nachfolge – letzte Deutung und Sinnerfüllung.

19. Juni

Not macht erfinderisch

Vor Jahren hörte ich den Vortrag eines jungen Mannes, der seit der Wende im Westen lebte. Unter anderem erzählte er: „In der alten DDR brauchte man sich zu Besuchen bei Nachbarn und Verwandten nicht anzumelden, denn man war sozusagen immer zuhause und wartete. Wenn man einkaufen ging, gab es immer noch einen Plausch mit der Verkäuferin über all die Sachen, die es nicht zu kaufen gab." Im Westen dagegen packte man stumm seinen Einkaufswagen voll mit all den Dingen, die es gab. Tatsächlich: Wenn man manchmal an den Kassen der Supermärkte die hektische, stumme Eile erlebt, mit denen Lebensmittel in Einkaufswagen geschoben werden, kann einem beklommen zumute werden. Obwohl es alles gibt, was man braucht, scheint es ums nackte Überleben zu gehen.

Menschliche Not macht eben nicht nur erfinderisch, sie fördert auch die Kommunikation. Im Neuen Testament spricht Jesus im Gleichnis vom bittenden Freund (*Lk* 11,5-8), der seinen Nachbarn nachts aus dem Bett ruft, weil ihm Brot fehlt. Jesus gebraucht dieses Bild, um uns zu sagen, wie wir mit Gott umgehen sollen. Ähnlich wie dieser Mann sollen wir keine Ruhe lassen, bis uns Gott das gibt, was wir von ihm brauchen.

20. Juni

Pilatus und wir

Wahrheit und Glaube stehen in innerem Zusammenhang. Wer nichts für wahr hält, kann auch nichts glauben. Wer glaubt, hält Dinge für wahr, auch wenn sie für ihn nicht unmittelbar evident sind. Im Gespräch mit Pilatus sagte Jesus: „Jeder, der aus der Wahrheit ist, hört auf meine Stimme" (*Joh* 18,37). Mit dieser Aussage lud Jesus Pilatus auch zum Glauben ein. Doch Pilatus stellte die Frage der Skeptiker aller

Zeiten: „Was ist (schon) Wahrheit?“ (*Joh* 18,38) Wenn wir heute auf den Straßen unserer Städte eine Umfrage machen würden, erhielten wir wahrscheinlich von vielen die gleiche Antwort.
Das postmoderne Glaubensbekenntnis lautet: „Wahrheit gibt es nicht. Es gibt nur subjektive Überzeugungen. Nur das, was sichtbar und nachweisbar ist, zählt.“ Insofern könnte Pilatus ein Mensch unserer Zeit sein. Unser heutiges Problem mit dem Glauben ist im Grunde das Problem des Pilatus, also die Grundfrage, ob es Wahrheit überhaupt geben kann.
Vielleicht hätte Pilatus besser gefragt: „Wer ist Wahrheit?“ Dann hätte Christus ihm geantwortet: „Ich bin die Wahrheit“ (vgl. *Joh* 6,14). Wahrheit hat personalen Charakter. Auch im Gewand des Alltags kommt sie auf uns zu, z. B. in Form persönlicher Begegnungen mit Menschen und Dingen, in denen wir Gott begegnen können.

21. Juni

Langmut

Langmut hat, wer lange zuschauen kann, etwa eine Mutter, wenn ein Kind sich danebenbenimmt oder wenn es sich beim Schokolade-Essen total bekleckert. Auch Gott ist langmütig mit uns. Er gibt uns immer wieder eine Chance wie ein Vater, der mit seinem kleinen Sohn Schach spielt und ihn dabei gewinnen lässt. Langmut mit uns selbst zu haben fällt uns nicht schwer. Bei der Langmut mit dem Nächsten wird es aber meist schwierig. Oft genug können wir es gar nicht erwarten, bis wir unsere Korrektur anbringen können. Aber Gott „lässt seine Sonne aufgehen über Bösen und Guten“ (*Mt* 5,45).

„Die Liebe ist langmütig, die Liebe ist gütig" (*1 Kor* 13,4). Es gibt Menschen, die uns nicht liegen. Uns kommt manchmal schon die Galle hoch, wenn wir sie nur sehen, sie reden hören oder wenn wir zusammen mit ihnen am Tisch sitzen müssen. Es gibt auch Menschen, die uns durch ihre Art und Weise indirekt verantwortlich machen, dass es ihnen schlecht geht. Das können Familienangehörige, im Fall des Arztes manchmal auch Patienten sein. Man widmet ihnen besonders viel Zeit und dennoch sind sie unzufrieden. Das ist dann eine echte Probe für unsere Langmut. In diesem Moment nicht aus der Haut zu fahren und sich der betreffenden Person weiter zuzuwenden, erfordert mehr als bloße Menschenfreundlichkeit. Als Christen müssen wir dazu die Kraft aufbringen und uns an die Mahnung Christi erinnern: „Wenn ihr nur die liebt, die euch lieben, welchen Dank erwartet ihr dafür? Auch die Sünder lieben die, von denen sie geliebt werden (*Lk* 6,32).

22. Juni

Die Grenze überwinden

Gott kann das tun, was Menschen nicht vermögen. Wer liebt, möchte die andere Person verstehen. Er möchte, falls das möglich wäre, die Gedanken der geliebten Person denken und mit ihrem Herzen fühlen. Menschen, die sich lieben, werden hier immer wieder an eine Grenze stoßen, die sie nicht überwinden können. Nur Gott kann diese Grenze überwinden.

Gott sendet uns Jesus, seinen Sohn, der zu uns sagt: „Wer mein Fleisch isst und mein Blut trinkt, der bleibt in mir, und ich bleibe in ihm" (*Joh* 6,56). Auf diese Weise kann sich Gott uns ganz mitteilen. Er hat die Macht dazu, so wie er uns auch durch das Taufsakrament die Macht und die Fähigkeit verliehen hat, wirklich Kinder Gottes zu werden. „Allen aber, die ihn aufnahmen, gab er Macht, Kinder Gottes zu werden, allen, die an seinen Namen glauben, die nicht aus dem Blut, nicht aus dem Willen des Fleisches, nicht aus dem Willen des Mannes, sondern aus Gott geboren sind“ (*Joh* 1,12-13).

Gott möchte, dass wir in Christus ganz eins mit ihm werden. Er möchte, dass wir als seine Töchter und Söhne die Gedanken und Gefühle Jesu haben. Wenn Jesus zu uns sagt: „Lernt von mir; denn ich bin gütig und von Herzen demütig; so werdet ihr Ruhe finden für eure Seele“ (*Mt* 11,29), dann gibt er die Anliegen seines Vaters an uns weiter. Der hl. Paulus fordert uns auf: „Seid untereinander so gesinnt, wie es dem Leben in Christus Jesus entspricht“ (*Phil* 2,5).

23. Juni

Urteilt nicht

Die Liebe ereifert sich nicht (vgl. *1 Kor* 13,4), weil sie sich selbst nicht zum Maß für das rechte Verhalten anderer Menschen nimmt. Das ist sicher eine der größten Hürden, die wir zu nehmen haben. Wir sind so sehr mit uns eins, dass wir instinktiv alles für richtig halten, was wir sind und wie wir geworden sind, oder wie wir es erlebt oder von unseren Eltern gelernt haben. Wir stellen es nur dann in Frage, wenn es mit unseren eigenen Interessen oder Leidenschaften kollidiert – oder wenn es uns daran hindert, frei zu sein.

Diese Haltung sollten wir aber besonders deshalb in Frage stellen, weil sie uns davon abhält, andere Menschen zu verstehen. Die Befreiung von der Repression der Erziehung sollte dazu dienen, für uns selbst frei zu werden. Sie hat jedoch dazu geführt, dass die Instinkte zur obersten Instanz wurden. Die heutige, vorrangig von ihren Instinkten geleitete Gesellschaft von Individuen ist damit beschäftigt, durch gegenseitige Abgrenzung der Interessen und Bedürfnissphären, Konflikte einzudämmen. Sie entwickelt eine konfliktive Gesellschaftsmoral, in der sich jeder über jeden ereifert, wobei das Verhalten der Politiker nur ein Reflex dieser allgemeinen Geisteshaltung ist. Die Liebe dagegen urteilt zwar, wo es nötig ist, aber sie verurteilt nicht. „Verurteilt nicht, dann werdet auch ihr nicht verurteilt werden. Erlasst einander die Schuld, dann wird auch euch die Schuld erlassen werden" (*Lk* 6,37).

24. Juni

Zwei Söhne

Im Gleichnis vom Verlorenen Sohn (vgl. *Lk* 15,11-32) beschreibt Jesus zwei Grundhaltungen des Menschen gegenüber Gott. Der sogenannte verlorene Sohn hat sich dem Vater gegenüber schuldig gemacht. Aber seine Schuld wird zu einem Kapital, nachdem er reumütig zum Vater zurückkehrt, vor ihm niederfällt und spricht: „Vater, ich bin nicht mehr wert, dein Sohn zu sein." Sein Selbstwertgefühl war zerstört. Aber der Vater zieht ihn an sich und umarmt ihn. Fortan wird er sich nur noch aus der liebenden Barmherzigkeit des Vaters als Sohn definieren.
Der andere Sohn fühlt sich zurückgesetzt und sagt zum Vater: „Ich habe immer für dich gearbeitet und habe mir nichts zu Schulden kommen lassen." Er pocht hier auf seine Leistung. Aber es ist absurd, gegenüber Gott auf Leistung zu pochen. Alles, was wir haben, kommt von Gott und alles, worauf wir

stolz sein können, besteht darin, dass wir Kinder Gottes sind.

Der verlorene Sohn ist der Mensch, wie er ist: mit Unvollkommenheiten und Fehlern behaftet. Der zuhause gebliebene Sohn ist der Mensch, wie er gerne sein möchte: autark und autonom. Er möchte keine Barmherzigkeit, sondern Gerechtigkeit für sich selbst und auch für andere. Diese vermeintliche Stärke kehrt sich vor Gott ins Gegenteil. Allein die Barmherzigkeit vermag dem Menschen seine Würde zurückzugeben, die er aufgrund seiner Abkehr von Gott verloren hat.

25. Juni

Klärwerk

Das Gebet ist ein Klärwerk, in dem sich unsere Gedanken und Gefühle reinigen und läutern. Wie viel Streit und Unfrieden würden verschwinden, wenn die Menschen regelmäßig beten würden! Manches erscheint uns sehr relativ, nachdem wir es im Gebet noch einmal überdacht haben. Anderes werden wir mit umso mehr Entschlossenheit angehen, nachdem wir es in der Gegenwart Gottes betrachtet haben. König David sagt in einem seiner Lieder: „Ich lausche, was mein Herr und Gott in meinem Innern zu mir sagt. Er spricht ein Wort des Friedens zu seinen Heiligen, zu allen, die es sich zu Herzen nehmen."

Um während des ganzen Tages in der Gegenwart Gottes leben zu können, sollten wir uns Zeiten reservieren, die ausschließlich dem Gebet gewidmet sind. Solche feste Zeiten des Gebetes sind wie ein Kachelofen, dessen Wärme den ganzen Tag und auch noch in der Nacht anhält. Christus rät: „Du aber geh in deine Kammer, wenn du betest, und schließ die Tür zu; dann bete zu deinem Vater, der im Verborgenen ist. Dein Vater, der auch das Verborgene sieht, wird es dir vergelten" (*Mt* 6,6). Hierzu sagt der hl. Johannes Chrysostomos in seinem Kommentar: „Gut, dass du die Tür deiner Wohnung abschließt, aber etwas anderes will Gott noch viel eher von dir, dass du die Pforten deiner Seele schließt." Heute würde er vielleicht sagen: „dass du Handy, Telefon und Fernsehen abschaltest."

Ein Bekannter von mir arbeitet in einer Bank. Er hat sich angewöhnt, morgens eine Viertelstunde für eine wichtige Besprechung zu reservieren. In dieser Zeit darf ihn niemand stören. Seine Sekretärin stellt keine Gespräche durch und nimmt auch keine Termine an. Er betet in dieser Zeit. Anfangs dachte er, das würde seine Arbeit behindern, aber mittlerweile hat er festgestellt, dass er seine Arbeit wesentlich ruhiger und ausgeglichener macht.

26. Juni

Kraftwerk des Bösen

Angesichts der Ungeheuerlichkeit des Holocaust versagen menschliche Worte und auch die Gefühle sind überfordert. Es bleibt nur das Grauen. Und doch kann Gott auch hier noch wirken. Auschwitz und Theresienstadt waren „Kraftwerke des Bösen". Aber Gott hat selbst aus den Gaskammern des Satans eine reine Flamme der Hingabe und des liebenden Opfers aufsteigen lassen. Bevor sie in die Gaskammer ging, sprach die hl. Edith Stein zu ihrer Schwester Rosa, die mit ihr zusammen in den Tod ging: „Komm, wir gehen für unser Volk." Woher nahm sie diese Kraft? In einem ihrer Bücher schreibt sie: „Kein Menschenherz ist je in eine so tiefe Nacht eingetaucht wie der

Gottmensch (Jesus Christus) in Getsemani und auf Golgota. Aber Jesus kann auserwählten Seelen etwas von dieser äußersten Bitterkeit zu kosten geben. Es sind seine treuesten Freunde, denen er es als letzte Probe ihrer Liebe zumutet. Wenn sie nicht davor zurückschrecken, sondern sich willig hineinziehen lassen in die Dunkle Nacht, dann wird sie ihnen zum Führer."

27. Juni

Unsere Leiden

Wir leiden an Dingen, die es eigentlich nicht wert sind. Und wir wissen es. Wir geben Dingen eine Bedeutung, die sie eigentlich nicht verdienen. Und wir wissen es. Eine Schramme am Auto, der damit verbundene Ärger mit der Versicherung, das Missverständnis mit der Frau oder mit dem Mann, dem Kollegen oder der Kollegin. Wir leiden wirklich und wir sollten es zugeben.

Aber was hat das mit Christus zu tun? Er hat unendlich viel mehr gelitten. Und auch viele Menschen unsrer Umgebung leiden mehr als wir. Aber dennoch: Es sind *unsere* Leiden hier und jetzt. Leiden ist immer etwas Subjektives, groß oder klein je nach unserer Seelenbeschaffenheit. Wir dürfen es trotzdem wagen, unser Leid mit Christus in Verbindung zu bringen. Wir sind in der Taufe mit ihm verbunden worden, unzertrennlich wie Menschen, die sich gern haben und da leidet der eine für den andern, egal ob der Schmerz groß oder klein, wirklich oder nur eingebildet ist. Christus leidet mit uns auch diese kleinen Schmerzen, aber auch wir sollten sie tragen, wie er sein großes Leiden getragen hat, denn er ist der Weinstock, wir sind die Rebzweige (*Joh* 15,5).

Bernhard von Clairvaux hat das großartige Wort geprägt: „Gott kann nicht leiden, aber er kann mitleiden." Der Mensch ist Gott so viel wert, dass er selbst Mensch wurde, um mit dem Menschen mit-leiden zu können (vgl. Benedikt XVI., Enzyklika *Spe salvi*).

28. Juni

Funktionslos

Gott ist unser wichtigster Dialogpartner. Gott ist durch nichts zu ersetzen. Wir leben in einer von Egoismus geprägten Gesellschaft, in der Besitzen, Beherrschen und Genießen wichtige Antriebe sind. Zur Durchsetzung solcher Ziele taugt das Gebet nicht. Es ist sozusagen funktionslos. Auf die Frage: „Was bringt mir das?" gibt es keine vordergründige Antwort. Ist das Gebet deshalb verlorene Zeit?

Selbst die tiefste Freundschaft und die glücklichste Ehe kennt Augenblicke, in denen der Mensch allein mit sich ist. Solche Augenblicke können Augenblicke des Gebetes oder Augenblicke der Einsamkeit oder gar der Verzweiflung sein. Durch das Gebet gelangen wir in die Sphäre Gottes, zu unserem Ursprung und unserem Ziel, und damit zum Sinn unseres Lebens. Wir erfahren uns im Gebet nicht als bloße Funktionsträger oder Konsumenten, sondern als Wesen, die über sich selbst hinaus denken und empfinden können und sich damit selbst ganz neu erfahren. Der kontemplative Mensch erfährt seinen Wert in der Begegnung mit Gott. Damit ist er weniger abhängig von Lob und Tadel anderer. Er erfährt sich als Mensch mit eigener Würde, die unabhängig von seiner jeweiligen Situation existiert und die ihn mit dem tiefsten Grund seiner Existenz verbindet.

29. Juni

Freund und Feind

In einem Schlager von Carol King heißt es sinngemäß: „Wenn Gott mein Freund ist, dann ist er nicht nur mein Freund, sondern er ist auch der Freund aller andern Menschen. Denn wenn er nur mein Freund wäre, dann wäre er nicht Gott.“ Wenn er aber der Freund aller Menschen ist und nicht nur mein Freund, dann muss das Konsequenzen für uns alle haben. Dann dürfen wir die Menschen um uns herum nicht mehr in Freunde und Feinde unterteilen.
In einer Ellbogengesellschaft werden die Menschen unterteilt in solche, die mir nützlich sein können und solche, die mir schaden können. Der große Rest der Menschen ist dann gleichgültig. Jeder lebt für sich nach dem Gesetz des Überlebens. Nur die Überzeugung, dass jeder Mensch einen Wert für sich hat, unabhängig von jeder Nützlichkeit für andere, bewahrt uns davor, Menschen in Klassen und Kategorien zu unterteilen.

30. Juni

Güte

Güte sieht im andern das Gute. Sie ist mit der Weisheit verbunden, die um die letzten Zusammenhänge des Seins weiß und danach ihr Tun richtet. Dem gütigen Menschen prägen sich im Laufe der Jahre die Züge seiner gütigen Haltung auf. Es gibt Menschen, von denen wir sagen, sie haben ein gütiges Gesicht. Der gütige Mensch ist tief davon überzeugt, dass auf dem Grund der Seele eines jeden Menschen das Gute weiterlebt, weil die Seele des Menschen aus den Händen Gottes hervorgegangen ist und wieder zu ihm zurückkehrt, wenn sie die göttliche Flamme in ihrem innersten Heiligtum nicht ganz zum Verlöschen bringt. Je mehr der gütige Mensch weiß, desto mehr versteht er. Und je mehr er versteht, desto leichter fällt es ihm, voller Liebe und Mitleid mit den Menschen zu sein, denn der Heilige Geist führt ihn dahin, dass sein Wissen nicht zur Arroganz, sondern zu tieferem Verständnis und Liebe führt. Er hofft bis zuletzt, dass es mit dem Menschen gut enden wird.

Güte lässt den andern so, wie er ist. Sie vertraut darauf, dass das Gute siegen wird. Güte kann aushalten, dass der Weizen zusammen mit dem Unkraut aufwächst, wie das Gleichnis uns zeigt (*Mt* 13,24-30). Güte ist nicht darauf aus, den andern zum eigenen Guten zu bekehren. Sie traut Gott zu, dass er das Böse in Gutes verwandeln kann.

Güte hat mit Geduld zu tun. Güte kann warten, bis der andere zum Guten wird. Sie kann warten, bis die Zeit reif ist. Güte überspringt nichts. Güte kann zuhören und weiß, dass letztlich nur Gott allein gut ist und alles andere Teilhabe ist.

Juli

1. Juli

Lobgesang

Friedrich Nietzsche hat behauptet, im Christentum gäbe es keinen Platz für Freude. In Wirklichkeit aber gibt es im Christentum eine starke, aufsteigende Bewegung aus der Realität dieser Welt, die auch über das Leid hinaus zur Freude führt. „Liebe bringt Freude, eine Freude aber, deren Wurzeln die Form des Kreuzes haben" (Josefmaria Escrivá, *Christus begegnen*). Nietzsche verstand unter Freude etwas anderes. Für ihn war Freude mit Kreuz unvereinbar. Er hielt sie für die Freude eines vitalen Tieres. Christliche Freude dagegen ist realistisch. Sie blendet Leiden und Schmerz nicht aus. Christliche Freude beruht darauf, dass Leiden nicht umsonst ist.

Christliche Freude weiß, dass der Karfreitag nicht das letzte Wort hat, sondern der Ostermorgen. Sie weiß auch um die Freude des Geschöpfes, das sich als Kind Gottes über seine Existenz freut und in den Lobgesang der Schöpfung einstimmen kann: „Wie schön ist es, dem Herrn zu danken, deinem Namen, du Höchster, zu singen, am Morgen deine Huld zu verkünden und in den Nächten deine Treue. ... Denn du hast mich durch deine Taten froh gemacht; Herr, ich will jubeln über die Werke deiner Hände. Wie groß sind deine Werke, o Herr, wie tief deine Gedanken!" (*Ps* 92,2-3.5-6).

2. Juli

Selbst-los

Selbstlosigkeit ist eine Form der Liebe, die vor allem in einem sozial-caritativen Verständnis des Christentums als Form von Liebe weit verbreitet war und heute noch ist. Sie hat großartige Leistungen der Nächstenliebe hervorgebracht. Denken wir nur an Gestalten wie Florence Nightingale, Friedrich von Bodelschwingh, Friedrich von Spee, Albert Schweitzer, Damian de Veuster oder Mutter Teresa von Kalkutta. Aber auch Männer wie Gandhi waren von dieser Form christlicher Nächstenliebe inspiriert.

Daneben hat es auch neurotisierende Formen gegeben, die den Selbstlosen dazu gebracht haben, dass er gewissermaßen sein Selbst los wurde. Alle, die Selbstlosigkeit predigen, sollten das stets bedenken. Es kann da eine Überforderung des Selbst geben. Wenn das Selbst nicht mehr in sich ruhen kann und vor allem nicht mehr in seinem Ursprung, in Gott, dann verkrampft es sich oder evaporisiert, und es bleibt nur eine trockene Hülle zurück.

Aber eine Gesellschaft, die Selbstlosigkeit von vornherein verdächtigt und mit dem Stigma der Neurose versieht, hat jene Menschen nicht mehr verdient, die den Sinn ihres Lebens im Dienst an andern, besonders an den Kranken, sehen. Es ist deshalb nicht erstaunlich, dass sich hierzulande nur noch sehr wenige junge Frauen finden, die in einen Krankenpflegeorden eintreten. Eine Folge davon ist auch, dass die Pflegeberufe zu einem Dienstleistungsberuf wie jeder andere geworden sind. Und dort gilt jetzt auch der Grundsatz: Zeit ist Geld.

Aber Zeit ist nicht nur Geld, sondern auch die Liebe, die wir anderen schenken können. Christus sprach einmal: „Wir müssen, solange es Tag ist, die Werke dessen vollbringen, der mich gesandt hat; es kommt die Nacht, in der niemand mehr etwas tun kann" (*Joh* 9,4). Das ist eine ernste Mahnung an uns: Unsere Zeit ist begrenzt, und ihre Frucht soll sich an der Liebe messen lassen.

3. Juli

Warten – ein Leben lang

Wenn wir von anderen mehr fordern, als sie uns zu geben vermögen, kann eine solche Beziehung leicht in Hass oder Ablehnung umschlagen. Es ist die Geschichte vieler Trennungen und Scheidungen. Wenn eine Person nicht das hält, was wir uns von ihr versprochen haben, und wir nur noch ihre Schattenseiten wahrnehmen, sind wir enttäuscht und nicht mehr in der Lage, das Gute zu sehen, das diese Person durchaus hat. Wir sehen den anderen dann rundum negativ, weil wir nicht den konkreten Menschen gesehen haben, sondern ein Bild von ihm, das unseren eigenen Bedürfnissen nach Liebe und Zuneigung entsprochen hat.
Ich denke an ein Gespräch mit einer alten Patientin, die mir einmal sagte: „Das ganze Leben warte ich nun schon darauf, endlich einem wirklich guten Menschen zu begegnen. Aber bisher ist mir noch keiner begegnet." Vielleicht sollten wir nicht so sehr danach fragen, was uns andere geben können, sondern vielmehr danach, was wir anderen geben können.

4. Juli

Suche nach Sinn im Alltag

Unser Leben ist angefüllt mit tausend Dingen, die an jedem Tag erledigt werden müssen, um unseren Alltag zu meistern. Es fängt morgens mit dem Aufstehen, Anziehen und Zähneputzen an und setzt sich mit einer Kette von Dingen fort, die wir selbstverständlich und teilweise fast automatisch jeden Tag verrichten müssen: Essen, Trinken, Autofahren, Einkaufen, Schlafen. Wir empfinden sie manchmal als lästig und in sich sinnlos. Erst im Gesamtzusammenhang unseres Lebens können sie einen Sinn erhalten. Der hl. Paulus sagt: „Ob ihr also esst oder trinkt oder etwas anderes tut: tut alles zur Verherrlichung Gottes! (*1 Kor* 10,31).

Wenn unser Leben keinen Sinn hat, kann der monotone Ablauf unseres Alltags zur unerträglichen Last werden und jede kleine Schwierigkeit belastet unsere Nerven. Wenn wir aber diese Dinge vor den Augen Gottes tun und uns seiner ständigen Gegenwart innewerden, erhalten die alltäglichen Dinge eine Qualität und Bedeutung, ja eine Poesie, die sie von sich aus nicht besitzen. Das kann uns tiefen Frieden und Freu-de geben. Wir können „aus der Prosa des Alltags epische Dichtung machen" (hl. Josefmaria Escrivá, *Gespräche*).

Joseph von Eichendorf hat vielleicht den gleichen Gedanken ausdrücken wollen, als er folgendes Gedicht schrieb:

Schläft ein Lied in allen Dingen,
die da träumen fort und fort,
und die Welt hebt an zu singen
triffst du nur das Zauberwort.

5. Juli

Geduld und Liebe

Ganz zu Beginn meines Studiums machte ich ein Pflegepraktikum in einem Krankenhaus in Trier. An einem Tag musste ich einen pensionierten Lehrer aus der Eifel pflegen, der mit Nierenversagen eingeliefert worden war. Als ich zu ihm kam, um ihm beim Essen zu helfen, sah er mich an und sagte unvermittelt: „Für Ihren Beruf brauchen Sie die Geduld und die Liebe der Heiligen.“ Ich war etwas erstaunt, weil er ja auch infolge seiner Krankheit etwas verwirrt war. Aber in all den späteren Jahren ist mir das Wort des alten Lehrers haften geblieben.

Eigentlich trifft es ja für jeden Beruf zu, wenn er im christlichen Sinn als ein Dienst an Gott und den Menschen ausgeübt werden soll. Um ein ganzes Berufsleben mit seinen Höhen und Tiefen, in Gesundheit und Krankheit, bei Belastungen durch Kolleginnen und Kollegen, in persönlichen und familiären Krisen hindurch treu durchzustehen, bedarf es tatsächlich dieser Geduld und Liebe. Ein solches Berufsleben wird dann auch vom Kreuz geprägt sein und uns immer wieder, besonders im Alltag, an das Wort Christi erinnern: „Wer mein Jünger sein will, der verleugne sich selbst, nehme täglich sein Kreuz auf sich und folge mir nach“ (*Lk* 9,23).

6. Juli

Plan B

Wenn ich stundenlang allein auf der Autobahn unterwegs bin, überkommt mich ein Gefühl von Unterwegssein, von Unsicherheit. Vielleicht ist das etwas übertrieben formuliert. Wenn man älter wird, denkt man mehr darüber nach, was alles passieren könnte. Ich habe heute mehr als früher das Gefühl, dass es nicht selbstverständlich ist, anzukommen. Eine Unaufmerksamkeit, ein Sekundenschlaf, versagende Bremsen – und alles kann aus sein.

Mit den Gedanken bin ich noch da, wo ich herkomme und doch schon dort, wo ich hinfahre. Zwischendrin ist ein Schweben zwischen bereits vorbei und noch nicht, so etwas wie ein leerer Raum.
Kürzlich sah ich in einem Schaufenster ein Plakat. „Wo ich herkomme, gibt es keinen Plan B. Also: Nutze die Zeit. Vielleicht ist morgen schon alles vorbei." Wer diesen nihilistischen Spruch gemacht hat, weiß ich nicht. Aber als Christen glauben wir an einen „Plan B", den Gott für uns bereithält. „Denn es ist der Wille meines Vaters, dass alle, die den Sohn sehen und an ihn glauben, das ewige Leben haben und dass ich sie auferwecke am Letzten Tag" (*Joh* 6,40).

7. Juli

Sohn oder Vater?

In einer fortgeschrittenen Phase ihrer Demenz schaute mich meine Mutter unsicher an und fragte: „Bist du mein Vater?" In ihrem Zustand ist ihre Frage berechtigt. Ich muss für sie alles tun wie ein Vater für das Kind. Eine Umkehrung der Rollen! Das zeigte mir, wie relativ selbst die Rollen sind, die uns die Natur zugewiesen hat. Positiv gewendet erinnert es mich daran, dass ich für alle Menschen Vater sein kann, vielleicht sogar soll. „Auch sollt ihr niemand auf Erden euren Vater nennen; denn nur einer ist euer Vater, der im Himmel" (*Mt* 23,9). Jede geistliche Vaterschaft hat ihren Namen von Gottes Vaterschaft (vgl. *Eph* 3,14-15).
Vielleicht müssen wir alle Vater und Mutter für die anderen sein, damit wir an einen Gott glauben können, der Vater und Mutter zugleich ist. Das können wir nur, wenn wir uns alle zusammen als Kinder des einen Vaters betrachten, der im Himmel ist. Nur so

können wir die Last dieser Vater- und Mutterschaft tragen, weil wir wissen, dass sie ihren Ursprung in Gott hat, der uns die Menschen anvertraut. Wir sollen und können diese Last tragen, damit die Menschen nicht die Hoffnung auf den Vater im Himmel verlieren.

8. Juli

Die Hölle sind die andern

„Die Hölle sind die andern", sagte Jean-Paul Sartre. Menschen können sich lieben oder hassen. Sie können sich gegenseitig Himmel oder Hölle werden. Oft sind es vor allem Menschen, die eng miteinander leben, die solche Erfahrungen machen. „Ich könnte nicht einmal zwei Tage lang mit irgendjemandem in einem Zimmer leben, was ich aus mehrfacher Erfahrung weiß. Kaum ist jemand bei mir, so verletzt er auch schon meine Persönlichkeit, meine Eigenliebe und beeinträchtigt meine Freiheit. In vierundzwanzig Stunden kann ich den besten Menschen hassen: den einen, weil er langsam isst bei Tisch, den andern, weil er Schnupfen hat und sich immer schnäuzen muss. Und so werde ich zu einem Menschenfeind, sobald ich nur mit Menschen in Berührung komme. Dafür aber geschah es immer, dass, je mehr ich die Menschen im Einzelnen hasste, meine Liebe zur Menschheit im Allgemeinen umso heißer wurde", schreibt Dostojewski in seinem Roman „Die Brüder Karamasow".

Purer Egoismus ist mit der Liebe zur Menschheit ohne weiteres vereinbar. Blaise Pascal sagte einmal, der Ursprung allen Übels unter den Menschen sei, dass niemand allein in seinem Zimmer bleiben könne. Sobald Menschen miteinander auskommen müssen, gibt es Probleme. „Seid demütig, friedfertig und geduldig, ertragt einander in Liebe“ (*Eph* 4,2).

9. Juli

Wer ist der Nächste?

Wir alle machen diese Erfahrung: Manchmal ist es leichter, Menschen von weitem zu lieben, als diejenigen, mit denen wir zusammen leben und arbeiten. „Es ist leicht, für Menschen in der Ferne zu beten. Es ist nicht immer leicht, die Menschen in unserer Nähe zu lieben. Es ist leichter, eine Tasse Reis zu geben, um den Hunger zu mildern, als die Einsamkeit und den Schmerz eines Menschen, der ungeliebt in deinem Hause wohnt, zu erkennen. Verbreite Liebe in deinem Haus, denn es ist der Ort, an dem die Liebe zueinander beginnen muss“ (Mutter Teresa von Kalkutta).

Es gibt Menschen, die wir nicht mögen und die auch uns nicht mögen. Sie sind um uns und leben mit uns in der Arbeit, im sozialen Leben, am Arbeitsplatz, ja sogar in der Familie. So ging es auch Jesus. Jesus hatte sogar Feinde, die ihn hassten und schließlich zu Tode brachten, und das obwohl es heißt: „Er hat alles gut gemacht“ (*Mk* 7,37).

Von uns kann man das nicht behaupten. Wir haben Fehler und schlechte Charakterzüge und schlimme Leidenschaften, und nicht alles, was wir tun und denken ist gut. Ein Teil der Ablehnung der anderen uns gegenüber liegt an uns selbst und unseren schlechten Eigenschaften.

Ein Teil unserer Liebe andern gegenüber wird sein, dass wir uns bemühen, diese schlechten Seiten an uns zu erkennen und dagegen anzugehen.

10. Juli

Lieben wie sich selbst

„Du sollst deinen Nächsten lieben wie dich selbst", lautet ein Gebot im Alten Testament (*Lev* 19,18), das Christus im Neuen Testament bestätigt (vgl. *Mt* 5, 43; 22,39). Der hl. Augustinus kommentiert hierzu: „Wer also jemand wie sich selbst liebt, muss das an ihm lieben, was er selbst ist. Der Körper allein ist aber nicht das, was wir sind. Deshalb soll nicht allein der Leib im Menschen verlangt oder begehrt werden. Zu lieben ist die menschliche Natur als solche, sie mag sein wie sie ist, vollkommen oder erst auf dem Wege dahin."

Diese etwas platonisch und abstrakt klingenden Worte des hl. Augustinus enthalten eine wichtige Botschaft für uns. Sie erinnern daran, dass Liebe nicht allein, und nicht einmal primär, Sache des Gefühls oder der Sinne ist.

Wenn wir selbst uns auch dann noch lieben sollen, wenn wir alt und unansehnlich werden, so gilt dies auch für unsere Liebe zu anderen. Wir sollen uns sogar mit unseren Fehlern lieben, denn auf diese Weise liebt uns auch Gott. „Gott aber hat seine Liebe zu uns darin erwiesen, dass Christus für uns gestorben ist, als wir noch Sünder waren" (*Röm* 5,8). Nur so können wir auch die anderen lieben, wie sie sind oder wie sie geworden sind.

Nur auf diese Weise können wir auch Menschen lieben, die behindert sind oder Menschen, die uns abstoßen oder unsympathisch sind. Darin zeigt sich, was diese Liebe zueinander wert ist.

11. Juli

Ihr Männer ...

Paulus, dem immer wieder vorgeworfen wurde, leib- und frauenfeindlich zu sein, stellt in einer Zeit, in der Frauen nur wenig mehr als Sklaven galten, revolutionäre, damals schockierende Forderungen an die Männer: „Ihr Männer, liebt eure Frauen, wie Christus die Kirche geliebt und sich für sie hingegeben hat, ... Darum sind die Männer verpflichtet, ihre Frauen so zu lieben wie ihren eigenen Leib. Wer seine Frau liebt, liebt sich selbst. Keiner hat je seinen eigenen Leib gehasst, sondern er nährt und pflegt ihn, wie auch Christus die Kirche" (*Eph* 5,25.28-29). Dasselbe sagt Paulus selbstverständlich auch für die Frauen in Bezug auf ihre Männer (vgl. *Eph* 5,22-24).
Wer diese Worte aus dem Epheserbrief nicht versteht, wird auch nicht verstehen, was christliche Ehe ist. Sie lebt nicht von bloßer Leidenschaft, die sich vom Partner abwendet, sobald die Leidenschaft nachlässt. Sie reicht hinab bis in die Tiefen der Person, wo Glaube, Hoffnung und Liebe ihre Wurzeln finden. Sie knüpft ein Band zwischen den Personen, Mann und Frau, aber auch zwischen Zeit und Ewigkeit. Die christliche Ehe steht in krassem Gegensatz zum Zeitgeist, der sie als Hindernis für die freie Entfaltung der Sexualität ansieht. Paulus sieht das Verhältnis zwischen Mann und Frau in der christlichen Ehe analog zum liebevollen Verhältnis Christi zu seiner Kirche: „Dies ist ein tiefes Geheimnis" (*Eph* 5,32).

12. Juli

Traumbild

Ehe ist eine Berufung zur Liebe, zum Fortschreiten in der Liebe, selbst dann wenn es schwierig wird. Es gilt

für die Ehe das Gleiche, was Augustinus im Bezug auf den Weg zu Gott gesagt hat: Jedes Stillstehen bedeutet Rückschritt. Jede Liebe zu einem Menschen muss gleichzeitig dynamisch und unverrückbar sein. Die Lebendigkeit äußert sich nicht in neuer Partnersuche, wenn Gefühle erkalten, sondern in der Suche nach dem Kern in dieser Beziehung.
Denn sowohl ich selbst als auch der Nächste, wir sind gemeinsam auf dem Wege und müssen uns lieben, wie wir jetzt sind, und nicht einen Traumpartner, wie er in der Zeit des ersten Verliebtseins gesehen wurde, sondern den realen Menschen, wie er nun einmal ist oder auch geworden ist, vollkommen oder erst auf dem Wege dahin, genau wie wir selbst, verbunden durch das gemeinsame Band der Gotteskindschaft und der Gottesebenbildlichkeit.
Jeder Mann und jede Frau läuft mit einem Wunschbild von einem Ehepartner durch die Welt. Die Phase des Verliebtseins ist auch dadurch charakterisiert, dass man in den Partner eigene Vorstellungen projiziert, die der Realität des andern nicht entsprechen. Die Beziehung muss erst noch reifen, bis der Ehepartner so gesehen und akzeptiert wird, wie er wirklich ist. Geschieht das nicht, kann es geschehen, dass wir mit Ablehnung reagieren, wenn der Partner unseren Wünschen nicht mehr entspricht.
Eine solche Beziehung, die dem anderen keinen Freiraum lässt, ist gefährdet, falls im Laufe der Zeit der gegenseitige Respekt vor der Freiheit des anderen und der Wille zur Vergebung nicht immer mehr wachsen.

13. Juli

Keine Angst, das Leben zu verpassen

Wir sollen nicht in Unruhe geraten, weil wir befürchten müssten, dadurch andere Beziehungen, ja das Leben selbst zu verpassen, wenn wir nach einiger Zeit feststellen, dass sich das erhoffte Glück mit dem Partner nicht einstellt. Es ist gut, sich einen Rat des hl. Johannes vom Kreuz zu eigen zu machen: „Wo Liebe fehlt, investiere Liebe und du wirst Liebe ernten." Nicht Harmonie und Wohlbefinden sind das Kriterium für ein gelungenes Leben, sondern ob wir geliebt haben.

Eheleute können sich nicht gegenseitig das Glück versprechen. Das Glück kommt „auf leisen Sohlen" zu ihnen, oder auch nicht. Sokrates hat seinen Freunden den Ratschlag gegeben, auf jeden Fall zu heiraten: „Wenn ihr eine gute Frau findet, werdet ihr glücklich. Wenn nicht, habt ihr die Gelegenheit, ein Philosoph zu werden." Sokrates war mit Xanthippe verheiratet und wurde ein guter Philosoph.

Als Christen können wir darauf vertrauen, dass Gott auch in Beziehungen gegenwärtig ist, die vom Kreuz gezeichnet sind, ja dass sie sogar fruchtbarer sein können, als wir uns nach menschlichen Maßstäben vorstellen können, denn „Im Kreuz ist Heil, im Kreuz ist Leben, im Kreuz ist Hoffnung" (Karfreitags-Liturgie).

14. Juli

Unruhig ist unser Herz

Bewusst leben heißt heute, alle Möglichkeiten der eigenen Existenz ausprobieren, nur ja nicht bei einer festen Form stehen bleiben, denn das würde Verlust an Lebendigkeit bedeuten. Der Gedanke der Evolution als Grundfigur des Lebens ist in den individuellen Lebensvollzug des Einzelnen eingedrungen. Das Biologische soll auch bestimmendes Lebensprinzip des einzelnen Individuums sein. Der auf diese Weise ruhelose Mensch hastet von Ort zu Ort, von Partner zu Partner und von Event zu Event. Doch in der Unruhe holt ihn die Sehnsucht nach dem Bleibenden ein. Fernsehspots zeigen es uns. Sie schaffen den Augenblick, der in seinem Genuss Bleibendes verspricht.

In den „Bekenntnissen", seiner Biografie, sagt Augustinus ein berühmtes Wort über den Menschen und seinen existentiellen Unruhestand: „Unruhig ist unser Herz, bis es ruht in Dir, oh Herr. Denn auf dich hin hast du uns geschaffen." In diesem Wort fasst Augustinus die Summe seines Lebens zusammen. Nach Jahren unruhiger Suche nach dem Glück vollzieht sich in ihm unter dem Einfluss der Predigten des hl. Ambrosius und unter dem ständigen Gebet der hl. Monika, seiner Mutter, seine tiefe Bekehrung.

Auch für uns besteht die Möglichkeit, Ruhe und Frieden zu finden, indem wir sprechen: „Herr, mein Herz ist nicht stolz, nicht hochmütig blicken meine Augen. Ich gehe nicht um mit Dingen, die mir zu wunderbar und zu hoch sind. Ich ließ meine Seele ruhig werden und still; wie ein kleines Kind bei der Mutter ist meine Seele still in mir" (*Ps* 131,1-2).

15. Juli

Die wichtigste Option

Es scheint, je älter der Mensch wird, desto enger werden seine Kreise. Der Mensch kann in der kurzen Zeit, die ihm bleibt, nur wenige Optionen für sein Leben verwirklichen. Bis er weiß, was ihm das Leben bringt und wie er mit den verschiedenen Optionen

umzugehen hat, muss er fast schon wieder gehen. In der sich stark wandelnden Welt von heute kann er sich auch immer weniger am Leben der vorigen Generation orientieren. „Unser Leben währt siebzig Jahre, und wenn es hoch kommt, sind es achtzig. Das Beste daran ist nur Mühsal und Beschwer, rasch geht es vorbei, wir fliegen dahin" (*Ps* 90,10). Die moderne Medizin beschert dem Menschen eine höhere Zahl von Jahren, wobei manchmal fraglich ist, ob sie auch lebenswert sind. Der Christ hat bei allen Einschränkungen, die auch für ihn das Alter mit sich bringt, prinzipiell immer die Möglichkeit, sein Leben im Glauben als eine Reifung auf eine Fülle hin zu erfahren. Christus sagt: „Ich bin gekommen, damit sie das Leben haben und es in Fülle haben"(*Joh* 10,10).
Er kann unabhängig von allen Wechselfällen und Ereignissen die wichtigste Option in seinem Leben wahrnehmen, nämlich die Option für Gott. Wenn wir in allen Dingen und Ereignissen unseres Lebens Gott suchen und lieben, werden wir in allem den Willen Gottes entdecken, auch wenn er uns vielleicht schwierig und hart vorkommt. „Wir wissen, dass Gott bei denen, die ihn lieben, alles zum Guten führt", verkündet der hl. Paulus (*Röm* 8,28).

16. Juli

Liebe deinen Nächsten wie dich selbst

Wenn wir auf den Boden unserer Motive hinabsteigen, werden wir häufig entdecken, dass unsere Motive eigennützig sind. Dann sind wir uns selber so nah, dass wir bei dem zweiten Teil des Gebotes „Liebe deinen Nächsten wie dich selbst" hängen bleiben: Wir lieben vor allem uns selbst, wenn wir den Andern lieben. Oft bemerken wir das nicht einmal und täuschen uns über unsere eigentlichen Motive. Erst nachdem wir den Teil des Gebots, der sich auf uns selbst bezieht, ausschweifend erfüllt haben, fühlen wir uns fähig, auch zu unserem Nächsten zu gehen. Dabei sollte ein kurzer Blick auf uns genügen und schon sollten wir diesen Blick den Andern zuwenden.

Um die Anderen zu lieben, brauchen wir zunächst ein Motiv, um das auch tatsächlich zu tun. Normalerweise lieben wir die Menschen, die uns sympathisch sind oder von denen wir uns einen Vorteil erhoffen. Aber auch hier müssen wir weiter fragen, welche unsere Beweggründe sind. Diese Kette lässt sich immer weiter fortsetzen, bis zu dem Punkt, an dem wir uns fragen müssen, was das Wesen dieses Menschen im letzten Kern ist und in welcher Beziehung er zu uns steht.

Ein Alkoholiker oder ein Drogenabhängiger liebt letztlich nur noch die Menschen, die ihm seine Droge verschaffen. Jemand der einem Menschen hörig ist, wird nur noch das lieben, was ihm die Gunst dieses Menschen verschafft. Letztlich liebt jeder Mensch das, was seinem Wesen entspricht.

Das tiefste Wesen eines jeden Menschen liegt in Gott selbst. Jeder Mensch birgt tief in sich diesen Wesenskern. Auch wenn dies unseren Blicken verborgen erscheint, bleibt jeder Mensch dennoch von seiner Herkunft und vom endgültigen Ziel seines Lebens her Kind Gottes. Und so bleibt er auch trotz allem, was uns diesen Blick versperren mag, liebenswert für uns – auch für Gott, aus dessen Wesen wir alle stammen, denn Gott ist die Liebe (vgl. *1 Joh* 4,8.16).

17. Juli

Nackt geboren

Niemand darf sich von einem anderen Menschen Glückseligkeit erwarten oder sie gar einfordern, nicht einmal Befreiung von der tiefen existentiellen Einsamkeit, die letztlich jeden Menschen umfängt, auch wenn er sich nur in besonderen Situationen dessen bewusst wird. „Nackt kam ich hervor aus dem Schoß meiner Mutter; nackt kehre ich dahin zurück. Der Herr hat gegeben, der Herr hat genommen; gelobt sei der Name des Herrn" (*Ijob* 1,21).

In zahlreichen Schlagern ist davon die Rede, wie schön es ist, endlich nicht mehr allein zu sein. Es ist auch schön, aber es schließt nicht aus, dass wir irgendwann auch einmal wieder mit uns allein sind. Ja, es ist sogar notwendig, damit wir uns nicht an den andern verlieren. Gott ist auch hier durch nichts zu ersetzen. Wer von der Beziehung zu einem Menschen all sein Wohl und Wehe erwartet, wird zwangsläufig enttäuscht.

Eine Patientin, die eine schwere Depression hatte, sagte mir: „Ich weiß jetzt, dass es einen Himmel und eine Hölle auf dieser Erde gibt. Obwohl ich meine Familie um mich hatte, habe ich mich oft ganz einsam gefühlt. Ohne den Glauben und ohne das Gebet hätte ich es nicht ausgehalten."

18. Juli

Das Wort Liebe

Die meisten Worte, die bei den Menschen eine große und wichtige Bedeutung haben, sind im Laufe der Zeit missbraucht und vieldeutig gebraucht worden. So ist es auch dem Wort „Liebe" ergangen, ein kleines Wort für etwas Großes, eigentlich das Größte, das wir Menschen besitzen, denn hätten wir die Liebe nicht, wären wir, so schreibt Paulus, ein Nichts, völlig unlebendig, unbrauchbar für das Leben, tot, „dröhnendes Erz oder eine lärmende Pauke" (*1 Kor* 13,1). Wir würden nichts als bloßen Lärm machen.

Manche nennen es Liebe, wenn sie einen andern Menschen fürsorglich beherrschen nach dem Motto „ich will ja nur dein Bestes". Einer solchen Haltung kann Besitzstreben zugrunde liegen. Flüchtige erotische Abenteuer werden oftmals Liebe genannt. Wolfgang Mertens schreibt dazu: „Sexualität ist in unserem Jahrhundert zur Ware geworden, und mit diesem Merkmal hat sie das Überraschende, Einmalige, Nicht-Berechenbare und Nichtkäufliche offensichtlich verloren."

Für die Griechen war das Staunen („thaumázein") eine Eigenschaft, die den Menschen kennzeichnet. Das Staunen über das, was in der Liebe geschieht, sollten wir wieder zurückgewinnen.

19. Juli

Der Wert der Rose

Der Dichter Rainer Maria Rilke kam mit einer jungen Französin regelmäßig um die Mittagszeit an einem Pariser Platz vorbei, wo eine Bettlerin teilnahmslos immer am gleichen Ort saß. Nur eine ausgestreckte Hand verriet ihre Bitte. Die Begleiterin Rilkes gab der Frau häufig eine Münze, Rilke selbst nie. Er sagte: „Wir müssten ihrem Herzen schenken, nicht ihrer Hand." Wenige Tage später legte Rilke der Bettlerin eine eben aufgeblühte Rose in die geöffnete Rechte. Da geschah das Unerwartete: Die Frau blickte auf, sah den Geber, erhob sich mühsam vom Boden, küsste die Hand des Fremden und ging mit der Rose weg.

Erst nach einer Woche saß die Bettlerin wieder an ihrem Platz, wie gewohnt stumm und mit ausgestreckter Hand. Wovon hat sie denn die Tage gelebt, in denen sie nichts erhielt, überlegte die Französin. Rilke antwortete: „Von der Rose." Das Fernbleiben der Frau mag eine prosaischere Erklärung gehabt haben, als der Lyriker Rilke vermutete.
Jemandem eine Rose zu schenken, der nicht einmal das Nötigste zum Leben hat, kann Hohn sein. Wenn er aber ein Mensch ist, der wie Christus sagt „nicht allein vom Brot lebt" (vgl. *Mt* 4,4), bedeutet es eine Bestätigung seiner Würde als Mensch, der viel mehr ist als sein Stoffwechsel. Der Mensch „ist" eben nicht nur, was er „ißt", wie Brecht gemeint hat.

20. Juli
Der Kern

Jeder Mensch birgt in sich einen göttlichen Kern, der selbst bei den schlimmsten Verbrechern noch zum Vorschein kommen kann. Zumindest hat Gott jeden Menschen am Anfang mit einem Blick seiner Liebe versehen, ohne die er nicht in die Existenz getreten wäre. Leider wurde in vielen Menschen dieser Funken der Liebe, den dieser Blick in ihnen entzündete, im Laufe des Lebens durch Kälte, Hass, Ablehnung, Gewohnheit oder Gleichgültigkeit erstickt. Und trotzdem kann aus dieser fast erloschenen Asche eine reine Flamme der Liebe emporsteigen, die dieses Leben mit hellem Licht erfüllt und verwandelt.
Im Evangelium finden wir hierfür das Beispiel von Maria Magdalena. Sie war eine Sünderin, heißt es dort. Die gesetzestreuen und stolzen Pharisäer verachteten sie, unter ihnen Simon, der Jesus zum Gastmahl geladen hatte. Bei den Juden war es üblich,

bei der Begrüßung einen Gast dadurch zu ehren, dass man ihm den Staub von den Füßen wusch. Diesen Dienst hatte Simon Jesus entweder aus purer Unhöflichkeit versagt oder weil er ihn vor seinen Pharisäer-Freunden herabsetzen wollte. Jesus hatte das bemerkt, aber er hat es mit Stillschweigen übergangen. Maria Magdalena, die das wohl auch bemerkt hatte, salbte Jesus daraufhin vor den versammelten Honoratioren der Stadt die Füße und weinte vor Reue und Rührung. Jesus stellte dem Pharisäer Simon nun Maria Magdalena als Beispiel hin: „Ihr sind ihre vielen Sünden vergeben, weil sie mir so viel Liebe gezeigt hat. Wem aber nur wenig vergeben wird, der zeigt auch nur wenig Liebe" (*Lk* 7,47).

21. Juli

Wenn die Liebe stirbt

Von Lenin wird berichtet, dass er sich das Kreuz, das er am Hals trug, herunterriss und mit Füßen trat, als sein Bruder wegen eines politischen Komplotts hingerichtet wurde. Der Tod der Liebe im Herzen eines einzelnen Menschen wurde zur Ursache einer der großen Tragödien des 20. Jahrhunderts.

Über Stalin berichtet ein Biograf, dass er von seinem Vater, der Alkoholiker war, häufig brutal geschlagen und misshandelt wurde, so dass sein linker Arm verkrüppelt blieb. Und der Biograf schreibt als Kommentar dazu: Es gibt wohl kaum einen Menschen im 20. Jahrhundert, der nicht von den Folgen dieser Schläge betroffen wurde. Mangel an Liebe, vor allem in der Kindheit, bereitet den Hass vor. Der mensch-liche Hass beginnt oft klein. Am Anfang ist ein kleines Missverständnis, ein schlimmes Wort. Dann folgen die Taten. „Denn von innen, aus dem

Herzen der Menschen, kommen die bösen Gedanken" und machen „den Menschen unrein" (*Mk* 7,21.23). Aber die Liebe „läßt sich nicht zum Zorn reizen, trägt das Böse nicht nach" (*1 Kor* 13,5).

22. Juli

Was ist Liebe?

Vor einiger Zeit kam eine Patientin, eine Ausländerin, die schon lange in Deutschland lebt, mit ihrer zwölfjährigen Tochter in meine Sprechstunde. Die Tochter hatte eine Grippe mit Fieber und Husten. Die Mutter sah zur Tochter hinüber und sagte zu mir: „Herr Doktor, können Sie nicht machen, dass ich krank bin für meine Tochter?" Ich sagte zu dem Mädchen: „Schau mal, was du für eine gute Mutter hast. Sie möchte sogar für dich krank sein." Die Mutter sagte dann mit Blick auf die Tochter: „Doktor, alles möchte ich für sie sein, alles." Das ist Liebe. So hat auch Christus an uns gehandelt: „Er hat unsere Krankheit getragen und unsere Schmerzen auf sich geladen" (*Jes* 53,4). Er nahm unsere Sünden auf sich und trug ihre Folgen für uns. Christus hat uns nicht erlöst, weil er gelitten, sondern weil er *geliebt* hat.

Mahatma Gandhi sagte einmal: Wenn das Wohlergehen eines anderen Menschen, ja sein Leben dir mehr bedeutet als das eigene, dann kannst du sagen, du liebst. Christus hat gesagt: „Es gibt keine größere Liebe, als wenn einer sein Leben für seine Freunde hingibt" (*Joh* 15,13). Es kann sein, dass wir im Leben plötzlich vor der Situation stehen, unser eigenes Leben einzusetzen, um andere zu retten. Das taten einige der Feuerwehrleute beim Brand des World Trade Center. Sie verloren ihr Leben, weil sie andere vor dem Tod bewahren wollten.

23. Juli

Tanzen vor Gott

Heute kam zu mir eine junge Afrikanerin mit ihrem kleinen Sohn in die Sprechstunde. Der Kleine heißt Samuel. Während ich in Gedanken in der Krankenakte blätterte, sagte ich: „Samuel in der Löwengrube." „Nein", sagte sie, „das war nicht Samuel. Das war Daniel." „Richtig", korrigierte ich mich schnell, „aber woher wissen Sie das?" Die junge Frau antwortete: „Ich lese viel in der Bibel und jeden Sonntag gehe ich zum Gottesdienst. Da beten, singen und tanzen wir." Und nach einer kurzen Pause: „Doktor, glauben Sie an Jesus?" „Ja", sagte ich. Sie lächelte mich an und sagte: „Darf ich Sie einmal einladen zu unserem Gottesdienst." „Ja, aber ich kann nicht tanzen." Sie lachte und sagte: „Aber der liebe Gott würde sich freuen, wenn der Doktor tanzt." Als ich später nach Hause fuhr, musste ich an David denken, der auch vor Gott getanzt hat. Vielleicht freut sich Gott wirklich wie ein Vater, wenn sein Sohn oder seine Tochter aus lauter Lebensfreude vor ihm tanzt.

24. Juli

Orte, die gut tun

Es gibt Orte, die uns gut tun, wenn wir uns schlecht fühlen. Das können Orte der Kindheit sein oder Orte, die uns lieb geworden sind, Orte, die wir mit Erinnerungen an Menschen verbinden, die wir gern haben. Bei mir sind es die Straßen und Plätze meiner Heimatstadt, der Hauptmarkt, die Straßen meiner Kindheit, der Dom, die Liebfrauenkirche, eine Bank an einem Weiher nahe der Wohnung meiner Mutter, wo sie in ihren letzten Jahren an Sommerabenden gesessen hat. Manchmal hilft es mir auch, über Friedhö-

fe zu gehen und Grabsteine zu betrachten oder den alten Pilgerweg zu gehen, den ich mit meiner Großmutter nach Klausen, einem Wallfahrtsort in der Nähe von Trier gegangen bin.
Es ist wie das Ausruhen auf einer Reise. Man kommt zur Ruhe und spürt, dass es gut ist, wenn wir verweilen können, während die Zeit vergeht und wir unmerklich unserem Ziel näher kommen. Es gibt Orte, die tun gut.

25. Juli

Kenosis

Dies hat Christus für uns getan. Um uns zu retten, hat er sich selbst entäußert und Knechtsgestalt angenommen. Diese Entäußerung heißt in dem griechischen Originaltext der Bibel „kenosis" und bedeutet „Entäußerung", „leer werden". Man könnte auch sagen: „sich verausgaben". Für die Menschen der Antike war das eine unglaubliche Botschaft. Sie kannten Prometheus, den Göttersohn, der sich aus Liebe zu den Menschen dazu hinreißen ließ, ihnen entgegen dem Verbot der Götter das Feuer auf die Erde zu bringen. Prometheus wurde dafür furchtbar bestraft. Er wurde auf einem Felsen im Kaukasus angekettet. Aber ein Gott, der Mensch wird und den Tod eines Verbrechers erleiden wollte, um für ihre Vergehen zu büßen, lag außerhalb ihrer Vorstellungskraft. Diejenigen von ihnen, die gläubig wurden, taten es gerade deshalb, weil kein Mensch sich einen solchen Mythos ausdenken konnte.
Seit Christus gelebt und sich für die Menschen hingegeben hat, muss sich jede Liebe auf dieser Erde an dieser Liebe Christi messen lassen.

26. Juli

Gott liebt nicht, er ist Liebe

Gott liebt nicht, er ist die Liebe (vgl. *1 Joh* 4,8.16), schreibt Johannes. Wir können keine Liebe und keinen Frieden aus uns heraus machen, sondern nur teilhaben an der Liebe, die Gott selber ist. Die Liebe geht unmittelbar auf Gott zurück. Wir können deshalb unsere Beziehung untereinander von unserer Liebe zu Gott nicht trennen. „Wenn jemand sagt: Ich liebe Gott!, aber seinen Bruder hasst, ist er ein Lügner. Denn wer seinen Bruder nicht liebt, den er sieht, kann Gott nicht lieben, den er nicht sieht" (*1 Joh* 4,20). Christus sagt: „Wer meine Gebote hat und sie hält, der ist es, der mich liebt" (*Joh* 14,21). Wenn Gott die Liebe ist, muss er sie uns als seinen Geschöpfen aus Liebe gegeben haben, damit unser Leben gelingen kann. Schließlich sind wir ja sein Bild und Gleichnis.

Einmal werden auch wir ganz Liebe sein. „Jetzt sind wir Kinder Gottes. Aber was wir sein werden, ist noch nicht offenbar geworden. Wir wissen, dass wir ihm ähnlich sein werden, wenn er offenbar wird; denn wir werden ihn sehen, wie er ist" (*1 Joh* 3,2). Der Himmel besteht darin, ganz bei Gott zu sein. Wenn er die Liebe ist, werden auch wir in seiner Gegenwart ganz Liebe sein. Es wird uns nicht mehr schwerfallen, auch die zu lieben, die uns auf die Nerven gefallen sind. Dann können wir auch diese Menschen lieben, und zwar nicht so sehr, weil sie anders geworden sind, sondern weil es in der Gegenwart Gottes nur Liebe geben kann.

Dostojewski sagt einmal: „Einen Menschen lieben heißt, ihn so zu sehen, wie Gott ihn gemeint hat." Wenn wir einmal bei Gott sind, werden wir auch deshalb die anderen mit anderen Augen sehen, weil wir sie mit den Augen der Liebe, mit den Augen Gottes sehen werden.

27. Juli

Im siebten Himmel

Solange wir noch auf Erden sind, ist Liebe kein bloßer Zustand, sondern auch eine hart erkämpfte Eigenschaft, ja Tugend, um die wir uns jeden Tag bemühen müssen – es sei denn, wir befinden uns in jenem kurzzeitigen Ausnahmezustand des Verliebtsein, von dem man nicht umsonst als vom „siebten Himmel" spricht, der aber zugleich mit einer gelegentlichen Überhöhung oder gar süßen Verkennung der Wirklichkeit einhergeht.

Liebe ist eine Tugend, die wächst, je näher wir jetzt schon bei Gott sind. Liebe ist die endgültige Form, die jede andere Tugend erlangen muss, soll sie Bestand haben, lehrt der hl. Thomas von Aquin.

Auch von unserem Tun, Denken und Fühlen wird nur Bestand haben, was mit der Liebe und auch mit der Wahrheit übereinstimmt, denn „nur in der Wahrheit erstrahlt die Liebe und kann glaubwürdig gelebt werden. Die Wahrheit ist ein Licht, das der Liebe Sinn und Wert verleiht. Es ist das Licht der Vernunft wie auch des Glaubens, durch das der Verstand zur natürlichen und übernatürlichen Wahrheit der Liebe gelangt: er erfasst ihre Bedeutung als Hingabe, Annahme und Gemeinschaft. Ohne Wahrheit gleitet die Liebe in Sentimentalität ab. Sie wird ein leeres Gehäuse, das man nach Belieben füllen kann. Das ist die verhängnisvolle Gefahr für die Liebe in einer Kultur ohne Wahrheit. Sie wird Opfer der zufälligen Gefühle und Meinungen der einzelnen, ein Wort, das missbraucht und verzerrt wird, bis es schließlich das

Gegenteil bedeutet" (Benedikt XVI., Enzyklika *Caritas in veritate*).

28. Juli

Die Werke der Barmherzigkeit

Die Schilderung des Endgerichts durch Jesus ist wie ein Abfragen der Werke der Barmherzigkeit. Das sollte uns allen zu denken geben, wenn wir nur eigene Leistungen in unserem Leben anhäufen. Christus sagt: „Sammelt euch Schätze im Himmel, wo weder Motte noch Wurm sie zerstören und keine Diebe einbrechen und sie stehlen" (*Mt* 6,19).

Liebe ist dieser Tresor, der selbst unser Leben überdauert. Wer Liebe nur für einen Gefühlszustand oder das Ergebnis aktualisierten Triebgeschehens hält, wird nicht verstehen, dass sie auch etwas Geistiges ist, das über den Menschen hinausweist. Nach der klassischen Theologie stammt sie unmittelbar vom Heiligen Geist und wird deshalb zusammen mit dem Glauben und der Hoffnung als göttliche Tugend bezeichnet.

Neben den leiblichen Werken der Barmherzigkeit, wie den Menschen zu essen und zu trinken geben, gibt es auch die geistigen Werke der Barmherzigkeit, wie anderen vergeben, sie geduldig ertragen oder ermutigen und trösten. Wie oft am Tage können wir damit für die Liebe Christi Zeugnis ablegen! Für die Nächstenliebe ist es ein unendliches Feld, das es im täglichen Leben des Berufs, der Gesellschaft und der Familie zu entdecken gilt. Es ist ein Teil dieses „göttlichen Abenteuers im Alltag", von dem der hl. Josefmaria Escrivá spricht. Es ist das, was von unserem Leben letztlich bleibt.

29. Juli

Sprechen wir von der Liebe

Kein Begriff wird vieldeutiger verwandt als das Wort Liebe. „Sprechen wir von der Liebe", hieß es in einem bekannten französischen Schlager der siebziger Jahre, aber von welcher ist hier die Rede? Ist es Liebe, wenn Mann und Frau sich vereinigen? Wenn ich einem Bettler ein Stück Brot gebe? Oder ist es Liebe, wenn ich nicht mehr an mich denke und nur noch an den Anderen, wenn ich also selbstlos bin?

Vielleicht wurde dadurch die Liebe als christliche Parade-Tugend am meisten in Misskredit gebracht, dass ihre Zerrformen neurotischen Fehlentwicklungen nahekommen. „Ich habe mich selbst eigentlich nie gekannt", klagen depressive Patientinnen, deren Kinder aus dem Haus sind und deren Männer bereits verstorben sind. Sie sehen nach dem Verlust ihrer bisherigen Lebensaufgaben keinen Sinn mehr in ihrem Leben.

„Jetzt schauen wir in einen Spiegel und sehen nur rätselhafte Umrisse, dann aber schauen wir von Angesicht zu Angesicht. Jetzt erkenne ich unvollkommen, dann aber werde ich durch und durch erkennen, so wie ich auch durch und durch erkannt worden bin" (*1 Kor* 13,12). Um wirklich zu lieben, muss ich mich selber kennen. Nur wer seine eigene Identität kennt, kann sich ohne Angst dem Anderen hingeben. Er hat dann keine Angst, sich im Andern zu verlieren.

30. Juli

Die Last des Tages

„Jeder Tag hat genug eigene Plage" (*Mt* 6,34). Es genügt, wenn wir jeden Tag für sich leben. In der Hei-

lig-Rock-Kapelle im Chor des Domes von Trier, hängt ein goldenes Kreuz, das im Lichte einer Lampe hell erstrahlt. So könnte das Kreuz unseres Alltags sein, das dereinst im Licht der Ewigkeit hell aufstrahlen kann.
Unsere Tage können wir uns nicht selbst aussuchen. Wir werden an einem bestimmten Tag in die Welt gerufen und werden sie an einem bestimmten Tag wieder verlassen. Und jeder dieser Tage wird außer der Freude und vielen kleinen Freuden auch viel an Last und Kreuz haben. Wenn wir Christen sind und Christus Glauben schenken, können wir leise in uns seine Worte hören: „Mein Joch drückt nicht, und meine Last ist leicht" (*Mt* 11,30), und: „Ich bin die Auferstehung und das Leben. Wer an mich glaubt, wird leben" (*Joh* 11,25).
Unser Kreuz im Alltag wird das gleiche wie das aller Menschen sein, aber Christus trägt es mit uns. Und auch wir werden wie Simon von Zyrene mit ihm, Christus, das Kreuz tragen.

31. Juli

Liebe ist verstehen

Wie wichtig es ist, einen Menschen zu verstehen, um ihn gern zu haben, wurde mir durch eine Patientin klar, die ich wegen ihrer ausgesprochenen Anspruchshaltung anfangs nicht so recht mochte. Sie war eine Patientin mit einem runden rosigen Gesicht und kurzen stämmigen Armen. Ihre Oberarme waren so dick, dass ich meine Blutdruckmanschette nicht darumlegen konnte. Nachdem sie einen Hirnschlag erlitten hatte, wurde sie eine sehr liebenswerte Patientin, die sich für alles überschwänglich bedankte. Wenn es ihr schlecht ging, erzählte sie mir von ihrer

Lagerzeit. Sie fing dann wieder an zu weinen und erzählte von ihren schlimmen Erlebnissen. Am Ende des Krieges wurden aus ihrem Dorf alle Deutschen von der Roten Armee zusammengetrieben und nach Sibirien deportiert. Sie kam in ein Arbeitslager, wo sie getrennt von ihrem Mann zusammen mit zweitausend anderen Frauen einen Kanal bauen musste. Nach zwei Jahren war mehr als die Hälfte der Frauen nicht mehr am Leben. Die anderen konnten nur überleben, weil die Zivilbevölkerung ihnen heimlich Kartoffelschalen gab. Nach ihrer Entlassung kam die Frau über die damalige Ostzone nach München, wo sie seitdem lebte. In der Zeit nach der Gefangenschaft holte sie alles nach, was sie im Lager entbehrt hatte. Als es endlich genug zu essen gab, aß sie über die Maßen viel und nahm immer mehr an Gewicht zu.

Erst jetzt wusste und verstand ich, was sie alles in ihrem Leben durchgemacht hatte und konnte sie nun besser verstehen.

August

1. August

Den Schuldschein zerreißen

Vor einiger Zeit kam eine Patientin nach längerer Abwesenheit zur Sprechstunde. Als ich ihre Krankenakte durchblätterte, fiel mir ein Attest in die Hand, das einige Jahre zuvor erstellt worden war. In diesem Attest stand, dass die Patientin wegen der außerehelichen Eskapaden des Ehemanns eine eigene Wohnung brauchte, weil sie die Kränkung nicht mehr ertragen konnte und nervlich am Ende war. Als sie sah, dass ich darin las, sagte sie: „Herr Doktor, dieses Attest möchte ich gerne haben." Sie wollte es für sich haben, um es zu vernichten und damit gewissermaßen den Schuldschein ihres Mannes zu zerreißen.

Diese Frau ist für mich ein Vorbild geworden. Wir müssen den Schuldschein unseres Nächsten zerreißen. Erst wenn wir bereit sind, den Schuldschein unseres Nächsten zu zerreißen, werden wir Frieden für uns selbst und auch Versöhnung mit unseren Mitmenschen finden.

Auch Christus „hat den Schuldschein, der gegen uns sprach, durchgestrichen und seine Forderungen, die uns anklagten, aufgehoben. Er hat ihn dadurch getilgt, dass er ihn an das Kreuz geheftet hat" (*Kol* 2,14).

2. August

Das globale Dorf

„Wenn wir den Armen das unbedingt Notwendige geben, machen wir ihnen nicht freigiebige persönliche Spenden, sondern geben ihnen nur das zurück, was ihnen gehört. Wir erfüllen damit viel eher eine Pflicht der Gerechtigkeit, als dass wir damit eine Tat der Nächstenliebe vollziehen", sagte Gregor der Große.

Was hier der hl. Papst Gregor im 6. Jahrhundert in einer zeitlos gültigen Klarheit formuliert hat, gilt erst recht im globalen Dorf des 21. Jahrhunderts. Wie kann es sein, dass in einer Straße Leute wohnen, die nicht nur genug zu essen haben, sondern sich auch noch jeden erdenklichen Luxus leisten können, wenn gleichzeitig hinter der nächsten Ecke manche Mütter nicht wissen, was sie morgen ihrem Kind zu essen geben sollen.

Gerechtigkeit ist eine Forderung, die sich aus der fundamentalen Gleichheit der Menschen als Kinder Gottes ergibt. Wer dagegen verstößt, schändet das Ebenbild Gottes im Menschen. Alle Menschen haben Anspruch auf ein Leben, das es ihnen ermöglicht, ihrer Würde als Kinder Gottes zu leben mit einem Minimum an persönlichem Auskommen für ihr leibliches und geistiges Leben und das ihrer Kinder.

3. August

Alle suchen nach Liebe

Alle Menschen suchen nach Liebe, alle Menschen suchen nach Glück. „Es ist dem Menschen nicht gegeben, nicht nach Glück zu verlangen" (Thomas von Aquin). Und so wie der Mensch nach Glück sucht, so sucht er auch nach Liebe. Denn das größte Glück ist

es, zu lieben und geliebt zu werden. Wir verstehen die Menschen erst, wenn wir begreifen, dass jeder in dieser unwirtlichen Welt umherschweift und auf der Suche nach Liebe und Glück ist. Sie sind die Nahrung der Menschen, ohne die sie verhungern.
Auf der Suche nach Liebe treffen viele Menschen auf Christus und sie erkennen: Er ist der wahre Sohn Gottes, denn er liebt die Menschen wie keiner. „Ich habe keinen von denen verloren, die du mir gegeben hast" (*Joh* 18,9). Für diese Liebe ist er am Kreuz gestorben. Zu seinen Jüngern sagte er: „Liebt einander! Wie ich euch geliebt habe, so sollt auch ihr einander lieben. Daran werden alle erkennen, dass ihr meine Jünger seid: wenn ihr einander liebt." (*Joh* 13,34-35).
Seine Jünger hatten nicht verstanden, dass die Liebe auch Kreuz bedeutet. Petrus wollte ihn davon abhalten, für seine Liebe zu den Menschen zu sterben. Jesus wies ihn scharf zurück: „Du hast nicht das im Sinn, was Gott will, sondern was die Menschen wollen" (*Mt* 16,23). Die Liebe, die Christus von uns verlangt, geht über das rein Menschliche hinaus und reicht in die Sphäre Gottes hinein. „Wie mich der Vater geliebt hat, so habe auch ich euch geliebt. Bleibt in meiner Liebe!" (*Joh* 15,9). Nur Christus und mit ihm der Heilige Geist können uns die Kraft geben, so zu lieben wie er uns geliebt hat. „Daran haben wir die Liebe erkannt, dass er sein Leben für uns hingegeben hat. So müssen auch wir für die Brüder das Leben hingeben" (*1 Joh* 3,16).

4. August

Die Schöpfung liegt in Wehen

Arbeit ist vor allem dadurch menschenwürdig, dass der Mensch sie bewusst als einen Dienst für Gott und die Menschen annimmt, riet der hl. Josefmaria Escrivá. Jede menschliche Tätigkeit kann so geheiligt werden und trägt mit dazu bei, dass die Erlösung sich materialisiert. „Ja, es ist durchaus berechtigt, von einem christlichen Materialismus zu sprechen, der sich mutig allen geistverneinenden Materialismen entgegenstellt" (Josefmaria Escrivá, *Die Welt leidenschaftlich lieben*). „Der echt christliche Geist, der ja die Auferstehung des Fleisches bekennt, hat sich zu allen Zeiten gegen eine falsche Spiritualisierung empört, ohne Furcht, deshalb als Materialismus verurteilt zu werden" (*ebd.).*

„Wenn einer das Joch einer rein mechanischen Fließbandtätigkeit, die kaum noch der Menschenwürde entspricht, auf sich nimmt, um es als solches mit seinen Menschenbrüdern und als ihr Bruder zu tragen, solange es auferlegt ist, dann ist diese Arbeit nicht sinnlos. Hier geschieht dann einfach ein Mittragen der Last der Welt, wie sie durch sich selbst geworden ist; hier ist das ganz konkrete Mitseufzen mit der erniedrigten Kreatur; hier ist das Warten auf den Tag, wo man endlich sein Haupt erheben wird, weil die Erlösung naht" (Heinrich Spaemann).

„Die ganze Schöpfung wartet sehnsüchtig auf das Offenbarwerden der Söhne Gottes. ... Denn wir wissen, dass die gesamte Schöpfung bis zum heutigen Tag seufzt und in Geburtswehen liegt (*Röm* 8,19.22).

5. August

Ohne Angst

Eine Patientin kam zu mir, weil sie unter starken Ängsten litt, so dass sie kaum mehr zur Arbeit gehen konnte. Nach etlichen Gesprächen stellte sich heraus, dass sie sich auf ein Verhältnis mit einem Mann eingelassen hatte, das sie in eine immer stärkere Abhängigkeit und Hörigkeit zu diesem Mann brachte und dass sie sich deshalb jetzt schämte. Erst als sie den Mut fand, sich das selbst einzugestehen und sich aus diesem Verhältnis zu lösen, konnte sie sich allmählich auch wieder angstfrei bewegen. „Ich habe diesen Typen an die Stelle von Gott gesetzt", sagte sie.

Wenn der Mensch einen anderen Menschen oder eine Sache – Geld, Macht, Sex – an die Stelle Gottes setzt, entsteht eine leere Stelle in ihm selbst, in die die Angst Eingang finden kann. Am Anfang bemerkt man sie noch nicht, aber im Laufe der Zeit kann sie durch die Ritzen der Seele bis nach außen dringen.

6. August

Dialog

Wer nicht sprechen kann, kann auch nicht schweigen. Das Schweigen setzt nämlich das Wort voraus. Tiere können nicht schweigen, weil sie nicht sprechen können. Um einen Dialog zu führen, muss man auch schweigen können, denn zuhören kann nur derjenige, der gerade nicht selber spricht. Wenn wir schweigen, geben wir dem inneren und äußeren Wort Raum. Das Schweigen öffnet uns gegenüber dem, was in uns selbst und um uns vorhanden ist.

Dialog kommt aus dem Griechischen und bedeutet „sich unterhalten" und „miteinander sprechen". Wir alle führen im Laufe eines Tages unzählige Dialoge mit uns selbst, mit den Dingen, mit den Menschen unserer Umgebung. Auch mit Gott führen wir einen Dialog. Als er uns erschuf, rief er uns dadurch in den Dialog. Wenn wir versuchen, auf Gott zu hören, ihn zu verstehen, beginnen wir, die Dinge und Menschen

aus der Perspektive Gottes zu betrachten. So etwas könnte man auch beten nennen.
Jeder, der mit einem anderen Menschen spricht, setzt sich dessen Art zu denken und zu fühlen aus. Indem er auf den Anderen hört, nimmt er an dessen Welt teil. Jeder Dialog ist Begegnung von Personenwelten. Wir nehmen nicht nur Worte auf, sondern auch Gedanken und Gefühle, die sich uns mitteilen. Nicht umsonst heißt es: „Sage mir, mit wem du gehst, und ich sage dir, wer du bist." Wer Kind Gottes sein will, muss den Umgang mit seinem Vater pflegen.

7. August

Männer und Frauen

Frauen leben in ihrem Körper. Männer betrachten ihren Körper von außen wie ein Instrument oder Werkzeug. Sie schauen nicht auf ihren Körper und gehen meist erst zum Arzt, wenn die Krankheitssymptome unübersehbar sind. Frauen sprechen miteinander über sich und ihren Körper. Für Männer ist das kein Thema. Frauen dürfen Stimmungen haben, Männer nicht. Wenn eine Frau eine Depression hat, kann sie auf Verständnis und Mitgefühl rechnen. Depression bei einem Mann wird als Schwäche ausgelegt und macht seiner Umgebung Angst. Männer erleiden mehr schwere Unfälle als Frauen und begehen häufiger Selbstmord. Zudem trinken Männer mehr Alkohol und nehmen mehr Drogen als Frauen. Bisher haben Männer auch mehr geraucht als Frauen. Männer in Deutschland leben im Durchschnitt fünf Jahre weniger als Frauen.
Aber was wird, wenn Frauen sich zunehmend an die Lebensweise einer an männlichen Zielen orientierten Lebens- und Arbeitswelt anpassen? Sie kleiden sich

wie die Männer. Sie rauchen und trinken Alkohol. Sie setzen sich dem Stress der Arbeitswelt wie die Männer aus.
Aber vielleicht verändern sie auch diese Welt. Vielleicht lernen die Männer von ihren Kolleginnen, besser auf sich aufzupassen, mehr miteinander zu sprechen und früher zu spüren, wenn es ihnen schlecht geht. In der Genesis schafft Gott dem Adam eine Gefährtin, damit er nicht allein ist. Vielleicht möchte Gott heute, dass die Männer bei ihrer Lieblingsbeschäftigung, der Arbeit, nicht ohne die Hilfe ihrer „Gefährtinnen", der Kolleginnen, bleiben, nachdem sie so viele Jahrtausende allein vor sich hin haben werkeln müssen.

8. August

Ohnmacht

Eines Tages kam eine junge Studentin zu mir. Seit einigen Monaten litt sie unter Bauchschmerzen und Gewichtsverlust. Sie war bereits durch und durch untersucht worden und man hatte nichts gefunden. Es blieb also nur die Seele als krankes „Organ" übrig. In mehreren Gesprächen stellte sich heraus, dass ihre zwei Jahre ältere Schwester vor einem Jahr an einer Tumorkrankheit verstorben war. Obwohl sie die Schwester sehr gerne hatte, fand sie während ihrer Krankheit nicht die Kraft, zu ihr zu gehen. Erst am Sterbetag der Schwester ging sie hin, aber die Schwester war bereits verstorben.
Sie konnte mit niemandem über ihr Leid sprechen. Bei den Eltern durfte sie nicht über den Tod der Schwester sprechen, weil es ein Tabu-Thema war.
Im Laufe der Zeit konnten wir uns im Gespräch ihrem Problem nähern. Sie hatte zum ersten Mal in ih-

rem Leben Ohnmacht erfahren – Ohnmacht gegenüber dem unausweichlichen Schicksal der Schwester, aber auch Ohnmacht im Bezug auf ihr eigenes Unvermögen, der geliebten Schwester in ihrem schweren Leid beizustehen. Erst als sie das erkannte und aussprechen konnte, ging es ihr besser.
Es gibt Situationen, die uns überfordern, und wir müssen den Mut haben, es uns einzugestehen. Vielleicht hätte die Patientin den Mut gefunden, wenn sie hätte beten können und wenn jemand mit ihr gegangen wäre oder für sie gebetet hätte. Manchmal bleibt uns nur übrig, darauf zu vertrauen, dass Gott auch da noch hilft, wo unsere Kräfte versagen.

9. August

Seid getrost

Das Leid hat von sich aus keinen Sinn. Es kann Sinn nur von Gott erhalten. Wenn wir es als Wille Gottes annehmen, treten wir in die Gehorsams-Tat Jesu ein, der gehorsam war „bis zum Tod, bis zum Tod am Kreuz“ (*Phil* 2,5). Krankheit und Tod sind Zeichen, dass die Welt, so wie sie ist, nicht in Ordnung ist. Krankheit und Tod stellen jeden Tag bloß, dass die Werte dieser Welt schief sind. Macht, Reichtum, Schönheit und Prestige haben vor ihnen keinen Bestand. Wer endgültige Werte definieren will, muss genau hier ansetzen. Das hat Jesus getan.
Beim Propheten Jesaja heißt es von ihm: „Er hat unsere Krankheit getragen und unsere Schmerzen auf sich geladen“ (*Jes* 52,13). Christus, Gott und Mensch zugleich, zieht damit Krankheit und Tod in die Sphäre Gottes. Indem er von den Toten aufersteht, erlöst er sie. Er sagt zu seinen Jüngern: „In der Welt seid ihr in

Bedrängnis; aber habt Mut: Ich habe die Welt besiegt" (*Joh* 16,33).
Dieses Wort steht in der Kapelle des „Klinikum rechts der Isar" in München über dem Altar. Nirgendwo hat es mehr Berechtigung, Trost zu spenden, als an diesem Ort, wo so viele Menschen ihr Leid erfahren und es dort hinbringen. Zwar kann die moderne Medizin ihnen in vielen Fällen helfen, aber Leiden und Tod kann sie nicht ganz beseitigen. Wenn ein Mensch vor seinem Leid steht, bleibt nur ein Blick nach oben zum Kreuz oder in den Abgrund, der die eigene Existenz zu vernichten droht.

10. August

Wenn Engel uns zur Seite sind (vgl. Ijob 33,23)

Eine Gesellschaft, die einseitig auf größtmögliche Selbstverwirklichung und Realisierung persönlicher Wünsche ausgerichtet ist, verdrängt notwendigerweise Krankheit und Siechtum oder versucht eine rationale Bewältigung durch übertriebene Wissenschaftlichkeit bzw. Institutionalisierung. Auch wird alles, was auf den Tod hinweisen könnte, aus der Öffentlichkeit eliminiert. Der Tod wird tabuisiert. So dürfen in vielen Städten keine äußerlich erkennbaren Leichenwagen mehr fahren. Es gibt kaum noch Menschen, die zuhause in ihrer gewohnten Umgebung sterben. Neben der Unfähigkeit zur Pflege von Kranken und Sterbenden spielt hier die Angst vor dem hautnahen Erleben von Leiden und Sterben eine wichtige Rolle.
Es gibt allerdings auch immer Gegenbeispiele, wie bei einem Patienten, der unheilbar an Krebs erkrankt war und bald sterben musste. Seine Frau pflegte ihn aufopferungsvoll bis zuletzt. Die Enkelkinder und

Kinder, die in der Nähe wohnten, waren jeden Tag bei ihm. Auch der zuständige Pfarrer besuchte ihn regelmäßig und spendete ihm die Krankensalbung.
Eines Tages kam die Schwiegertochter zu mir und erzählte, dass ihre Tochter dem Opa ein Bild zum Geburtstag gemalt hatte. Auf diesem Bild lag der Opa in seinem Bett, und um das Kopfende über seinem Haupt flatterten einige Engel. Unter dem Bild hatte die Enkelin geschrieben: „Lieber Opa, herzlichen Glückwunsch zum Geburtstag. Bald bist Du im Himmel." Das Kind hatte das wiedergegeben, was es im Religionsunterricht gelernt hatte. Verständlicherweise wollte die Großmutter nicht, dass dieses Geburtstagsbild dem Opa überreicht wurde.
Als dann der Patient gestorben war, legten die Enkelkinder ihm Briefe und Blumen in den Sarg. Im abschließenden Gespräch mit dem Sohn des Mannes konnten wir beide feststellen, dass das Sterben und der Tod des Großvaters für die ganze Familie ein wichtiges Erlebnis war. Auch für den Großvater war es am Ende seines Lebens ein großes Geschenk, in der Mitte seiner Familie sterben zu dürfen, da die Krankenhausmedizin ohnehin keine Besserung oder Heilung anzubieten hatte.

11. August

Für immer

Liebe ist nur dann echt, wenn sie eine Spur des Ewigen in sich trägt. Jeder Mensch trägt in sich den Wunsch nach Dauer. Auch alle Liebeslieder sprechen von „immer und ewig".
Vor kurzem las ich in der Zeitung über das Ende einer Beziehung, wo eine junge Frau schrieb: „Die Liebe ist zu Ende, aber besser diese Erfahrung mit einem

Scheitern als niemals geliebt zu haben." Die Menschen nehmen fast alles auf sich, um zu lieben oder geliebt zu werden. Bei vielen Menschen ist die Liebe anfangs wie ein reißender Fluss und später immer mehr ein träge dahinfließendes Rinnsal, das manchmal ganz versickert. Im Roman „Der reiche Mann" von John Galsworthy heißt es über eine der Hauptfiguren: „Er hatte die traurigste aller Erfahrungen gemacht, hatte vergessen, was es heißt, zu lieben. Vergessen! So lange schon vergessen, dass er vergessen, dass er vergessen hatte."
Manche Menschen vergessen tatsächlich im Laufe ihres Lebens, was es heißt zu lieben. Der Alltagskampf, manche Enttäuschungen und die Routine stumpfen ab. Manchmal konzentriert sich dann die Liebe nach vielen Enttäuschungen auf ganz andere Objekte: An den Bäumen im Englischen Garten kann man solche und ähnliche Zettel finden: „Seit zwei Jahren suche ich verzweifelt meinen Kater Minu, kartäusergrau. Er hat grüne Augen und trägt ein Halsband mit seinem Namen und meiner Adresse um den Hals."

12. August

Vergebung

Wir alle kennen das: Jemand hat uns gekränkt, vielleicht sogar beleidigt, und wir können ihm nicht vergeben. Manche Kränkungen gehen so tief, dass wir sie nicht verzeihen können, und doch sagt Jesus: „Wenn du deine Opfergabe zum Altar bringst und dir dabei einfällt, dass dein Bruder etwas gegen dich hat, so lass deine Gabe dort vor dem Altar liegen; geh und versöhne dich zuerst mit deinem Bruder, dann komm und opfere deine Gabe" (*Mt* 5,23-24). Es ist sehr schwer zu verzeihen, wenn das Herz verwundet ist. Aber erst hier zeigt sich, ob wir lieben und vergeben können wie Christus es von uns möchte: „Herr, wie oft muss ich meinem Bruder vergeben, wenn er sich gegen mich versündigt? Siebenmal? Jesus sagte zu ihm: Nicht siebenmal, sondern siebenundsiebzigmal" (*Mt* 18,21).

13. August

Menschentypen

Es gibt viele Versuche, die Menschen nach hervorstechenden Eigenschaften einzuteilen. Eine davon ist die Unterscheidung zwischen Menschen, die mehr von Verstand und Willen, und anderen Menschen, die vorwiegend vom Gemüt und Gefühl bestimmt sind. Beide Menschentypen sind schon deshalb konträr, da sie sich oft unterschiedliche Ziele setzen. Für den Willenstyp sind Macht, Einfluss und kompromisslose Durchsetzung von Zielen wichtiger als für den Gefühlsmenschen, dem es besonders um unspektakuläre Ziele geht, wie das Erreichen von Harmonie und mitmenschlichen Werten in Familie und Freundschaft.

Der Gefühlstyp hält den Willenstyp für kalt und oberflächlich und meint, dass er seinen Willen hauptsächlich einsetzt, um Macht und Einfluss zu erhalten. Sekundäre Werte, wie Ordnung und äußere Formen und die Anpassung an die Mehrheitsmeinung seien dem Willenstyp wichtiger als allzu enge Beziehungen, weil sie seinen ehrgeizigen Zielen emotionale Fesseln anlegen könnten. Der Gefühlsmensch neigt entschieden dazu, über der subjektiven Seite seiner Gefühlswelt die Realität zu vernachlässigen und kommt leicht von seinen ursprünglichen Zielen ab. Gerade für spirituelle Gemeinschaften ist es wichtig, dass beide Menschentypen darin vertreten sind, damit sich möglichst viele Menschen davon angesprochen fühlen können.

14. August

Unsere Leiden

Wir empfinden unsere Leiden häufig als sinnlos und überflüssig. Wenn wir als gläubige Christen an das Leiden Christi denken, sehen wir dieses als Teil eines erhabenen Heilsplans Gottes, der sich jenseits unserer banalen alltäglichen Erfahrung vollzieht.

Was uns abhält, unsere Alltagsleiden mit Christus in Verbindung zu bringen, ist genau das: Wir wagen es nicht, die Leiden unseres banalen, bürgerlichen Lebens mit den Leiden Christi zu vereinigen. Genau das aber ist gefragt.

Wir vergessen, dass Christus als Mensch in die Kontingenz der menschlichen Geschichte eingebunden war. Sein Leben und sein Leiden vollzogen sich – wie auch unser Leben – in einem ganz bestimmten historischen Moment, an einem bestimmten Ort, an einem bestimmten Tag, zu einer ganz bestimmten Stunde, in einem bestimmten geschichtlichen Augenblick. Wie unser Leben bestand das Leben Christi, menschlich betrachtet, aus tausend alltäglichen Kleinigkeiten, die für ihn – wie auch für uns heute – Anlässe für Freude, manchmal aber auch für Schmerzen gewesen waren. Sein Leben gipfelte in seinem Tod am Kreuz, der sich nicht nur in den erhabenen Heilsplan Gottes einfügt, sondern durch die konkrete historische Situation verursacht wurde, in die der Erlöser eintrat. Was ihm den Tod am Kreuz brachte, waren der konkrete Hass und die Wut der Pharisäer gegen ihn, weil sie sich einen politischen Messias erhofft

hatten. Ein Konglomerat von Verblendung, politischer Leidenschaft, Bosheit und Ignoranz brachte Christus den Tod. Und Christus selber sagte: „Vater, vergib ihnen, denn sie wissen nicht, was sie tun" (*Lk* 23,34).
Vor diesem Hintergrund dürfen wir es wagen, die kleinen und großen Leiden unseres bürgerlichen, ja banalen Lebens mit dem Leiden Christi in Verbindung zu bringen. Denn wir müssen bedenken, dass auch Christus sich den Wechselfällen der menschlichen Existenz ausgesetzt hat. Darüber hinaus sind wir durch die Taufe mit Christus gleichförmig, ja identisch geworden. Wir sind dazu berufen, in unserem irdischen Leben an den Leiden Christi das zu ergänzen, was noch fehlt (vgl. *Kol* 1,24).

15. August
Magnificat

Im „Magnificat" spricht Maria aus innerster Seele: „Meine Seele preist die Größe des Herrn, und mein Geist jubelt über Gott, meinen Retter. Denn auf die Niedrigkeit seiner Magd hat er geschaut. Siehe, von nun an preisen mich selig alle Geschlechter" (*Lk* 46-48). Maria schaut in ihr Inneres und erkennt mit Staunen, was Gott an ihr tut. Sie erkennt ihr Nichts vor Gott und was die Allmacht Gottes in ihr wirkt.
Auch wir können im Gebet erkennen, dass wir vor Gott nichts sind. Aber gleichzeitig – auf dem Grund unserer Seele – können wir Gott finden, kann Christus in uns leben. Johannes Tauler (1300–1361) sprach vom „ledigen Gefäß", das die Seele sein muss, um Gott zu empfangen, d. h. der Mensch muss leer werden, vor allem von sich selbst, damit er Gott empfangen kann. Das ist die Gnade.

16. August

Das Kontemplative in der Schöpfung

Am siebten Tag ruhte Gott, nachdem er gesehen hatte, dass alles sehr gut war (vgl. *Gen* 1,31; 2,2). Der erhabene Friede, der über dieser bildhaften Schilderung der Genesis liegt, kann auch uns überkommen, wenn wir einmal an einem strahlenden Sommertag, auf einer einsamen Bergwiese liegend, die Wolken am Himmel betrachtet haben – oder wenn wir an einem einsamen Strand dem Lied von Wind und Wellen gelauscht haben.

In solchen Augenblicken spüren wir mit allen Sinnen: Es ist gut, wie es ist. Wir fühlen uns eins mit der Natur und, wenn wir gläubig sind, eins mit Gott. Wie das Kind sich im Schoß seiner Mutter geborgen fühlen muss, spüren wir in solchen Augenblicken einen tiefen Einklang mit uns und der Welt, die uns mütterlich umfängt, und mit der warmen Erde, auf der wir liegen dürfen. Vielleicht hören wir sogar, wie Jesus zu seinen Jüngern sagt: „Seht euch die Vögel des Himmels an: Sie säen nicht, sie ernten nicht und sammeln keine Vorräte in Scheunen; euer himmlischer Vater ernährt sie. Seid ihr nicht viel mehr wert als sie?“ (*Mt* 6,26). Und: „Seht euch die Lilien an: Sie arbeiten nicht und spinnen nicht. Doch ich sage euch: Selbst Salomo war in all seiner Pracht nicht gekleidet wie eine von ihnen“ (*Lk* 12,27).

17. August

Hingabe

Die tiefste Wesensneigung des Menschen ist Hingabe. Sie gründet in der Herkunft des Menschen von Gott. Der christliche Gott in drei Personen ist wesenhaft Hingabe zwischen Personen: Vater, Sohn und

Heiliger Geist stehen in ewiger Liebesbeziehung zueinander. Gott schuf den Menschen nach seinem Bild. Er hauchte dem Menschen seinen Geist ein und damit die Fähigkeit, zu lieben. Der Mensch kann auf die Liebe Gottes in seinem Leben antworten. Deshalb kann das Leben des Menschen ein Spiegel der unendlichen Liebe sein, die in Gott ist. Das ist die eigentliche Größe des Menschen. Menschen wie Mutter Teresa von Kalkutta, Edith Stein, Martin Luther King oder Gandhi haben das sichtbar gemacht, aber auch ganz einfache Menschen, die tagtäglich ihr Leben für andere verbrauchen, zeigen uns das.
Christus beschreibt diesen Wesenskern des Menschen mit einem einzigen kurzen Satz: „Wenn das Weizenkorn nicht in die Erde fällt und stirbt, bleibt es allein; wenn es aber stirbt, bringt es reiche Frucht" (*Joh* 12,24). So lautet die christliche Kurzformel, in der selbst der Tod einen Sinn für das Leben bekommt. Christus selbst verkörpert dieses scheinbare Paradox des Christentums. Im Augenblick seines Todes gibt er sich hin bis zum Äußersten. In der Selbstentäußerung am Kreuz stirbt er und schenkt in Wirklichkeit Leben, indem er in seiner Auferstehung den Tod besiegt. Wie dürftig ist ein Menschenbild, das dem Menschen die Fähigkeit zur Hingabe abspricht oder eine solche Haltung als neurotisch abstempeln will?!

18. August

Vollkommen

Wenn Christus sagt: „Ihr sollt also vollkommen sein, wie es auch euer himmlischer Vater ist" (*Mt* 5,48), bringt er das christliche Streben nach Vollkommenheit in eine personale Beziehung des Geschöpfes zu seinem Vater und damit von einer Ebene des Handelns auf eine Ebene des Seins. Aus diesem Grund besteht die christliche Vollkommenheit nicht nur in der persönlichen Bemühung oder gar dem Kampf, sondern vor allem in der Teilhabe des Kindes am Sein des Vaters.

Allein schon durch sein Dasein bereitet das Kind seinen Eltern große Freude, selbst wenn es von sich aus nichts tun kann. So hat auch Gott Freude am Menschen, so wie er ihn erschaffen hat. Aber ein gutes Kind möchte seinen Eltern gefallen, weil es im Grunde seines Herzens seinen Eltern dankbar ist, sofern sie gute Eltern sind.

Gott ist unendlich gut, und der Mensch verdankt ihm alles. Christus hat uns im Vaterunser gelehrt, Gott unseren Vater zu nennen und ihm alles in die Hand zu legen.

Wenn ein Kind Gänseblümchen vom Wegesrand pflückt oder Steine aufliest und sie den Eltern in die Hand legt, um sie damit zu erfreuen, sind die Eltern gerührt. Auch Gott dürfen wir uns erfreut vorstellen, während wir versuchen, in unserem Alltag anderen Menschen etwas von seiner Güte weiter zu schenken, und uns bemühen, vor seinen Augen alles gut zu tun.

19. August

Befreit?

Freiwilliger Verzicht auf Sexualität, z. B. aus religiösen Gründen, muss bis in die tieferen Schichten der Person integriert werden, wenn er nicht zu Enttäuschung und Verbitterung oder gar Perversion führen soll. Erzwungener Verzicht auf Sexualität kann zu Angst und Rückzug – und damit zu Depression und Neurose – führen.

Es war jedoch einer der großen Irrtümer der 1968er-Generation, dass die schrankenlose sexuelle Befreiung zu mehr persönlichem Glück führen sollte. Die große Zahl der gescheiterten Beziehungen und all ihre Folgen als Nebenprodukt der ausgelebten Sexualität sprechen dagegen. Auch die Zunahme von Sexualneurosen zeigt, dass die sogenannte sexuelle Revolution mit der Natur des Menschen nicht Schritt gehalten hat.

Von Viktor Frankl, dem Begründer der Logotherapie, stammt der Ausspruch: „Wer nur die Lust sucht, dem vergeht sie bald." Viele finden sich im Beziehungswirrwarr bestehender und vergangener und manchmal trotzdem nicht vergangener Beziehungen nicht mehr zurecht. Vor allem die Kinder aus solchen Beziehungen tragen oft Schäden davon, die sie ihr Leben lang besonders in Form von Bindungsschwäche und psychosomatischen Erkrankungen belasten. Das ist ein hoher Preis für die individuelle Selbstverwirklichung, den wir so der folgenden Generation aufbürden. Schon jetzt stellen die Folgen dieses Generationsproblems auch eine hohe soziale Last für die Gesellschaft dar.

Novalis hat gesagt: „Es gibt nur einen Fortschritt, nämlich den der Liebe." Jede neue Generation sucht den Fortschritt in der Meinung, es besser machen zu sollen als ihre Eltern. Insofern dürfen wir hoffen, dass der Fortschritt vielleicht doch einmal in die richtige Richtung gehen wird.

20. August

Autonom oder allein?

Die Beziehung zu Gott ist die Beziehung zu unserem Ursprung, zum Vater. Sie muss zunächst von Dank-

barkeit bestimmt sein – dass Gott uns ins Leben gerufen hat, dass er uns liebt und weiterhin am Leben erhält, dass er barmherzig ist und uns an seinem Leben teilhaben lässt.
Wer sich selber alles verdankt und autonom sein will, braucht sich bei niemandem zu bedanken. Das ist die Situation vieler Zeitgenossen. Die meisten Menschen unserer Zeit nehmen ihr Leben und ihre Existenz als selbstverständlich hin. Dass sie dafür dankbar sein sollten, kommt ihnen nicht einmal in den Sinn. Viele meinen heute, sie brauchen Gott nicht, weil sie alles selbst machen und bestimmen können. Der Mensch sieht sich nicht mehr als Geschöpf Gottes sondern als Ergebnis der Entwicklungsgeschichte, der Evolution. Damit fehlt ihm die Grundlage für das Gebet, das Gespräch ist, Dialog mit einem persönlichen Gott.
Jedem Dialog geht aber eine Beziehung voraus. Manchmal fällt es uns jedoch erst ein, dass Gott für uns da ist, wenn es uns einmal schlecht geht. „Die Not lehrt beten", heißt es so schön in einem alten Sprichwort.

21. August

Sex und Liebe

Der Mensch kann ohne Sex leben, aber nicht ohne Liebe. Eine Vergnügungsindustrie von Pillen- und Kondomverkäufern bis hin zu den Massenmedien versucht, uns zu suggerieren, dass permanenter Sex höchstes Glück auf Erden bedeutet.
Vor allem die Jugend fällt auf diese Ideologie herein. 15- und 16jährige Jugendliche bekommen „eingeimpft", dass Sex jederzeit möglich ist, wenn sie nur Kondome benutzen. Bevor sie wissen, dass Lust und Liebe zwar zusammengehören, aber niemals mitein-

ander verwechselt werden sollten, probieren sie aus, was die Erwachsenen ihnen raten. Oft stellen sie nach einigen Jahren fest, dass sie um eine wirkliche echte Liebe betrogen worden sind.
Die Folge ist oft, dass sie vor einer dauernden Liebesbindung Angst bekommen, weil sie öfter erfahren haben, wie brüchig ihre Beziehungen sind. Diese Menschen haben Angst, ihr Herz jemandem zu schenken, der vielleicht nur einmal probieren will, wie Weinkoster einen Wein probieren, ihn aber dann wieder ausspucken, um zur nächsten Sorte überzugehen.
Im „Lied von der Glocke" gibt Friedrich Schiller einen Ratschlag, der heute so wahnsinnig altmodisch klingt, und dennoch hochaktuell ist: „Drum prüfe, wer sich ewig bindet, ob sich das Herz zum Herzen findet!" Wer die wahre Liebe sucht, eine Liebe für immer, muss warten können, bis das Herz aus vollem Herzen „Ja" sagen kann, für immer – in guten und in schlechten Tagen.

22. August

Sklaven und Freie

Sartre meinte, wer jemandem etwas schenkt, macht ihn zum Sklaven. Was stimmt da nicht? Wenn ich jemandem etwas schenke, tue ich etwas, das ich nicht tun muss. Es ist ein Akt meiner Freiheit, jemandem etwas zu schenken. Auch bin ich frei, ein Geschenk anzunehmen oder nicht. Wieso werden da Herrschaftsstrukturen errichtet?
Wer so spricht wie Sartre, geht davon aus, dass der Mensch definiert ist, dass er unfähig ist, frei zu handeln. Weder der Geber noch der Empfänger sind nach dieser Auffassung frei.

Alle Gaben aber kommen letzten Endes von Gott, der sie uns frei gibt. Die Gabe des Lebens wird uns geschenkt, ohne dass wir gefragt wurden, und es kann sein, dass wir sie zeitweilig als Last empfinden. Aber nicht Gott ist es, der uns die Freiheit nimmt, sondern wir selbst, wenn wir nicht bereit sind, uns als Geschöpfe, als Kinder Gottes zu fühlen, frei genug, um Freude und Leid als Willen unseres Vaters anzunehmen und als Weg, der zu ihm führt.

23. August

Egotrip

Vor einiger Zeit erzählte mir eine Kollegin, dass ein Kollege ihres Mannes, ein gläubiger Christ, eine Depression hatte. Er ging zu einem Psychiater und Psychotherapeuten. Nach einiger Zeit der Therapie, trennte der Patient sich von seiner Frau und den zwei Kindern und kaufte sich ein Motorrad. Der Egotrip sollte ihm aus der Depression heraushelfen. Nach einiger Zeit reichte die Frau die Scheidung ein. Das ist sicherlich kein Einzelfall!

Uns ist das Empfinden abhanden gekommen, dass Liebe, soll sie echt sein, etwas Unabdingbares, Endgültiges haben muss. Treue ist die stärkste Form der Liebe. Denn die Liebe muss Maß nehmen an der Liebe Gottes selbst. Und seine Liebe ist treu, die Treue Gottes „steht fest im Himmel“ (*Ps* 89,3). Gott ist uns treu (vgl. *1 Thess* 5,24).

Manchmal hat Treue den Beigeschack des Biederen, Konservativen und Unlebendigen. Aber ohne die Treue einer Mutter zu ihrem Kind würde es kein Leben geben. Ohne die Treue Gottes zu uns würden wir ins Nichts versinken.

24. August

Die Liebe der Mutter

Am Anfang unseres Lebens steht für die meisten Menschen die unverdiente Liebe einer Mutter. Sie ist ein Geschenk, das Gott uns macht, damit wir selber fähig werden, Liebe zu schenken. Sie ist ein Widerschein der Liebe, die Gott zu uns hat und die in den Worten des Alten Testaments mütterliche Züge annimmt: „Kann denn eine Frau ihr Kind vergessen, eine Mutter ihren eigenen Sohn? Und selbst wenn sie ihr Kind vergessen würde: Ich vergesse dich nicht." (*Jes* 49,15) Diese Liebe ist unverdient und ohne Bedingung. Sie entspringt der tiefen Einheit der Mutter mit dem Kind und kommt aus einer geheimnisvollen inneren Notwendigkeit, einem Zwang des Herzens.
Später kommt dann die bedingte Liebe, die wir uns erobern müssen und die im wechselseitigen Geben und Nehmen besteht wie bei der Liebe zwischen Mann und Frau. Aber auch diese Liebe kommt nur dann zur Vollendung, wenn sie bereit wird, auch dann noch zu geben, wenn sie menschlich gesehen nichts mehr zu erwarten hat. Wir selbst müssen in unserem Leben etwas von dieser Treue Gottes, die er zu uns hat, widerspiegeln, damit unser Leben und unsere Liebe wahr und echt sind.

25. August

Geduld

Geduld ist heute eine unterschätzte Tugend. In unserer Leistungsgesellschaft wird sie sogar oft belächelt und verachtet. Dennoch ist die Geduld sehr wichtig. „Wenn ihr standhaft bleibt, werdet ihr das Leben gewinnen" (*Lk* 21,19), sagt Christus – oder wie es in der wörtlichen Übersetzung aus dem griechischen

Urtext lautet: „In der Geduld werdet ihr eure Seele besitzen." Was kann für einen Menschen wichtiger sein als der Besitz seiner Seele! Gott lässt Sünden, Fehler und Versagen, Alter, Krankheit und Schwächen aller Art zu, um uns die Geduld zu lehren. Geduld ist mit dem Kreuz verwandt. Wer das Kreuz lieben will, muss zuerst Geduld lernen.

Aber was besagt das: „seine Seele besitzen"? Der Mensch kann seine Seele nicht sehen. Er kann sie auch nicht nachweisen wie die elektrischen Ströme des Herzens oder des Gehirns. Sie liegt tief im Innern seines Wesens verborgen. Sie dringt nur in Gedanken, Gefühlen und Worten nach außen. Das hat die Menschen unserer Tage dazu verführt, die Seele als die Summe der menschlichen Antriebe und Gefühle zu definieren.

Die Seele ist aber viel mehr. Sie ist die Mitte der Person, aus der heraus alle Gedanken, Handlungen und Gefühle geschehen. Nach Johannes Tauler ist sie der geheimnisvolle Grund, in dem Gott sein Bild hinterlassen hat. „Die Seele besitzen" kann deshalb bedeuten: Gedanken, Gefühle und Handlungen kommen aus einem mit Gott geeinten Herzen, das bereit ist, um der Liebe willen alles zu dulden.

26. August

Geburtshelfer

Kein Mann wird jemals begreifen, was es heißt, ein Wesen in seinem eigenen Leib zu empfangen, zu spüren, zu nähren und schließlich zur Welt zu bringen. Ich hatte das Glück, bei einer Reihe von Geburten zu helfen. Es war jedes Mal das Gefühl, bei etwas Großartigem dabei zu sein, den Anfang zu erleben, etwas Neues und Hoffnungsvolles. Vielleicht klingt

es merkwürdig, dass ich als Mann diese jungen Frauen beneide, dass sie dem Leben so nahe sein können. Ich sehe heute noch die glücklich strahlenden Gesichter trotz der überstandenen Strapazen dieser Frauen, als man ihnen zum ersten Mal ihr Kleines in den Arm und an die Brust legte.
Früher stand auf den Schildern der praktischen Ärzte: „Arzt und Geburtshelfer". Hier war klar unterschieden, dass der Arzt als Geburtshelfer nicht im Kampf gegen die Krankheit stand, sondern ausschließlich im Dienst am Leben, obwohl dramatische Komplikationen auch heute noch das Leben von Mutter und Kind gefährden können. Wie kommt es, dass junge Frauen unserer modernen westlichen Gesellschaft ihren Beruf und ihre Karriere an die erste Stelle setzen müssen, bevor sie geachtet und geliebt werden. Der Preis, den die jungen Frauen und die Gesellschaft dafür zu zahlen haben, wird sehr hoch sein.

27. August

Der Abgrund

Die Ungleichheit begründet manchmal eine ganz große Liebe zwischen zwei Menschen. Gleichsam wie zwischen zwei ungleichen Polen lässt auch die Ungleichheit zwischen dem Menschen und Gott den Funken der Liebe überspringen.
Johannes Tauler, ein deutscher Mystiker des Mittelalters, sieht in der Erkenntnis des kreatürlichen Nichts gegenüber dem göttlichen Alles das Sprungbrett für den Menschen, ganz in den göttlichen Abgrund einzutauchen. „Lass dich auf dein Nichtsein fallen und ergreife dein Nichtsein und halte dich daran und sonst an nichts weiter."

Das Nichts des Menschen und das Alles Gottes treffen in Christus als Person zusammen. Im Kreuz macht er das Nichts des Menschen durch das Alles der Liebe Gottes fruchtbar. Nur die Liebe vermag den Abgrund zwischen dem unendlichen Nichts des Menschen und dem unendlichen Alles Gottes zu überwinden.
Erst unser Einlassen auf das eigene Nichts und unser absolutes Vertrauen auf das Alles Gottes schaffen die Voraussetzung für Demut und Gelassenheit. Erst dadurch kann Gott im Menschen wirken. Man könnte das auch im Bild von Vater und Kind ausdrücken: Das Kind lässt sich voll blinden Vertrauens in die Arme seines Vaters fallen. Wo Gott in der ihm eigenen Weise wirken soll und will, braucht er dazu nichts als das Nichts.

28. August

Zuhörer gesucht

Es gibt heute zu viele Zuschauer und zu wenig Zuhörer, könnte man generell sagen. Das ist der Grund, weshalb zunehmend professionelle Zuhörer gesucht werden: Ärzte, Psychotherapeuten, Telefonseelsorger, Heilpraktiker, Sozialarbeiter, Suchtberater usw. In existentiellen Krisen werden die im sozialen Dienstleistungsberuf tätigen Menschen oftmals unersetzliche Partner.
Professionelle Zuhörer geraten dabei schnell an ihre eigenen Grenzen. Ihnen steht nur eine gewisse Zeit und auch Seelenkraft zu Verfügung, die sie genau einteilen müssen, um nicht im „Burnout“ zu enden. Vor allem ältere Patienten kommen zum Arzt und sagen zu Beginn des Gesprächs: „Herr Doktor, Sie sind der Einzige, mit dem ich reden kann.“ Der

nächste Gedanke des Arztes geht zu seinem übervollen Wartezimmer, und dann folgt ein verstohlener Blick auf die Uhr.
Die Ökonomisierung der Pflege- und Sozialleistungen zwingt meist zum schnellen und effektiven Handeln. Oftmals gegen den Willen der Hilfeleistenden fehlt einfach die Zeit, anderen Menschen länger zuzuhören. Sich Zeit nehmen und anderen zuhören können ist freilich ein Werk der Barmherzigkeit, das im Zeitalter der technisch perfekten Kommunikation so dringlich wie nie zuvor ist.

29. August

Rahamim

Jede rein menschliche Sicherheit, die wir suchen, ist ambivalent, denn wir machen uns in gewisser Weise abhängig von der Person, bei der wir Sicherheit suchen. Wenn diese Person uns aus irgendwelchen Gründen entzogen wird – sei es durch Tod oder erkaltende Zuwendung –, stehen wir wieder allein da und sind auf uns selbst zurückgeworfen. Deshalb meinte Nietzsche, dass der Mensch sich selbst Gesetz und Halt sein müsste. Und der französische Philosoph Camus schuf das Bild des edlen Menschen ohne Gott, der trotz der Sinnlosigkeit der Welt unermüdlich gut sein will.
Wenn es aber einen Gott gibt, der sich nicht nur zu dieser Welt herabbeugt, sondern die Ängste und Abgründe mit seinen Geschöpfen teilt, indem er selbst Mensch wird, muss der Mensch seinen Stolz ablegen und darf diesem Gott seine Hand geben, ohne Angst zu haben, sich dabei selbst zu verlieren oder seinen Schutz zu verlieren.

Wenn das Alte Testament davon spricht, dass sich Gott unserer erbarmt, klingt in diesem Erbarmen Gottes (hebräisch „rahamim") auch die Mutterliebe an. Wie bei der tiefsten und ursprünglichsten Verbundenheit, der Einheit zwischen Mutter und Kind, dürfen wir uns bei Gott gleichsam wie im Mutterschoß (hebräisch „rehem") geborgen fühlen. Das mütterliche Bild von Gott ruft in uns Assoziationen der Güte und Zärtlichkeit, der Geduld und des Verständnisses hervor (vgl. Johannes Paul II., Enzyklika *Dives in misericordia*).

30. August
Gottesfurcht

Man sagt öfter, dass in unserer Zeit das beherrschende Gefühl Angst sei. Angst ist oft ein diffuses Gefühl der Unsicherheit. Vor allem Unbekanntes macht uns Angst. Angst vor der Zukunft, vor drohenden Gefahren für die Natur, die Zivilisation, vor Krieg und Terror, Angst um die Gesundheit, Angst davor, ein Pflegefall zu werden und damit von andern abhängig zu sein, und letztlich die Angst vor Tod und Sterben prägen unser Leben. Es ist vor allem die Angst, etwas zu verlieren.

Im Alten Testament ist weniger die Rede von Angst als von Gottesfurcht. „Die Furcht des Herrn ist der Anfang der Weisheit; alle, die danach leben, sind klug" (*Ps* 111,10). „Gottesfurcht ist Anfang der Erkenntnis, nur Toren verachten Weisheit und Zucht" (*Spr* 1,7). Und: „Anfang der Weisheit ist die Gottesfurcht, die Kenntnis des Heiligen ist Einsicht" (*Spr* 9,10). Hier ist weniger die Furcht vor einem Gott gemeint, der uns straft, wenn wir ihn beleidigen, sondern vielmehr die Angst vor dem Verlust des Vaters, der uns liebt und vergibt. Letztlich ist es die Angst, unseren letzten Lebensgrund unter den Füßen zu verlieren. Insofern ist der Mensch weise, dass er sich davor fürchtet. So kann uns die recht verstandene Gottesfurcht vor den vielfältigen Existenzängsten bewahren bzw. uns helfen, sie einzugrenzen.

31. August

„Natürliches“ Beten

Es gibt eine Art zu beten, bei der unser gesamter Körper, wir selbst mit allem, was wir sind und haben, beteiligt ist. Wenn wir einmal eine Weile ganz allein waren, uns vielleicht auf unser Bett oder sogar nach einer Wanderung ins Gras oder auf das kühle Moos eines sommerlichen Waldbodens legten und über uns das Blätterdach der Bäume oder den blauen Himmel sahen, dann haben wir vielleicht gespürt, wie unser Herz schlägt und unser Atem tief und ruhig wurde und wir mit einem Mal ganz in unserem Körper waren, bei uns zuhause.

Wir konnten dann für eine kleine Weile alle Gedanken und Sorgen beiseitelassen und uns auf diesen einen Punkt konzentrieren: Ich bin ganz bei mir und in mir. Und in mir ist auch Gott, und ich bin sein Kind und Geschöpf auf dieser Erde und unter diesem Himmel. Das kann uns trotz allem, was uns bedrükken mag, froh machen. Und hinter unseren Sorgen und Ängsten bricht die Sonne hervor wie zwischen den Wolken und wir spüren, dass Gott uns mit seiner Liebe umfängt wie Sonnenstrahlen an einem warmen Sommertag.

September

1. September

Für uns

Vor einiger Zeit kam ein langjähriger Patient zu mir, der mir unter anderem erzählte, dass sein Vater an den Folgen einer Berufskrankheit früh verstorben sei. „Er hat von morgens früh um fünf Uhr bis abends spät um neun Uhr gearbeitet", erzählte der Patient. „Dann hat er sich für die Arbeit aufgeopfert", meinte ich und fügte mit Blick auf ihn hinzu: „Und auch für Sie." Der Patient sah mich ganz erstaunt an, als ich das sagte. Nach einem kurzen Augenblick sagte er dann: „Ja, eigentlich, ja."

So ist es mit uns. Wir nehmen es oft gar nicht wahr oder nehmen es für selbstverständlich, dass andere für uns da sind, sich sogar für uns opfern. Wie viele Menschen, besonders die Eltern, haben sich in unserem Leben schon für uns geopfert in großen und in kleinen Dingen: Wie viele durchwachte Nächte von Mutter und Vater, Stunden der Arbeit, Verzichte, um uns das Leben angenehm zu machen, wie viele Gedanken der Sorge und Angst um uns. Es war gut, dass wir nicht alles wussten, sonst wären wir nicht unbefangen aufgewachsen.

Manchmal muss ein Mensch sogar erst sterben, damit die anderen bemerken, was sie an ihm gehabt haben. Erst wenn eine Lücke entstanden ist, bemerkt man, dass jemand fehlt.

2. September

Menschwerdung

Es ist, als ob Gott bei seiner Menschwerdung sprechen würde: „Ich habe in meiner ersten Schöpfung noch etwas versäumt. Ich bin mit meiner Liebe zu den Menschen noch nicht bis zum äußersten gegangen. Ich habe es bisher versäumt, ihnen zu zeigen, dass meine Liebe keine Grenze hat. Dazu geben sie mir jetzt Gelegenheit, weil sie sich von mir abgewandt haben. Ich habe sie als mein Abbild geschaffen. Jetzt tun sie mir leid, weil sie so elend sind. Mein Sohn soll einer von ihnen werden, damit sie sehen, dass ich sie auch jetzt noch liebe, obwohl sie arm, schmutzig und verloren sind."

Das ist der Grund, weshalb die Heiligen die Armen und Kranken so geliebt haben, denn sie wussten: „So liebt Gott auch uns." Deshalb hat Franziskus den Aussätzigen die Wunden geküsst. Darum ist Damian de Veuster auf eine einsame Molukken-Insel gegangen, um dort mit Aussätzigen zu leben und sie zu pflegen, bis er selbst an Lepra starb. Und darum hat Mutter Teresa die Sterbenden in Kalkutta von der Straße aufgelesen, um sie bis zu ihrem Tod zu pflegen. Sie alle spürten: So liebt auch Gott uns.

3. September

Christlicher Materialismus

In der Genesis heißt es: „Gott schuf ... den Menschen als sein Abbild; als Abbild Gottes schuf er ihn." Er nahm „den Menschen und setzte ihn in den Garten von Eden, damit er ihn bebaue und hüte" (*Gen* 1,27; 2,15). Der Mensch sollte wie sein Schöpfer tätig und somit schöpferisch sein. Die Arbeit als Sinn menschlicher Existenz wurde so zusammen mit dem Menschen geschaffen. Die Arbeit zählt deshalb zum Wesenskern des Menschen. Wenn der Mensch arbeitet, verbindet er sich mit seinem Ursprung. Er kommt dadurch Gott näher. Das Geschöpf ist dem Schöpfer wesensähnlich und entfaltet diese Eigenschaft durch seine Arbeit. Die wichtigste Wesenseigenschaft Gottes und der tiefste Grund der Schöpfung ist die Liebe. Gott ist die Liebe (vgl. *1 Joh* 4,8.16). Je näher wir bei Gott sind, desto sicherer können wir sein, dass unsere Liebe zu den Menschen echt und wahr ist und dass wir sie nicht nur aus Gründen der Sympathie oder des eigenen Nutzens lieben.

Durch die Arbeit sollen wir die Menschen lieben, denn jede gute Arbeit soll ein Dienst an den Menschen sein. Und wir können dann am sichersten sein, dass die Arbeit ein Dienst ist und nicht bloß Broterwerb oder Vehikel unseres Geltungstriebes, wenn wir sie vor den Augen Gottes tun, indem wir immer wieder zu ihm aufblicken. Das Ideal christlicher Spiritualität ist, dass eine Stunde Arbeit eine Stunde Gebet wäre und umgekehrt (hl. Josefmaria Escrivá). Wenn wir als gottverbundene Menschen arbeiten, kann wahre christliche Liebe selbst dort Raum gewinnen, wo die Beziehungen von Sachbezogenheit und wechselseitigen Sachinteressen bestimmt sind.

4. September

Dienen lernen

„Der Menschensohn ist nicht gekommen, um sich dienen zu lassen, sondern um zu dienen“ (*Mt* 20,28). Beim Letzten Abendmahl hat Jesus den Jüngern die Füße gewaschen und damit nach damaligem Verständnis Sklavendienste verrichtet. Mit seinem Beispiel hat Christus uns zeigen wollen, dass ein einfacher Dienst, den wir den andern aus Liebe tun, groß sein kann. Damit hat er jeden Dienst für andere, und wäre er noch so einfach, groß gemacht. Dienst und Dienen hat mit Demut zu tun, denn jeder Dienst verlangt, dass wir uns klein machen.

Wenn eine Tätigkeit – und wäre es das Höchste – nicht mit dieser Gesinnung ausgeführt wird, taugt sie nicht für Christus. Natürlich muss jeder Dienst erst einmal sachgemäß getan werden, um gut zu sein. „Sich den Gesetzmäßigkeiten der Welt zu unterwerfen, ist eine sehr weltliche Art von Frömmigkeit" (Josef Ratzinger). Was nützt eine fromme Putzfrau, die schlampig putzt, oder ein Rechtsanwalt, der seine Paragrafen nicht kennt oder ein Ingenieur, der die Statik nicht beherrscht, oder ein Programmierer, der seine Software nicht kennt.

Oft habe ich gesehen, dass Menschen, als sie jung waren, ihre Arbeit mit viel Elan angingen. Nach einigen Jahren ging der Elan des Anfangs verloren. Es kamen Schwierigkeiten in der Arbeit, mit der Gesundheit, in Ehe und Familie. Nach und nach verloren einige die Lust an der Arbeit. Als Christen muss unsere Motivation über den Tag hinausreichen. Indem wir die Dinge sachgerecht tun, nehmen wir auf besondere Weise am königlichen Priestertum Christi teil, indem wir als Kinder Gottes die Dinge der Welt im rechten Sinne verwalten und zu Gott führen (vgl. Johannes Paul II., *Christifideles laici*).

5. September

Ohne Grund

Liebe hat von Natur aus etwas Irrationales, Spontanes und Nichtbegründbares. Sonst würden sich wohl kaum zwei Menschen zusammenfinden können, die nach Herkunft, Empfinden und Denken so verschieden sind wie Mann und Frau, und man braucht sich nicht zu wundern, dass so viele Beziehungen scheitern, wenn im Laufe der Zeit rationale Berechnung einzieht und sich keine Fähigkeit entwickelt, sich gegenseitig als ein Geschenk und eine Gabe zu erfahren.

Jemand, der Gründe nennen kann, weshalb er jemanden liebt, liebt nicht wirklich. Liebe hat letztlich keine Gründe, wohl aber einen Grund in der Person des Anderen, der aufgrund seines Wesens als liebenswürdig d. h. der Liebe würdig, empfunden wird. Manchmal kann es geschehen, dass Menschen, die glaubten, einander zu lieben, nach Jahren entdecken, dass sie gar nicht den Anderen gemeint haben, sondern nur bestimmte Eigenschaften an ihm. Von Bismarck ist das Wort überliefert: „Zuerst heiratete ich meine Frau, weil ich sie liebte, später liebte ich sie, weil sie meine Frau ist." Vielleicht ist das nicht die schlechteste Art zu lieben.

6. September

Seht euch die Lilien an

Unser Alltag läuft in der Regel ohne große Ereignisse ab, und oft leiden wir unter der Eintönigkeit der immer gleichen Abläufe. Aber gerade dort kann Gott zu uns sprechen. Christus selbst gebrauchte in seiner Verkündigung alltägliche Dinge als Gleichnisse für das Reich Gottes, für das Leben der Gnade, das er den Menschen bringen wollte. „Mit dem Himmelreich ist es wie mit dem Sauerteig, den eine Frau unter einen großen Trog Mehl mischte, bis das Ganze durchsäuert war" (*Mt* 13,33).

Die Ereignisse des Tages oder die Vorgänge bei der Arbeit dienen Christus als Gleichnis der ewigen Bestimmung des Menschen. „Ein Sämann ging aufs Feld, um zu säen. Als er säte, fiel ein Teil der Körner auf den Weg, und die Vögel kamen und fraßen sie. Ein anderer Teil fiel auf felsigen Boden, wo es nur wenig Erde gab, und ging sofort auf, weil das Erdreich nicht tief war; als aber die Sonne hochstieg, wurde die Saat versengt und verdorrte, weil sie keine Wurzeln hatte. Wieder ein anderer Teil fiel in die Dornen, und die Dornen wuchsen und erstickten die Saat. Ein anderer Teil schließlich fiel auf guten Boden und brachte Frucht, teils hundertfach, teils sechzigfach, teils dreißigfach. Wer Ohren hat, der höre!" (*Mt* 13,3-9).

Hieran ist etwas Besonderes, das die christliche Meditation von jeder fernöstlichen Versenkung unterscheidet. Christus macht uns die materiellen Dinge, die Natur und das Leben zur Ewigkeit hin transparent. Als Bilder des Zukünftigen und Endgültigen scheinen sie in ihrer wahren Bedeutung auf, ohne ihren Sinn und Wert für den Alltag zu verlieren. Mit dem Blick der Liebe schaut der Herr auf jedes Detail seiner Schöpfung: „Seht euch die Lilien an" (*Lk* 12,27-29), ruft er seinen Zuhörern zu und lenkt damit ihren Blick auf die Schönheit der Schöpfung.

Weil Gott im Anfang dem Menschen die Schöpfung zu Füßen legt (vgl. *Gen* 1,28-29; 2,15), möchte Gott, dass der Mensch ihm in der neuen Schöpfung die Erde gleichsam zu Füßen legt. Wenn wir Gott als Schöpfer aller Dinge anerkennen, d. h. unsere Welt in Beziehung zu Gott bringen, nimmt unsere tägliche Arbeit am Schöpfungswerk Gottvaters teil. „Herr, ... wie gewaltig ist dein Name auf der ganzen Erde!" (*Ps* 8,10).

7. September

Vollkommen glücklich

„Furcht gibt es in der Liebe nicht, sondern die vollkommene Liebe vertreibt die Furcht" (*1 Joh* 4,18). Sigmund Freud, der ein guter Beobachter war, hat gemeint, dass Angst dann entsteht, wenn ein Mensch fürchten muss, das Objekt seiner Liebe zu verlieren. Im Allgemeinen haben wir Angst vor dem Verlust von Dingen, die uns existentiell wichtig sind oder in Zusammenhang damit stehen: Leben, Gesundheit, Beruf, Heimat, Beziehungen zu geliebten Menschen, Geld und Vermögen.

Die vollkommene Liebe verlangt nichts mehr für sich selbst. Sie ist dann glücklich, wenn sie lieben darf. In der christlichen Spiritualität der Jahrhunderte gibt es den merkwürdigen Begriff der „resignatio ad infernum", der besagt, dass selbst wenn Gott, was seinem Wesen widerspräche, einen Heiligen von sich zurückweisen und sich ihm entziehen sollte, dieser nicht aufhören würde, Ihn zu lieben. Vollkommene Liebe will nicht Besitz, sondern einzig und allein lieben, auch wenn ihr der Trost dieser Liebe fehlen sollte.

Gott ist die Liebe, und wer liebt, besitzt Gott und damit die Liebe und wird seiner nicht verlustig, auch wenn er sich von Ihm verlassen fühlen sollte. Johannes vom Kreuz bezeichnete diese Erfahrung als „dunkle Nacht der Seele".

In unseren Tagen war es Mutter Teresa von Kalkutta, die diese äußerste Ferne Gottes zugleich als eine äußerste Nähe erfahren hat. Das war es auch, was sie letztlich befähigt hat, die Menschen bedingungslos zu lieben.

8. September

Ins Dasein geworfen und aufgefangen

Edith Stein versicherte: „Ich weiß mich gehalten und habe darin Ruhe und Sicherheit – nicht die selbstgewisse Sicherheit des Mannes, der in eigener Kraft auf festem Boden steht, aber die süße und selige Sicherheit des Kindes, das von einem starken Arm getragen wird, eine – sachlich betrachtet – nicht weniger vernünftige Sicherheit. Oder wäre das Kind »vernünftig«, das beständig in der Angst lebte, seine Mutter könnte es fallen lassen? Und wenn Gott mir durch den Propheten sagt, dass er treuer zu mir stehe als Vater und Mutter, ja dass er die Liebe selbst ist, dann sehe ich ein, wie vernünftig mein Vertrauen auf den Arm ist, der mich hält. Und wie töricht alle Angst vor dem Sturz ins Nichts – wenn ich mich nicht selbst aus dem bergenden Arm losreiße."

Der französische Philosoph Sartre sprach davon, dass der moderne Mensch ohne Gott ins Dasein geworfen sei und in seiner Einsamkeit keinen anderen Halt als sich selbst habe. Nach Sartre liegt der Sinn des Daseins darin, dieses Schicksal heroisch auf sich zu nehmen. Von ihm ist aber auch der Satz überliefert: „Ich würde meinen rechten Arm dafür hergeben, wenn ich an einen Gott glauben könnte, der Mensch geworden ist." Edith Stein war Zeitgenossin von Sartre, auch Philosophin und in ihrer Jugend ebenfalls Atheistin. Über die Philosophie fand sie zum Glauben, wurde Christin, Ordensfrau und starb später als Märtyrin im KZ Auschwitz.

Jean-Paul Sartre und Edith Stein verkörperten exemplarisch einen Menschentyp des 20. Jahrhunderts. Beide waren ungläubig. Beide hatten eine Sehnsucht nach Gott. Beide gingen aber verschiedene

Wege. Sartre blieb bei seinem heroischen Atheismus. Edith Stein ging den Weg der kindlichen Hingabe an den in Christus menschgewordenen Gott bis zur letzten Konsequenz der Hingabe ihres Lebens.

9. September

Herz Jesu

Gott lebt im ewigen Jetzt. Er hat den Menschen von Ewigkeit her geliebt und deshalb in der Zeit und mit der Zeit erschaffen: „Mein Sohn bist du. Heute habe ich dich gezeugt“ (*Ps* 2,7).
Wenn der Mensch sich auch von Gott abwendet, hört Gott nicht auf, ihn zu lieben. Er gibt ihm stets eine weitere Chance wie dem verlorenen Sohn im Gleichnis, der das Vermögen des Vaters durchgebracht hat und nun mittellos vor ihm erscheint.
Gott scheint zu den Menschen, die sich von ihm abwenden, zu sagen: Bisher habe ich euch geliebt als meine Töchter und Söhne, weil ihr mir ähnlich seid. Jetzt aber wo ihr arm und krank vor mir steht, liebe ich euch aus Barmherzigkeit noch mehr. Ich sende euch meinen Sohn. Er soll euch mein barmherziges Herz zeigen, indem er euer Leid und eure Krankheit im Gehorsam gegenüber meinem Willen auf sich nimmt und sich so für euch opfert. „Er hat unsere Krankheit getragen und unsere Schmerzen auf sich geladen“ (*Jes* 53,4).

10. September

Heimgehen

Mein Vater war seit Wochen auf der Intensivstation. Er hatte viel gelitten. Als ich an sein Bett trat, spürte ich, dass es wie ein Abschied war. Es ist so schwer, etwas zu sagen, wenn man nicht weiß, ob man sich noch einmal wieder sieht. An der Wand hing ein Kruzifix. Ich fragte ihn: „Kannst du beten?" Er wies mit dem Kopf auf das Kreuz und sagte: „Das ist mein Gebet." Mir war, als fiele mir der Abschied jetzt leichter.

Den Emmausjüngern sagte Christus: „Musste nicht der Messias all das erleiden, um so in seine Herrlichkeit zu gelangen?" (*Lk* 24,26). Könnte man das nicht auch über unser Leben sagen? Dereinst werden wir zu Gott gelangen. Wie Christus müssen wir also „ja" sagen, falls es der Wille des Vaters ist, dass wir leiden.

Welche Antwort geben wir selber auf unseren eigenen Schmerz? Wie stellen wir uns zu unserem Leid? Geben wir die Antwort, die Jesus in Getsemani gegeben hat? „Vater, wenn du willst, nimm diesen Kelch von mir! Aber nicht mein, sondern dein Wille soll geschehen" (*Lk* 22,42).

11. September

Risse im Glas

Ein Patient, dem ich vor Jahren in einer schweren Ehekrise helfen konnte, kam zu mir. Ich fragte ihn vorsichtig, wie es denn zu Hause gehe. Er antwortete mir: „Wissen Sie, Herr Doktor, wenn das Glas einmal einen Riss hat ..." Es gibt Risse, die sind schwer zu heilen. Wir können es manchmal nicht. Gott kann es, wenn wir ihn bitten, wenn wir beten.

Ich kenne ein Ehepaar, das sich bereits getrennt hatte. Es bestand keine Aussicht auf Heilung der Beziehung. Es war alles heillos durcheinander. Durch ein religiöses Erlebnis aber fingen beide wieder an zu beten und fanden wieder zueinander. Sie haben quasi zum zweiten Mal geheiratet. Gott kann helfen. Wir

müssen uns nur darauf einlassen. Aber selbst, wenn er uns scheinbar nicht hilft, gibt er uns Kraft zum Weitergehen.
Manchmal bitten wir Gott auch, dass zweimal zwei fünf ist. Gott würde selbst das für uns tun und die Gesetze der Mathematik außer Kraft setzen, wenn es für unser Heil notwendig wäre. Schließlich hat er zu unserem Heil sogar seinen Sohn Mensch werden lassen, was viele Menschen ihm bis heute nicht glauben. Wir müssen uns nicht nur darauf einlassen, dass Gott uns helfen kann, sondern auch glauben, dass er unser Bestes will. Hier schenkt Gott manchmal ganz einfachen Menschen erstaunliche übernatürliche Einsichten.
Die selige Anna Schäffer (1882–1925), ein unscheinbares junges Mädchen, fiel beim Waschen in einen Zuber mit kochender Lauge, so dass sie fortan schwerbehindert und arbeitsunfähig war. Ein tragischer, dazu noch dummer Unfall! Gott aber belehrte sie darüber, dass ihr Leben erst dadurch einen tiefen Sinn bekam, der sie zu einer großen Hingabe im Leiden mit Christus führte.

12. September

Gott ist Beziehung

Im Altarraum der Pfarrkirche von Oberammergau findet sich auf der linken Seite ein Deckengemälde mit einer Szene, die zeigt, wie Jesus die Jünger das Vaterunser lehrt. „Herr, lehre uns beten" (*Lk* 11,1), sagen die Jünger. Sie haben Jesus sicherlich oft beten gesehen, was sie tief beeindruckt haben muss. So sollte es eigentlich auch in den heutigen christlichen Familien sein, dass die Kinder nämlich die Eltern beten sehen und daraus lernen, wie wichtig und schön das

Beten ist. Die hl. Thérèse von Lisieux schreibt einmal: „Wenn ich sehen wollte, wie Heilige beten, brauchte ich nur meinen Vater anzuschauen."
Vielleicht stünde es besser mit der Jugend, wenn wir ihr stets dieses Beispiel eines lebendigen Betens gegeben hätten. Bei allen wichtigen Gelegenheiten war Jesus im Gebet vertieft: vor seinem öffentlichen Auftreten, bei der Berufung der Apostel, auch bei spontanen Anlässen: „Ich preise dich, Vater, Herr des Himmels und der Erde, weil du all das den Weisen und Klugen verborgen, den Unmündigen aber offenbart hast" (*Mt* 11,25). Damit wollte der Herr seinen Jüngern und uns, die wir ja auch seine Jünger sein wollen, ein Beispiel für unser Verhalten geben.
Der Pfarrer von Ars erzählte, dass er einmal einen Bauern, den er öfter in der Kirche im Gebet antraf, fragte, was er denn dort mache. Der Bauer antwortete: „Ich schaue ihn an, und er schaut mich an." Wann haben wir dies zuletzt getan?

13. September

Dinge am Wege

Es gibt doch immer wieder Neues zu entdecken. Bei einer Bahnfahrt durch das Allgäu sehe ich zum ersten Mal bewusst, wie lang die Schatten sind, die die Hügel in der Abendsonne werfen. Und bei einem Spaziergang an der Isar beobachte ich an einem Märzmorgen, wie auch die kleinen Steine Schatten auf dem Wege werfen.
Um das zu entdecken, habe ich viele Jahre gebraucht. Es gibt Dinge, an denen wir jahrelang achtlos vorübergehen, ehe wir sie manchmal zufällig entdekken. Nicht immer sind es die großen Dinge, die uns den Blick für Wesentliches im Leben öffnen. Auch in

der Beziehung zu anderen Menschen kann es passieren, dass wir erst nach Jahren entdecken, dass wir einander wirklich gern haben.
Ein Patient kam strahlend in die Praxis und erzählte mir: „ Zwischen mir und meiner Frau ist etwas wie ein zweiter Frühling, und das, obwohl wir schon dreißig Jahre verheiratet sind". Im Rahmen einer psychischen Krise hatte der Patient seine Koffer gepackt und wollte aus der gemeinsamen Wohnung ausziehen. Als sich beide auf dem Flur noch einmal begegneten, sahen sie sich beide an, brachen in Tränen aus und umarmten sich. Sie gestanden sich nach langen Jahren, dass einer ohne den anderen nicht leben kann.

14. September

Bilder-Welt

In meinem Sprechzimmer habe ich neben anderen Bildern eine russische Ikone an der Wand hängen. Wenn ich in den Spiegel über dem Waschbecken schaue, kann ich sie sehen: eine lichte Ikone des russischen Jugendstils, ein Kalenderblatt, das ich mir habe einrahmen lassen. Es hat einer Patientin so gut gefallen, dass sie es sich kopiert hat.
Für mich sind solche Blickpunkte wichtig. Wir werden jeden Tag mit Bildern aller Art überschüttet, so dass ich es für wichtig halte, mir meine eigene Bilderwelt zu schaffen. Jeder Eindruck und jedes Bild hinterlässt Spuren bei uns. Wir sollten es nicht dem Zufall überlassen, welche Bilder unsere Phantasie beherrschen.
Das ist auch der Grund, weshalb wir unseren Fernsehkonsum bewusst einschränken sollten. „Man muss zu einer kritischen Reife erziehen, die mit

Weisheit zu wählen versteht" (Johannes Paul II., *Ansprache*). Die Bilder, die mir das Fernsehprogramm liefert, kann ich nicht kontrollieren oder bestimmen. Wenn ich einmal vor dem Fernseher sitze, muss ich sie in mich aufnehmen. Sie behindern mich, meine eigenen Bilder zu haben und all die Eindrücke des Tages in einen Dialog mit mir selbst, mit den andern und mit Gott zu bringen.

15. September

Seiltänzer

Beziehungen entscheiden über das Gelingen unseres Lebens, über unser Glück und Unglück. Nicht Geld, Einfluss, Erfolg, ja nicht einmal Gesundheit sind die wichtigsten Parameter für unser Glück. Es gab und gibt viele Menschen, die trotz Krankheit und Leiden glücklich sind, weil jemand sie liebt. Es gibt Menschen ohne Geld und Erfolg, die glücklich sind, weil sie in Beziehungen leben, die sie erfüllen. „Böte einer für die Liebe den ganzen Reichtum seines Hauses, nur verachten würde man ihn" (*Hld* 8,7).

Es gab viele Heilige, die arm und verlassen und dennoch sehr glücklich waren. Christus selbst ist arm und verlassen gewesen, als er starb. Am Kreuz sprach er sogar den erschütternden Satz: „Mein Gott, mein Gott, warum hast du mich verlassen?" (*Mk* 15,34). Aber war Christus deshalb unglücklich? Obwohl er sich emotional verlassen fühlte, gab es – rein menschlich gesprochen – dennoch etwas, das ihn vor der Verzweiflung bewahrte. Es war seine Beziehung zu seinem Vater, die ihn auch im tiefsten Elend hielt.

Es gibt Situationen tiefer Verlassenheit, wo uns nur noch die Beziehung zu unserem Vater Gott hält. Es ist die Beziehung zu unserem Ursprung und Ziel. Dazwischen ist das Seil unserer Existenz gespannt, auf dem wir uns wie ein Seiltänzer oder eine Seiltänzerin bewegen – ein Leben lang.

16. September

Frost und Wärme

Wenn du dich bemühst, immer und überall nur das gute Wort zu sagen, wird dein Herz nach und nach nur noch Gutes denken. Wenn wir traurig sind, kommt das nicht selten von einem schlechten Wort, das wir über einen unserer Nächsten gesagt haben oder von schlechten Gedanken, die wir gedacht haben.

„In einem guten Wort ist für drei Winter Wärme; ein böses Wort verletzt wie sechs Monate Frost" (mongolischer Spruch). Ein böses Wort verletzt aber nicht nur den Andern. Es verletzt auch uns selbst. Es verletzt vor allem die Liebe Gottes, die in uns leben soll und die unser höchstes Gut ist.

Der hl. Jakobus schreibt an seine Gläubigen: „Nicht so viele von euch sollen Lehrer werden, meine Brüder. Ihr wißt, dass wir im Gericht strenger beurteilt werden. Denn wir alle verfehlen uns in vielen Dingen. Wer sich in seinen Worten nicht verfehlt, ist ein vollkommener Mann und kann auch seinen Körper völlig im Zaum halten" (*Jak* 3,1-2).

17. September

Onkel Willi

Mein Vater hatte sechs Geschwister. Es gibt ein Foto aus den dreißiger Jahren, auf dem sie alle zusammen mit den Eltern abgebildet sind. Vor meinen Großeltern sitzt ein kleines Mädchen am Boden. Sie ist die Einzige, die Jüngste von allen, die heute noch lebt.

Als wir einmal zusammen die Bilder anschauten, erzählte sie mir von Willi, einem der älteren Brüder, der während des Krieges bei einem Fronturlaub gerade zuhause war. Meine Tante sollte für die Schule ein Bild mit einem Pferd malen, brachte es aber nicht fertig. Da malte ihr Willi ein Pferd auf ein Blatt, das sie mit in die Schule nehmen konnte. Das ist eine der wenigen Erinnerungen, die sie an ihren Bruder hat. „Er war in herzensguter Mensch", sagte sie. Willi fiel kurze Zeit später an der Ostfront. Er hat im Gedächtnis meiner Tante die Erinnerung hinterlassen, dass er gut zu ihr war.
Wie viele Menschen gehen durch das Leben und hinterlassen kaum eine Spur – oder vielleicht doch? Allein Gott weiß, wie viel Gutes diese Menschen getan haben, das von ihren Zeitgenossen übersehen wurde, aber bei Gott nicht vergessen ist – und wenn es nur ein Pferd gewesen wäre, das sie für ihre kleine Schwester gemalt haben.

18. September

Lückenbüßer

In seiner Rede anlässlich der Verleihung des Friedenspreises des deutschen Buchhandels hat Jürgen Habermas die Quadratur des Kreises versucht. Er meinte, im Namen der Humanität müsse man so tun, als gäbe es den christlichen Gott, weil sonst die menschliche Freiheit gefährdet sei, denn der einzige Garant für Menschenrechte und Freiheit sei der Mensch als Ebenbild Gottes. Das war immerhin ein bemerkenswertes Bekenntnis dieses letzten Über-lebenden der Frankfurter Schule, der mit unterschwelligem Bedauern feststellt, er sei religiös unmusikalisch.

Die Vorstellung, dass sich christliche Haltungen in säkularisierter Form in unserer Gesellschaft konservieren lassen und sozusagen als Kitt dienen, um die Löcher zu stopfen, die eine fortschreitende Säkularisierung hinterlassen hat, ist ein Lieblingsgedanke der liberalen Aufklärung. Sie entstammt der Erkenntnis, dass Religion zumindest vorerst nicht zu ersetzen ist. Man müsste sozusagen Gott und die Religion erfinden, wenn es sie nicht gäbe.
Diese Meinung unterliegt aber einem schwerwiegenden Irrtum. Christliche Haltungen entspringen letztlich nicht allein der Vernunft, sondern einem tieferen Grund, der das bloß menschliche Denken und Fühlen überschreitet. Die christliche Weltsicht wurzelt im Mysterium und lebt letztlich von der Beziehung des einzelnen Menschen zu Gott in Jesus Christus, an den er glaubt. Wenn es nicht mehr genügend Gläubige gäbe, würden dieser christliche Glaube und die christlichen Haltungen verdunsten.

19. September

In den Spuren Christi

Das Reich Gottes „gleicht einem Senfkorn. Dieses ist das kleinste von allen Samenkörnern, die man in die Erde sät. Ist es aber gesät, dann geht es auf und wird größer als alle anderen Gewächse und treibt große Zweige, so dass in seinem Schatten die Vögel des Himmels nisten können" (*Mk* 4,31-32).
Die Kirche, das Reich Gottes, ist ein lebendiger Organismus, der dem Gesetz des Lebens folgt. In der Natur entfalten sich die Lebewesen aus den kleinsten Anfängen. Die ausgewachsene Pflanze ist in gewisser Weise bereits im Samen enthalten. Wenn wir die Kir-

che der Apostel als den Samen bezeichnen wollen, ist in ihr im Kern die Kirche von heute bereits enthalten. Die Menschwerdung Christi vollzog sich nach den natürlichen Gesetzen des menschlichen Lebens: zuerst Heranwachsen im Mutterleib, dann die Kindheit und Jugend und schließlich das Erwachsenenalter. Auf ähnliche Weise vollzieht sich das Wachstum der Kirche, des mystischen Leibes Christi, nach den übernatürlichen Gesetzen des mystischen Lebens. Hierfür hat Christus ein Bild aus der Natur gebraucht, als er sagte: „Ich bin der Weinstock, ihr seid die Reben" (*Joh* 15,5).
Kraft seiner Taufe ist jeder Christ ein Glied des Leibes Christi und ein Rebzweig am Weinstock Christi. Auch das geistliche Werden des Christen folgt dem organischen Lebensgesetz des Reiches Gottes und soll nach dem Wunsch des hl. Paulus das Vollmaß des Alters Christi erreichen, „damit wir zum vollkommenen Menschen werden und Christus in seiner vollendeten Gestalt darstellen" (*Eph* 4,13). Wie der Weg zur Reife im menschlichen Leben unter Krisen verläuft, so kann auch unser Leben in Christus allen möglichen Schwierigkeiten und Brüchen ausgesetzt sein.

20. September

Liebe und Treue

„Deine Liebe und Treue soll in tausend kleinen Dingen zu sehen, zu greifen und zu spüren sein, jeden Tag aufs neue" (Phil Bosmans). In einer Leistungsgesellschaft zählt nur das, was sich konkret vorweisen lässt. Dort zählt nicht die gute Gesinnung, sondern das konkrete Ergebnis. Dagegen heißt es im Al-

ten Testament: „Der Mensch sieht, was vor den Augen ist, der Herr aber sieht das Herz“ (*1 Sam* 16,7).
Als Jesus im Tempel am Opferstock saß und zuschaute, wie viele reiche Pharisäer große Beträge spendeten, warf eine alte Frau nur eine kleine Münze in den Opferstock. Daraufhin sagte Jesus zu seinen Jüngern: „Sie alle haben nur etwas von ihrem Überfluss hergegeben; diese Frau aber, die kaum das Nötigste zum Leben hat, sie hat alles gegeben, was sie besaß, ihren ganzen Lebensunterhalt“ (*Mk* 12,44).
Mit unseren Leistungen können wir Gott nicht imponieren, dazu zählen manchmal sogar auch unsere sogenannten guten Werke. Wir sollen nichts für Gott leisten, wir sollen ihn lieben.
Die hl. Thérèse von Lisieux sagte: „Ich begreife so gut, dass nur die Liebe uns dem lieben Gott wohlgefällig zu machen vermag, und so ist diese Liebe das einzige Gut, das ich begehre.“

21. September

Sinn und Grenze

Das autoritative Weltbild gründet in einem Vater-Gott, der die Welt regiert und von jedem Einzelnen Gehorsam fordert. Dies ist aber nur eine von vielen Seiten des christlichen Gottesbildes. Es wäre falsch, diese Vorstellung einseitig als alttestamentarisch abzutun, denn es bezeichnet eine wichtige Seite von Gott.
Nur ein Gott, der wirklich in dieser Welt eingreift, kann für den Menschen Bedeutung haben. Sonst würde Gott zu einem Museumsstück. Ein Gott, der sich von der Welt absetzt, kann nicht Adressat für meine Gebete sein. Ein Gott, der Gehorsam fordert, kann durchaus ein liebender, ja zärtlicher Gott sein.

Der Gott der Zehn Gebote ist der gleiche Gott wie der Gott Jesu Christi, der seinen Sohn für die Erlösung der Menschen hingibt. Nur er kann letztlich wissen, was gut für sein Geschöpf ist. Er hat den Menschen erschaffen und ihm den Lebensatem, seinen Geist eingehaucht (vgl. *Gen* 2,7). Nur ein Gott, dem an seinem Geschöpf etwas gelegen ist, wird diesen Gehorsam verlangen.

Zwischen Sinn und Grenze besteht notwendigerweise ein Zusammenhang. Wenn ich in meinem Leben keine Grenze mehr anerkenne, verliert es seinen Sinn. Ohne Grenzen gibt es keinen Sinn, weil alles ausufert und ohne Kontur und Gestalt bleibt. Sinn heißt aber auch immer hinausweisen über uns selbst. Wer könnte besser um den Sinn unseres Lebens wissen als Gott.

22. September

Macht der Kinder Gottes

Kind Gottes zu sein, ist die überragende, aber zugleich verborgene Wirklichkeit in unserem Leben, die in allen Situationen unser Sein und unser Handeln bestimmen sollte und für die es keinen Ersatz gibt. „Allen aber, die ihn aufnahmen, gab er Macht, Kinder Gottes zu werden, allen, die an seinen Namen glauben, die nicht aus dem Blut, nicht aus dem Willen des Fleisches, nicht aus dem Willen des Mannes, sondern aus Gott geboren sind" (*Joh* 1,12-13).

Kein Ding, kein Mensch kann die Beziehung zwischen unserem Vater Gott und uns ersetzen. Viele Beziehungen scheitern als Versuch, im Andern einen Ersatz für Gott zu finden. Die Gotteskindschaft relativiert die absoluten Ansprüche, die wir an uns und an andere stellen. Wir wissen von unseren Begrenzungen, die Kinder von Natur aus haben, und wissen uns auch dann noch geliebt, wenn wir schwach sind – wir sind eben Kinder. Die Gotteskindschaft stellt nicht den Ernst unserer Existenz vor Gott in Abrede, aber sie schenkt uns Geduld mit uns selbst und Verständnis mit den Schwächen der anderen.

Die Liebe Gottes erreicht ihren Höhepunkt in der Vergebung. Man könnte sogar sagen, dass Vergeben die größte Freude Gottes ist. Denn die besondere Art, seiner ursprünglichen Liebe zu uns treu zu sein, auch wenn wir versagen, ist seine Barmherzigkeit. Der Mensch kann vielleicht seine Kindschaft aufkündigen, aber Gott wird niemals seine Vaterschaft aufgeben, denn er ist ewig und Vater für immer.

23. September

Angst vor dem Tod

Jede Angst ist letztlich Angst vor Tod und Sterben. Bei einem Besuch in einem Altenheim schaute mich eine alte Patientin von unten nach oben an. Es war eine meiner letzten Besuche bei ihr vor ihrem Tod. „Herr Doktor, wir sind alle doch nur auf Abruf hier." Was die Patientin auf ihre Art ausgedrückt hat, spüren wir alle: Auch mein Leben ist unsicher und gefährdet. „Media vita in morte sumus", mitten im Leben sind wir vom Tod umfangen, wie es in einem alten Lied heißt.

Die Angst vor dem Tod werden wir nie ganz überwinden können. Eine solche Angst kann letztlich nur derjenige überwinden, der auch den Tod überwunden hat. Wir Menschen können das nicht von uns aus.

Der antike Philosoph Epikur wollte die Angst vor dem Tod rational beseitigen, indem er sagte: „Ich brauche keine Angst vor dem Tod zu haben, denn solange ich noch lebe, ist der Tod nicht da, und wenn der Tod da ist, bin ich nicht mehr da." Im Zusammenhang mit dem Tod fürchtet sich der Mensch aber vor allem vor den Begleiterscheinungen des Todes: Krankheit, Schmerz und das Ende alles dessen, was ihm im Leben wichtig war. Man fürchtet sich vor der Sinnlosigkeit. Wenn es nicht etwas gibt, das über den Tod hinausweist und ihn überdauert, ist der Tod tatsächlich etwas Furchtbares und erfüllt den Menschen mit großer Angst und Trauer

Aber als Christen bekennen wir vor allem dies: Mit seinem Leiden und seiner Auferstehung hat Christus den Tod überwunden. Er allein kann uns über die Schwelle des Todes hinaus Hoffnung geben. „Tod, wo ist dein Sieg? Tod, wo ist dein Stachel?" (*1 Kor* 15,55), singen die Christen deshalb an Ostern.

24. September

Unbedingtes Vertrauen

Was die Theologie als Erbsünde bezeichnet, meint jene Selbstverstrickung des Menschen, die ihn unempfindlich werden lässt gegenüber dem Licht, das von Gott her in die Seele eindringen will. Jenes Licht ermöglicht im Menschen das Wachstum des Reiches Gottes, von dem Christus z. B. im Gleichnis vom Sämann spricht (vgl. *Mt* 13,1-9).

Ohne Licht kann keine Pflanze gedeihen. Ein Mensch, der nur mit seinen täglichen Bedürfnissen beschäftigt ist und völlig davon absorbiert wird, kann sich nicht frei entfalten für ein Leben mit Gott. Die Sorgen für das Heute und Morgen, letztlich die Angst, sein Leben zu verlieren, ersticken die Anfänge des von Christus verheißenen übernatürlichen Le-

bens. So verläuft die Geschichte vieler Menschen in der Lebensmitte, die ganz mit ihrer Karriere und der Sicherung des Lebensstandards für sich und ihre Familie beschäftigt sind, und die kaum einen anderen Gedanken fassen können.
Es ist aber auch die Geschichte vieler junger Menschen, die nicht die Kraft finden, sich endgültig zu binden und eine Familie zu gründen, die permanent nach der höchsten Sicherheitsstufe für ihr Leben suchen. Wer sich im Leben rundum absichern muss, bevor er den nächsten Schritt macht, hat aber bereits das Vertrauen in das Leben verloren.
Glaube ist unbedingtes Vertrauen in Gott, der alles in seinen Händen hält und auch meinem Leben den letzten Halt und die Sicherheit gibt. Wenn ich diesen Glauben an Gott nicht verliere, kann ich auch mir selbst und den andern glauben und vertrauen.

25. September

Meine Gedanken

Eines unserer wichtigsten Gebete muss sein, dass uns Gott gute Gedanken schenkt. Nichts behindert uns mehr in unserem Verhältnis zu Gott und damit im Gebet, als wenn wir schlecht über andere denken. „Wenn jemand sagt: Ich liebe Gott!, aber seinen Bruder hasst, ist er ein Lügner. Denn wer seinen Bruder nicht liebt, den er sieht, kann Gott nicht lieben, den er nicht sieht" (*1 Joh* 4,20).
Wenn wir unseren Gedanken auf den Grund gehen, stellen wir oft fest, dass sie wenig wohlwollend gegenüber unseren Nächsten sind. Wenn aber unsere Gedanken nicht friedvoll, nachsichtig und barmherzig sind, wird auch unser Gebet, und damit unser Verhältnis zu Gott, voller Unruhe, Eigensucht und

Angst sein. „Meine Gedanken sind nicht eure Gedanken, und eure Wege sind nicht meine Wege – Spruch des Herrn“ (*Jes* 55,8).
Während unsere Gedanken oft von Eigenliebe, Rechthabenwollen und Selbstbestätigung erfüllt sind, sind die Gedanken Gottes dagegen voller Verständnis, Hinwendung und Langmut. Als Jesus den Jüngern sein künftiges Leiden und seine Auferstehung ankündigte, brach bei diesen ein Rangstreit aus. „Sie hatten unterwegs miteinander darüber gesprochen, wer von ihnen der Größte sei“ (*Mk* 9,34). Menschlich gesehen, hätte Jesus enttäuscht sein können. Und wir würden ihn verstehen, wenn er seinem Ärger freien Lauf gelassen hätte, als er sah, dass seine Jünger, die Erben seines Reiches der Liebe, das er auf Erden errichten wollte, nach so langer Zeit mit ihm zusammen noch voller Selbstsucht und Eigenliebe waren. Aber Jesus antwortet ihnen mit einem milden Tadel: „Wer der Erste sein will, soll der Letzte von allen und der Diener aller sein“(*Mk* 9,35).

26. September

Ein Stein zum Ausruhen

Es gibt dieses erschütternde Wort Jesu, das er zu dem spricht, der zu ihm sagt: „Meister, ich will dir folgen, wohin du auch gehst.“ Jesus entgegnete ihm: „Die Füchse haben ihre Höhlen und die Vögel ihre Nester; der Menschensohn aber hat keinen Ort, wo er sein Haupt hinlegen kann“ (*Mt* 8,20). Das klingt wie eine Fortführung des Wortes im Prolog des Johannes: „Er kam in sein Eigentum, aber die Seinen nahmen ihn nicht auf“ (*Joh* 1,11).
Es gibt auch für uns Tage und Situationen, wo wir sagen könnten: Es gibt keinen Menschen, mit dem ich

mich aussprechen kann, der mich versteht, bei dem ich ausruhen kann, niemand, an dessen Schulter ich mich lehnen und ausweinen könnte, weit und breit nur Steine, die gefühllos sind, auf denen man nicht ruhen kann. Dann ist der Augenblick gekommen, uns identisch mit Christus zu fühlen, um ihm sozusagen Gesellschaft zu leisten.

Auch wenn ein solches Wort für uns Konsumenten hart klingen mag: „Nur der ist glücklich, der sich auf nichts, aber auf gar nichts mehr stützt", sagt die hl. Thérèse von Lisieux. Dies wäre dann wohl das Glück des Wanderers in der Wüste, der nur den Sand und den Himmel über sich hat, und die Hitze am Tag und die Kälte in der Nacht und dazu die herrlichen Sterne am Himmel ...

27. September

Die Macht Gottes

Bei den Juden herrschte die Vorstellung, dass bestimmte Krankheiten in einer Familie die Strafen für Sünden sind, die von dem Betreffenden oder seinen Eltern begangen wurden. Als Jesus einem Mann begegnet, der von Geburt an blind war, fragen ihn die Jünger, wer daran schuld sei. Jesus weist die Frage von sich: „Weder er noch seine Eltern haben gesündigt, sondern das Wirken Gottes soll an ihm offenbar werden" (*Joh* 9,3). Dann heilte er den Mann, so dass dieser wieder sehen konnte.

Mit seiner Antwort will Jesus uns sagen, dass Krankheit und Leid auch immer eine Frage an uns selbst sind. Gott hat uns zwar nicht die Macht gegeben, Krankheiten durch ein Wunder zu heilen. Aber er gab uns die „Macht, Kinder Gottes zu werden, allen, die an seinen Namen glauben" (*Joh* 1,12). Das macht

uns fähig, im Namen Christi anderen zu helfen: durch unser Wort, unsere Tat und auch durch unser Gebet.
Insofern bekommen Krankheit und Leid auch einen Sinn, wenn sie uns Anlässe sind, Werke der Liebe und Barmherzigkeit zu üben und damit die menschliche Not zu lindern.

28. September

Ich kann nicht mehr

Es kann Momente im Leben geben, da möchte man nicht mehr weiter leben. Einmal wurde ich zum Hausbesuch bei einem Patienten gerufen. Er hatte einen unheilbaren Tumor am Hals. Als ich meinen Arztkoffer hingestellt hatte, sagte er: „Herr Doktor, besorgen Sie mir eine Pistole, damit ich mich erschießen kann."
Vielleicht ist es bei uns nicht so drastisch. Aber doch kann in einem Moment sein, dass wir denken: „Ich kann nicht mehr." Und vielleicht sogar: „Ich will auch nicht mehr." In der Passion Christi gab es auch solche Momente. Nach der Tradition fiel Jesus drei Mal unter der Last des Kreuzes und konnte allein nicht mehr weiter. Ein Mann, Simon von Zyrene, der zufällig vorbei kam, musste ihm helfen. (vgl. *Mk* 15,21).
Manchmal brauchen auch wir jemanden, der uns hilft, unser Kreuz zu tragen oder einen Engel, der uns stärkt und tröstet wie Jesus im Ölgarten. „Da erschien ihm ein Engel vom Himmel und gab ihm neue Kraft" (*Lk* 22,43). Wir brauchen uns nicht zu schämen, wenn es einmal so ist.

29. September

Der Heilige Geist

Wenn wir mit Gott sprechen, können wir darauf vertrauen, dass er uns eine Antwort gibt. Gott gibt uns diese Antwort meist indirekt durch Ereignisse im Alltag, durch Begegnungen mit Menschen oder durch Gedanken, die er uns eingibt. Selten spricht Gott direkt zu den Menschen, wie etwa bei Moses, der fürchtete, dabei sterben zu müssen. Denn Gott weiß, was er uns zumuten kann.

Das Buch der Könige schildert, wie Gott auf dem Berg Horeb mit Elias spricht. Zunächst kam ein Sturm, der so stark war, dass selbst die Felsen zerbrachen. Dann kamen ein Erdbeben und schließlich ein Feuer. Aber erst als ein leichter Wind aufkam, redete Gott zu Elias (vgl. *1 Kön* 19,11-13). Ähnlich wie bei Elias spricht Gott zu uns nicht mit viel Lärm sondern in der Stille. Wenn wir auf dieses leise Säuseln des Heiligen Geistes eingehen, werden wir auch in unserem Leben Dinge wahrnehmen, die wir bisher nicht bemerkt haben. Wir werden in unserem grauen Alltag neue Farben und Formen entdecken.

Lassen wir öfter einmal Stille bei uns eintreten, damit wir die Stimme Gottes auch vernehmen können. Nehmen wir uns Zeit fürs Beten, indem wir z. B. auf einen Teil der Fernsehzeit verzichten und einmal ein Stück aus dem Neuen Testament lesen oder in einem Buch, das uns Anregungen für das persönliche Gebet geben kann.

30. September

Frust

Wir werden heute dazu angehalten, eventuellen Frust durch Genuss zu verdrängen. Albrecht Görres, der verstorbene Münchner Psychoanalytiker, sagt in seinem Buch „Methoden und Erfahrungen der Psychoanalyse“: „Während der Philosoph Boëthius (5./6. Jh. n. Chr.) als Ziel, Vollendung und Glücksruhe des Menschen den ständigen Besitz des höchsten und vollkommenen Gutes bezeichnet, lehrt Freud, dass das Glück des Menschen im ständigen Besitz sinnlicher Lusterfüllung besteht. Jedoch zeigt bereits unsere Alltagserfahrung, dass ständige Lustbefriedigung nicht möglich ist.“ Vielmehr stellt sich immer wieder heraus, dass der Mensch erst dann seine Erfüllung findet, wenn er seine eigenen Grenzen überschreitet. „Der Mensch überschreitet unendlich den Menschen“ (Blaise Pascal).

Wir können erfahren, wie Menschen trotz materiellen Wohlergehens unzufrieden sind. Mir erzählte jemand von einem reichen Mann, der eine jüngere Frau geheiratet hatte und mit ihr in eine Luxusvilla nach Mallorca gezogen war. Aber trotz Swimmingpool, Sonne und Meer wurde es der Frau nach einiger Zeit so langweilig, dass sie sich ohne Wissen des Mannes eine Putzstelle suchte, womit sie bewies, dass Charles Baudelaire recht hat, wenn er sagt: „Die Arbeit ist immer noch weniger langweilig als das Vergnügen“ (*Les Fleurs du mal*).

Jeder Mensch verlangt nach Selbstüberschreitung, nach Hingabe an eine Aufgabe, an einen Menschen, eine Arbeit, auch wenn diese noch so bescheiden wäre. Auf Dauer kann niemand sein Glück nur bei sich selber finden.

Oktober

1. Oktober

Sorge

Der Philosoph Karl Jaspers meinte, dass der Hauptwesenszug des Menschen die Sorge sei. Sorgen macht sich jeder Mensch. Sorgen um sich und um die anderen, um Kinder, Mann und Frau, Eltern, anvertraute Menschen. Sorgen macht sich nur, wem etwas an sich selbst und den anderen gelegen ist. Aber wenn Sorge nicht in Hoffnung eingebettet sein kann, wird sie leicht zu Angst oder zu Ängsten. Nur wer hofft, kann sorgen, ohne davon erdrückt zu werden.
Sorgen beziehen sich auf die ungewisse Zukunft. Niemand kann wissen, was morgen oder übermorgen kommt. Es gibt immer mehr Menschen, die mit dieser Ungewissheit nicht fertig werden. Auch scheinbar fest gemauerte Sozialsysteme werden brüchig. Der Ausspruch „Die Rente ist sicher" ist der Erkenntnis gewichen, dass jeder selbst für sich sorgen muss. Was eigentlich auch Experten längst hätten wissen müssen, wird allmählich Allgemeingut: Nicht der Staat sichert die Renten, sondern die nachwachsende Generation, d. h. unsere Kinder. Aber wo sind heute diese Kinder? Es ist erschreckend, dass unsere „Weisen" der Politik und Wirtschaft, und mit ihnen wir alle, erst jetzt auf diese Binsenweisheit gestoßen sind.
Es bleiben uns die Worte des Vertrauens auf den Vater, die Jesus gesprochen hat: „Seht euch die Vögel des Himmels an: Sie säen nicht, sie ernten nicht und

sammeln keine Vorräte in Scheunen; euer himmlischer Vater ernährt sie. Seid ihr nicht viel mehr wert als sie?" (*Mt* 6,26). Das soll uns aber nicht von einer vernünftigen Vorsorge dispensieren, wohl aber von erdrückender Sorge für die Zukunft freihalten.

2. Oktober

Die Schutzengel

Heute glauben wieder viele Menschen an Engel. Auch wenn sie sich ihrer Existenz nicht ganz sicher sind, glauben sie, dass sie Einfluss auf ihr Leben haben. In der Bibel kommen Engel häufig als Retter und Beschützer vor, vor allem als Verkünder froher und ernster Botschaften. Ein Engel verkündet Maria, dass sie den Messias empfangen und gebären soll (vgl. *Lk* 1,26-38). Später verkünden Engel den Hirten auf dem Feld die Geburt Jesu (vgl. *Lk* 2,8-15).

Jeder Mensch hat einen Schutzengel an seiner Seite, sagt eine alte christliche Tradition, die sich aus biblischen Quellen speist. Eltern haben heute viel Angst um ihre Kinder, oft weil diese ihre einzigen sind. Der berühmte jüdische Kinderpädagoge Janusz Korczak (1878–1942) sagte: „Aus Furcht, der Tod könnte uns das Kind entreißen, entreißen wir es dem Leben." Viele Eltern haben Angst, ihr Kind allein in die Schule zu schicken. Vor 30 Jahren gingen noch 80 Prozent der Kinder zu Fuß in die Schule, heute werden viele von Mama oder Papa zur Schule gebracht. Nur noch 20 Prozent gehen alleine oder mit Kameraden in die Schule. Die Angst, die die Eltern um sie haben, steckt auch die Kinder an.

Wenn wir Kinder als ein Geschenk betrachten und nicht als verlängerte Selbstverwirklichung, können wir sie besser loslassen. Das ist besser für uns, aber auch für die Kinder. Wir können sie und auch uns dann getrost unserem Schutzengel überlassen, „denn er befiehlt seinen Engeln, dich zu behüten auf all deinen Wegen“ (*Ps* 91,11).

3. Oktober

Der Ursprung

Kinder haben ein begrenztes Weltbild. Ihre Welt sind die Eltern, das Haus, die Wohnung, in der sie wohnen, die Straße, in der sie leben und spielen, die Großeltern und die ganze nähere Verwandtschaft. Das drückt sich darin aus, wie Kinder davon sprechen. Sie sagen: „mein Opa, unser Haus, mein Papa, meine Mama“ mit einer Betonung, dass es für sie der Mittelpunkt der Welt ist.

Diese Art der Kinder, die Welt zu sehen, hat etwas Archaisches an sich, etwas, das aus den ersten Zeiten der Menschheitsgeschichte kommt, als der Clan, das Dorf oder die Polis die Welt für den Einzelnen war. Selbst die Vorstellung von Gott war davon bestimmt. Christus gebraucht für Vater das Wort „Abba“, d. h. „Papa“, um uns die Sicht eines Kindes auf seinen Vater nahe zu bringen. So sollen auch wir Gott als unseren Vater ansprechen. Christus stellt den Jüngern ein Kind als Beispiel für das gelungene Leben vor: „Wenn ihr nicht umkehrt und wie die Kinder werdet, könnt ihr nicht in das Himmelreich kommen. Wer so klein sein kann wie dieses Kind, der ist im Himmelreich der Größte“ (*Mt* 18,3-4; vgl. *Mk* 10,15; *Lk* 18,17).

Warum stellt Christus uns die Kinder vor? Vielleicht weil sie etwas mit unserem Ursprung aus Gott zu tun haben. Kinder sind diesem Ursprung näher und daher unverfälscht.

4. Oktober

Solange unser Tag währt

Der am 3. September 2000 seliggesprochene Papst Johannes XXIII. hat einmal gesagt: „Im Herzen Jesu finden alle meine Probleme ihre Lösung." Das könnte auch ein Ansatz für uns sein. Viele unserer Probleme lassen sich rein menschlich gesprochen tatsächlich nicht lösen.

Ich denke an eine Krankenschwester während eines Nachtdienstes. Ich kam gerade von einem Schwerkranken, für den es keine Hoffnung auf Heilung mehr gab. Ich sagte zu der Ordensschwester: „Schwester, was können wir noch für ihn tun?" Anstatt zu antworten, zog sie wortlos einen Rosenkranz aus der Tasche und hielt ihn mir hin.

Es kommt in jedem Leben der Zeitpunkt, wo man nichts mehr tun kann. Christus selber sagt: „Wir müssen, solange es Tag ist, die Werke dessen vollbringen, der mich gesandt hat; es kommt die Nacht, in der niemand mehr etwas tun kann" (*Joh* 9,4). Wann diese Nacht für uns selber kommt, wissen wir nicht. Aber solange unser Tag währt, können wir wirken und arbeiten.

Vor Jahren sagte mir ein Kollege: „Ich versuche, jeden Tag möglichst viel zu tun, weil ich Angst habe, mir könnte später einmal die Zeit fehlen."

Eine klassische lateinische Redewendung lautet: „Carpe diem." Wir können diesen Spruch so verstehen: Nutze oder „pflücke" den Tag wie eine Blume, denn er gehört dir.

5. Oktober

Abschied

Demenz heißt Abschied auf Raten. Meine Mutter weiß kaum mehr, wie sie heißt. Manchmal erkennt sie auch mich nicht mehr. Sie weiß auch nicht mehr, dass sie vierzig Jahre mit meinem Vater verheiratet war. Sie weiß nicht mehr, wo sie überall gewesen ist, was sie früher alles getan hat, wer ihre Freunde waren und wo sie wohnt. Sie kann nicht mehr sprechen und sie kann sich kaum mehr bewegen. Und doch ist ihr Gesicht das gleiche geblieben, dieselben Züge, wenn sie lacht oder schreit oder wenn sie sich mit einem Kuss bedankt.

Es ist wie bei einem Geigenvirtuosen, der auf einem defekten Instrument spielen muss, weil er kein anderes zur Verfügung hat. Der Kern der Person ist noch da, aber man kann sich nicht mehr richtig äußern. Man könnte vielleicht auch sagen: Die Seele ist noch da.

Niemand weiß, was in meiner Mutter vorgeht. Es ist ein Geheimnis. Die Neurobiologie will uns dazu verführen, die Seele auf Hirnfunktionen in bestimmten Arealen des Gehirns zu reduzieren. Es gelingt sogar in bildgebenden Verfahren, Reaktionen wie Freude oder Trauer darzustellen. Aber die menschliche Seele ist viel mehr: Sie ist etwas Geistiges, das selbst dann noch aufleuchtet, wenn ihr bevorzugtes Organ, das Gehirn, defekt ist.

6. Oktober

Herbstblätter

Ich sitze in der Natur. Es ist Herbst. Die Sonne scheint, und gleichzeitig geht ein leichter Wind und wirbelt Blätter auf den Boden. Ich sitze auf einer

Bank. Die Sonne lässt alles golden leuchten. Diese goldene Vergänglichkeit ist wie mein Leben. Eines Tages weht es vom Baum als ein welkes Blatt. Wohin wird es fallen? Unsere Hoffnung ist: in den Abgrund der Barmherzigkeit Gottes! Alles, was war, was ist, was sein wird und auch ich selber sind geborgen in Gottes Hand.

„Seht euch die Lilien an: Sie arbeiten nicht und spinnen nicht. Doch ich sage euch: Selbst Salomo war in all seiner Pracht nicht gekleidet wie eine von ihnen. Wenn aber Gott schon das Gras so prächtig kleidet, das heute auf dem Feld steht und morgen ins Feuer geworfen wird, wie viel mehr dann euch, ihr Kleingläubigen! ... ängstigt euch nicht!“ (*Lk* 12,27-29). Der Mensch blüht, reift und stirbt.

„Am Anfang war ich im Schoß meiner Mutter, ohne dass ich sie kannte, und hab mich dort geborgen gefühlt. Später als ich geboren war, bin ich mit ihr umgegangen. Und auch heute bin ich von Gott umgeben. Und ich habe keine Angst, ihn schließlich kennen zu lernen: von Angesicht zu Angesicht“ (Carl Zuckmayr).

7. Oktober

Herbst des Lebens

Wenn wir an unser „ungelebtes“ Leben denken, das der Alltag unter sich begraben hat, kann uns manchmal Schmerz oder Bitterkeit überfallen. Hinzu kommen im Laufe der Jahre das Alter und die Einschränkungen, die es mit sich bringt.

Ein Patient sagte mir: „Das Alter ist wie ein Trichter. Es wird immer enger. Man kann oben hineinschütten, soviel man will, es kommt unten immer das Gleiche heraus.“ Während früher alte Menschen durch

ihre Lebenserfahrungen, die sie in Beruf und Familie gesammelt hatten, gesuchte Ratgeber waren, empfinden sich heute viele ältere Menschen als überflüssig, weil sie keine Aufgabe mehr wahrnehmen können und sich nutzlos vorkommen.
Kreativen Menschen bietet sich heute vielleicht noch am ehesten die Möglichkeit, ihr zunehmendes Lebensalter als positiv zu erfahren. Sie vergleichen das Leben nicht mit einem Glas Limonade, das mit jedem Schluck leerer wird. Sie vergleichen es mit einem Wein, der im Laufe der Zeit reifer und köstlicher wird.
Aber jeder von uns kann kreativ sein, indem er die Möglichkeiten nutzt, die ihm bleiben: durch ein gut geführtes Gespräch, durch die liebevolle Betreuung von Menschen, die ihm nahe stehen, durch Sorge für Tiere und Pflanzen oder für materielle Dinge, die uns am Herzen liegen.
Die Zeit ist eine große Lehrmeisterin. Das Alter wird heute manchmal bloß negativ gesehen. Es ist aber auch eine Zeit der Ernte. In diesem Sinne bezeichnete Cicero das Alter als den „Herbst des Lebens". „Das Alter ist gleichsam die Hoch-Zeit jener Weisheit, die im Allgemeinen Frucht der Erfahrung ist" (Johannes Paul II., *Brief an die alten Menschen*).

8. Oktober

Alltagsgespräche

Der Alltag ist die Grundlage unserer Kommunikation. Wir sprechen über das Wetter, die Arbeit, den Chef, die Familie oder den nächsten Urlaub. Wer an einem sonnigen Sonntagnachmittag, etwa der Isar entlang, spazieren geht, kann aus den Gesprächsfetzen der Vorübergehenden hören, dass es dieser

Alltag ist, der uns pausenlos beschäftigt, wenn es nicht gerade ums Geld oder die Liebe geht.
Die Kommunikation über diesen Alltag solidarisiert uns untereinander und baut Spannungen ab. Was früher der sogenannte Kaffeeklatsch unserer Mütter war, hat geholfen, sich mit den Problemen nicht allein zu fühlen und auch die Probleme des Alltags miteinander zu teilen.
Solche Gespräche sind sehr wichtig. Sie bestätigen uns, dass wir beim großen Spiel des Lebens mit dabei sein dürfen. In vielen Fällen ersetzen sie den Therapeuten oder sonstige professionelle Berater.

9. Oktober

Das Leben der andern

Manchmal kann es uns passieren, dass ein Mensch, dem wir in unserem Leben begegnen, uns im Gedächtnis haften bleibt. Sein Gesicht, sein Lächeln, die Art und Weise, wie er spricht oder wie er sich bewegt, gehen uns nicht aus dem Sinn – bis dahin, dass wir uns dabei ertappen, dass wir sogar die Art und Weise nachahmen, wie er spricht oder denkt. Er berührt uns in unserem Innern und begleitet uns eine Zeitlang. Wir bemerken mit einem Mal, dass die andern ein Teil von uns werden, dass wir Gemeinschaft mit ihnen haben.
Im Alten Testament spricht Gott: „Meine Freude war es, bei den Menschen zu sein" (*Spr* 8,31)." Wenn wir das auch unter uns von ganzem Herzen sagen könnten, wären wir Gott ein Stück näher, denn die Menschen um uns sind eine Gabe Gottes an uns.
Es gibt Momente in unserem Leben, in denen wir tatsächlich so fühlen. Oft aber spüren wir es als Last, mit anderen zusammen zu sein. Ihr Charakter, ihre

schlechten Stimmungen und unangenehmen Gewohnheiten stören uns. Und doch soll durch uns heute schon die Gemeinschaft der Heiligen, die „Herrlichkeit der Kinder Gottes“ (*Röm* 8,21) aufleuchten, die wir einmal bei Gott haben werden und die wir im Glauben den Himmel nennen. Wenn wir einmal bei Gott sein werden, wird dies alles eine Wirklichkeit sein, die durch nichts mehr gestört werden kann, so glauben und hoffen wir.

10. Oktober

Nach Hause

Es war die Reklame einer Stromerzeuger-Firma. Ein Mann geht in einer abendlichen Winterlandschaft im Gebirge auf eine weit unten im Tal liegende Hütte mit hell erleuchteten Fenstern zu. Es ist klar, was das Bild suggerieren wollte: Der Mensch sucht Schutz und Zuflucht vor der hereinbrechenden Nacht im winterlichen Gebirge.

Das ist ein Urbild des Menschen überhaupt, der ständig auf der Suche nach einem Zuhause ist. Der moderne westliche Mensch sucht auch Schutz und Zuflucht vor einer bedrohlichen Umwelt, die ihn zwar selten mit physischer Kälte und Vernichtung bedroht, aber doch mit seelischer Kälte und Einsamkeit.

Es ist die Ursehnsucht des Menschen, aus der Dunkelheit und Kälte der Welt nach Hause zu finden und nicht allein zu bleiben. Die Irrungen und Wirrungen im Leben vieler Menschen rühren daher, dass sie permanent auf der Suche nach einem Menschen sind, bei dem sie sich zuhause fühlen können. Dafür opfern sie manchmal alles.

Sie wollen nicht allein sein. Dafür nehmen sie vieles in Kauf. Lieber nehmen sie Armut, Krankheit und seelische Leiden auf sich, damit sie nicht allein sein müssen.

11. Oktober

Die Unbekannten

Vor einigen Jahren betreute ich eine ältere Patientin im Endstadium von Parkinson. Sie konnte nur im Bett liegen und sich kaum noch rühren. Mehrmals täglich kamen die Schwestern der Sozialstation zu ihr. Wenn ich einen Hausbesuch bei ihr machte, musste ich mich zuerst neben sie ans Bett setzen und mir selber ein Glas Wasser einschenken, denn sie konnte das nicht tun. Dann fragte sie mich, wie es mir gehe. Erst dann konnte ich sie fragen, wie es ihr geht. Als sie einmal von Leuten bestohlen wurde, äußerte sie kein bitteres Wort. Sie hatte in ihrer Wohnung etliche Marienbilder stehen. Die Schwestern mochten diese Patientin sehr, obwohl sie ihnen viel Arbeit machte.

Als die Situation immer schwieriger wurde, schlug ich vor, dass sie doch besser in ein Pflegeheim käme, damit immer jemand bei ihr sei. Aber die Schwestern wollten sie nicht hergeben. Ich hörte von ihr kaum ein Wort der Klage. Obwohl sie von sich selber sagte, sie sei nie besonders fromm gewesen, denke ich doch, dass sie in ihrem Leiden die Kraft aus dem Glauben geschöpft hat. Hier muss ich daran denken, dass die hl. Thérèse vom Kinde Jesu gesagt hat, dass sie der festen Überzeugung ist, dass viele große Heilige uns unbekannt bleiben.

12. Oktober

Verlustangst

Angst in Beziehungen kann dadurch entstehen, dass ich fürchte, den Andern zu verlieren. Es ist die Angst, verlassen zu werden. Es kann auch die Angst sein, die entsteht, wenn sich eine unsichtbare Mauer gebildet hat, die ein Zueinander unmöglich macht. Männer ignorieren das Bedürfnis ihrer Frauen nach Lob und Anerkennung. Sie betrachten es als selbstverständlich, dass sich ihre Frauen um Haushalt und Kinder kümmern und auf einen eigenen Beruf verzichten. Umgekehrt nehmen Frauen die Probleme von Männern in ihrem Beruf oft zu wenig wahr.

Die gegenseitigen Bedürfnisse werden meist zu wenig beachtet. Man spricht nicht mehr miteinander und wird manchmal verbittert. Das führt zu Spannungen, die in Enttäuschung und Ablehnung münden können und nicht selten zu Scheidungen führen, meist auf Betreiben der Frauen, die sich emotional vernachlässigt fühlen.

Gott hat uns gegenüber keine Bedürfnisse. Er möchte nur Vater für uns sein. Und wir sollen ihm Tochter bzw. Sohn sein. Wir brauchen nicht erst Kind Gottes zu „werden", d. h. wir brauchen ihm keine Leistung zu erbringen, um es erst zu werden. „Seht, wie groß die Liebe ist, die der Vater uns geschenkt hat: Wir heißen Kinder Gottes, und wir sind es" (*1 Joh* 3,1).

Angst in unserer Beziehung zu Gott rührt vielleicht daher, dass wir nicht glauben wollen oder können, dass Gott uns liebt und uns verzeiht, sogar dann, wenn wir undankbar sind.

Wenn wir Gott so sehen, ist es nicht schwierig, sich ihm wieder zuzuwenden, falls wir uns zeitweilig von ihm entfernt haben sollten. Dann kann etwas vom

Verzeihen Gottes auf unsere Beziehungen untereinander, auch zwischen Mann und Frau, hinüberstrahlen.

13. Oktober

The service was perfect

Jeder Tag hat sein eigenes Profil. Es ist gut, wenn wir uns am Ende des Tages fragen, was uns bewegt hat, welchen Menschen wir begegnet sind und was wir damit angefangen haben. Das kann uns helfen, bewusster zu leben.

Manchmal lernen wir im Laufe der Jahre Dinge schätzen, über die wir früher hinweggegangen sind: ein Lächeln, das uns andere schenken, oder ein gutes Wort, das uns trifft, eine Blume, die jemand an unseren Arbeitsplatz gestellt hat, oder die frische Wäsche, die wir morgens aus dem Schrank holen können, um sie anzuziehen.

Das Geheimnis, trotz aller Enttäuschungen im Leben glücklich zu sein, besteht auch darin, die guten Dinge nicht als selbstverständlich zu betrachten und es nicht zu machen wie jenes englische Kind aus vornehmer Familie, das bis zu seinem fünften Lebensjahr scheinbar nicht sprechen lernte, bis es eines Tages beim „Five o'clock tea" sagte: „... the sugar, please", den Zucker, bitte. Alle waren sehr erstaunt und froh, dass das Kind sprechen konnte. Als man das Kind fragte, warum es bisher nichts gesagt hatte, antwortete es: „Well, the service was perfect" („Nun, bislang war es ein perfekter Service).

Wir können uns vornehmen, uns bei unseren Mitmenschen zu bedanken, wenn sie uns Gutes tun. Bedanken wir uns öfter für das vermeintlich Selbstverständliche, das wir jeden Tag empfangen dürfen, auch bei Gott, der die Menschen dabei geführt und getragen hat.

14. Oktober

Die Wärme einer Sauna

In einer Gesellschaft, die den Lebenssinn manchmal mit subtiler Bedürfnisbefriedigung verwechselt, kann es passieren, dass das gemeinsame Erleben oder Genießen die höchste Form der Gemeinschaft ist, die gerade noch hergestellt werden kann.

Christus zeigt uns eine andere Art von Gemeinschaft: „Wer den Willen meines himmlischen Vaters erfüllt, der ist für mich Bruder und Schwester und Mutter" (*Mt* 12,50). Durch die Taufe treten wir mit Christus in Gemeinschaft. Aber auch untereinander werden wir Brüder und Schwestern. „Ich bin der Weinstock, ihr seid die Reben" (*Joh* 15,5).

Die Gemeinschaft der Heiligen ist keine Versammlung, keine Summation einzelner Personen, auch keine Interessengemeinschaft. Vielmehr ist die Gemeinschaft der Heiligen lebendig, nämlich die Gemeinschaft derjenigen, die durch die Taufe tief innerlich mit Christus verbunden sind.

Die Kirche spricht von einem mystischen Leib, den alle miteinander bilden: Christus ist das Haupt, wir sind die Glieder. Mystisch bedeutet das geheimnisvolle Erfülltsein von der Wirklichkeit Gottes.

Nur die gemeinsame Suche nach dem tiefsten Sinn unseres Lebens vermag eine solche Gemeinschaft unter uns zu stiften. Und wer könnte diesen Sinn besser wissen als Gott, der uns in Liebe erschaffen hat?! Die gemeinsame Wärme einer Sauna kann uns nicht dem tiefen Gefühl der Einsamkeit entreißen, das uns in unserem Single-Dasein manchmal umschleichen kann.

15. Oktober

Der Erlebnisstress

Stress entsteht, wenn man den gestellten Anforderungen nicht gewachsen ist oder sich ihnen nicht gewachsen fühlt. Heute fühlen sich viele Menschen trotz Arbeitszeitverkürzung und viel Freizeit den Anforderungen des Alltags nicht mehr gewachsen. „Die meisten Menschen verarbeiten den größten Teil der Zeit, um zu leben. Und das bisschen, das ihnen von Freiheit übrig bleibt, ängstigt sie so sehr, dass sie alle Mittel einsetzen, um sie los zu werden" (Ulrich Plenzdorf). Eine ganze Industrie lebt davon, solche Erlebnisse zu produzieren in Form von Lust, Spannung, Gefühlseindrücken und intensivem Erleben. Sie äußert sich aber auch als Lust auf Drogen, Sexualität oder Extremerfahrungen in Sport und Natur. Kontakte werden gekauft und organisiert. Sie sind nur auf den jeweiligen Zweck ausgerichtet, danach lösen sie sich wieder auf.

Die Perspektive einer solchen Gesellschaft geht nicht über den Tag hinaus. Sie reicht nur von einem Event zum nächsten. Der verletzlichste Teil der Gesellschaft, die Jugend, erstickt ihre Sinnleere in Drogen und Alkohol. Wer aber der Jugend keine Perspektive mehr bieten kann, die über den Tag hinausreicht, verliert nicht nur die Jugend sondern auch die Zukunft, denn ohne Hoffnung gibt es auch keine Zukunft. Sinn kann uns am Ende nur das geben, was über den heutigen Tag hinaus Bestand hat.

16. Oktober

Depression

Im Alten Testament wird vom Propheten Elias berichtet, wie er in die Wüste floh, als er von seinen Feinden verfolgt wurde. Er legte sich unter einen Ginsterstrauch und wünschte sich den Tod. Er sagte: „Nun ist es genug, Herr. Nimm mein Leben, denn ich bin nicht besser als meine Väter.“ Dann schlief er ein (*1 Kön* 19,1-5). Elias war am Ende. Er konnte nicht weiter. Alles war ihm zu viel. Doch ein Engel rührte ihn an und sprach: „Steh auf und iss.“ Das geschah zweimal. Elias aß und trank. Davon gestärkt wanderte er vierzig Tage und vierzig Nächte durch die Wüste bis zum Berg Horeb, wo Gott mit ihm sprach (*1 Kön* 19,5-18).

Manchmal kann es auch in unserem Leben Augenblicke geben, wo wir am liebsten nicht mehr leben möchten. Jeder Fünfte leidet einmal im Leben an Depression. Heute ist Depression die Volkskrankheit Nummer eins. Der Verlust von Angehörigen, Probleme in der Arbeit, Überlastung oder Krankheit können so etwas auslösen. Da kommt manchmal vieles zusammen. Man kann aus eigener Kraft da nicht mehr heraus. Man braucht dann jemanden, der einem hilft. Im Falle des Elias war es ein Engel. Auch wir brauchen dann jemanden.

Gerade fromme Menschen neigen in einer solchen Situation oft dazu, die Signale ihres Körpers nicht wahrzunehmen. Statt sich eine Aus-Zeit zu nehmen, strengen sie sich noch mehr an. Aber wir brauchen dann wie Elias einen Engel, der sich zu uns niederbeugt und zu uns sagt: „Du bist müde. Du musst dich erholen. Gönne dir eine Aus-Zeit. Suche Orte auf, wo es dir gut geht, gehe in die Natur, mache etwas Sport. Und wenn du kannst, bete."

17. Oktober

Wo der Friede beginnt

Der Friede fängt nicht irgendwo an. Er fängt an, wenn Du keinen Rechtsstreit mit deinem Nachbarn anfängst, weil er seine Hecke zu nah an der Grenze zu deinem Grundstück gesetzt hat. Der Friede fängt an, wenn du deinem Sohn verzeihst, weil er dich angelogen hat und deiner Frau, nachdem sie wieder einmal zu spät gekommen ist.

Der Friede reicht soweit, dass das Opfer seinem Mörder verzeiht, wie es Mahatma Gandhi und Leonella Sgorbati* und viele weitere Märtyrer des Friedens getan haben. „Friede bei den Menschen seiner Gnade" (*Lk* 2,14), sagte der Engel der Verkündigung. Das ist tröstlich. Friede ist nicht machbar. Er breitet sich aus, wo es genügend Menschen mit gutem Willen gibt. Wir können uns fragen, ob sich um uns Oasen des Friedens und der Freude bilden, oder ob sich Stress und Ärger in unserer Nähe ausbreiten.

18. Oktober

Sich selbst gern haben

Früher und manchmal auch noch heute wird im religiös-spirituellen Bereich rigoros die Forderung erhoben, ein Anderer bzw. eine Andere, eine bessere Per-

---

* Sr. Leonella Sgorbati (1940–2006) war eine italienische Ordensfrau, die 2006 beim Überqueren einer Straße in Mogadischu (Somalia) ermordet wurde, weil sie in einer christlichen Krankenpflegeschule unterrichtete. Ihre letzten Worte im Krankenhaus waren „Perdono, perdono!" („Ich vergebe, ich vergebe!").

son zu werden. Und oft ist es genau das, was wir selber uns auch wünschen. Das kann aber leicht dazu führen, dass man sich selbst – so wie man nun mal ist, oder wie man geworden ist – nicht mehr so recht gerne haben kann. Bei Menschen, die ohnehin dazu neigen, sich selbst negativ einzuschätzen, kann dieser sich im Laufe der Zeit vertiefende Minderwertigkeitskomplex zu Depressionen führen. Früher sprach man in diesem Zusammenhang öfter von ekklesiogener Neurose oder im französischen Sprachbereich von „maladie catholique". Sicher hat gerade in der Vergangenheit eine allzu strenge Moral mit übertriebenen Forderungen an sich selbst zum Verlust an Freude über die eigene Existenz geführt, was der frohen Botschaft des Evangeliums entgegengesetzt war. Änderungen bei sich selbst sind nur dann möglich, wenn man sich selbst als Person grundsätzlich bejahen kann. Nur wer von seinem eigenen Wert überzeugt ist und seine Existenz für lebenswert hält, findet es auch wert, sich zu ändern. Jede Depression geht mit einer schweren Beeinträchtigung des Selbstwertgefühls einher. Der Anfang der Therapie einer Depression besteht deshalb oft darin, den Eigenwert der Person zu heben und ihr das Gefühl zu geben, etwas wert zu sein, und zwar unabhängig von Funktion und Leistung.

19. Oktober

Pflegefälle

Wenn wir einen Pflegefall in der Familie haben oder von Berufs wegen damit zu tun haben, können wir tagtäglich die Werke der Barmherzigkeit üben: Kranke besuchen, Hungrige speisen, Durstigen zu trinken geben. Christus spricht davon im Zusammenhang

mit dem Endgericht und er bezieht es auf seine Person: „Ich war hungrig, und ihr habt mir zu essen gegeben; ich war durstig, und ihr habt mir zu trinken gegeben“ (*Mt* 25,35).
Wenn wir uns die Worte Christi vor Augen halten, bekommt unser Tun eine transzendente Dimension, die uns mit großer Freude und Gelassenheit erfüllen kann. Jeder Pflegende kann sich als Privilegierter fühlen, der Christus selbst dienen kann. Das geht aber nur, wenn wir Glauben haben, Glauben an Jesus Christus als Gott und als Mensch.

20. Oktober

Zeit des Lebens

Eine soziologische Untersuchung brachte als Ergebnis, dass Wohlhabende paradoxerweise weniger Zeit zur Verfügung haben als ärmere Leute, aber das nicht etwa, weil sie mit Geldverdienen beschäftigt sind, sondern weil sie mehr Möglichkeiten haben, ihre Zeit mit verschiedenen Dingen zuzubringen. Und das, obwohl vor Jahren ein „Spiegel“-Artikel das Zeithaben, die Muße und die Zurückgezogenheit als neue Luxusgüter bezeichnet hat! Und obwohl sich Reiche mehr Dienstleistungen kaufen können!
Vielleicht hängt es damit zusammen, was Gitte 1982 gesungen hat: „Ich will alles, ich will alles, und zwar sofort.“ Das fängt schon bei den Kleinen an. Ihre Eltern müssen sie tagtäglich zum Klavierspielen, zum Ballett und später zur Disko fahren. Auch das trifft vor allem die „betuchten Kreise“. Da bleibt nicht mehr viel Zeit für zuhause übrig. Auch hier trifft zu, dass manchmal weniger mehr ist.
Was unser Leben wirklich reich macht, sind die einfachen Dinge: ein Gespräch, in dem wir jemandem

unser Herz öffnen können, eine Zeit, in der wir die Natur betrachten, ein Trost, den wir einem Kranken geben können. Alles das kostet Zeit. Zeit ist unser kostbarstes Gut, denn Zeit ist ein Stück unseres Lebens.

21. Oktober

Der Wein des Lebens

Es tut gut, wenn man mit alten Menschen sprechen kann, die ihr Leben gemeistert haben. Wenn ich einen Freund meiner Familie besuche, einen alten, fast hundertjährigen Winzer von der Mosel, spüre ich jedes Mal einen tiefen Frieden in mir. In seiner Gegenwart scheint die Zeit still zu stehen.

Er erzählt immer die gleichen Geschichten mit den gleichen Worten: Wie er im Jahr 1913 durch das Abteilfenster eines Zuges den Kaiser gesehen hat, als er nach Trier fuhr, um die neue Moselbrücke einzuweihen; und wie er sich im Krieg in Frankreich durch einen Sprung in ein Erdloch retten konnte; die Geschichte mit seinem Vater, der 1905 das Haus und die Weinberge kaufte, in denen er und sein Vater ihr Leben lang gearbeitet haben und wie nach und nach alles vergangen ist; und dass er und seine vor zehn Jahren verstorbene Frau keine Kinder bekamen und er alles seinem Neffen vererbt hat.

Das erzählt er ruhig, ohne Bedauern und mit stillem Humor. Man könnte ihm noch lange zuhören und dabei von seinem Wein trinken. An der Wand geht noch immer die alte Kuckucksuhr, die sein Großvater seinem Vater zur Hochzeit geschenkt hatte.

Man spürt sich im Fluss der Zeit und es ist gut so. Jeden Tag hat er eine Flasche von seinem Wein getrunken und jeden Sonntag hat er in der Kirche die Orgel gespielt. Und im nächsten Jahr wird er Hundert, so Gott will.

22. Oktober

Die anderen ...

Das Zusammenleben mit anderen kann zur Qual werden. Die lästigen Angewohnheiten unserer Mitmenschen, vor allem derjenigen, mit denen wir eng zusammen leben, können uns dermaßen auf die Nerven fallen, dass wir anfangen, sie zu hassen. Wir können mit den Fehlern und Unzulänglichkeiten der anderen nichts anfangen. Permanent nagt es an uns, dass sie doch eigentlich nicht sein dürften, weil sie uns hindern, das Leben zu führen, das wir uns erträumen: ein freies Leben ohne Frustration und Schmerz nach unserem Gutdünken und wie es uns passt.

Aber Jahr um Jahr vergeht und es wird nichts daraus. Immer wieder hatten wir gehofft, sie würden sich endlich ändern. Dabei vergessen wir, dass wir uns eigentlich auch ändern müssen, denn auch wir fallen den anderen auf die Nerven.

In seiner Enzyklika *Spes salvi* gibt Papst Benedikt XVI. eine weitere Antwort: „Zu einer heute vielleicht weniger praktizierten , aber vor nicht allzu langer Zeit noch sehr verbreiteten Weise der Frömmigkeit gehörte der Gedanke, man könne die kleinen Mühen des Alltags, die uns immer wieder einmal wie mehr oder weniger empfindliche Nadelstiche treffen »aufopfern« und ihnen dadurch Sinn verleihen. ... Diese Menschen waren überzeugt, dass sie ihre kleinen Mühen in das große Mitleiden Christi hineinlegen konnten, sodass sie irgendwie zu dem Schatz des Mitleids gehörten, dessen die Menschheit bedarf. So könnten auch die kleinen Verdrießlichkeiten des Alltags Sinn gewinnen und zum Haushalt des Guten, der Liebe in der Menschheit beitragen."

23. Oktober

Armut und Hoffnung

Johannes Tauler spricht immer wieder vom „ledigen Gemüt" als Voraussetzung für eine lebendige Beziehung zu Gott. Wer seine Hoffnung bloß auf Besitz setzt, verliert die Hoffnung auf Gott. Sein Gott wird das Geld. „Ihr könnt nicht beiden dienen, Gott und dem Mammon" (*Lk* 16,13; vgl. *Mt* 6,24), sagt Christus. Oder an anderer Stelle: „Wie schwer ist es für Menschen, die viel besitzen, in das Reich Gottes zu kommen! Denn eher geht ein Kamel durch ein Nadelöhr, als dass ein Reicher in das Reich Gottes gelangt" (*Lk* 18,24-25).

Die christliche Tugend der Hoffnung gedeiht nur da, wo ein unendlicher Erwartungshorizont bestehen bleibt, eine Bereitschaft des Mit-sich-geschehen-Lassens und der Erwartung. Christliche Hoffnung kann da nicht mehr gedeihen, wo der Mensch sein Lebensglück selbst in die Hand nehmen will und sein Erwartungshorizont sich nur noch auf diese Welt bezieht.

Hoffnung setzt in gewisser Weise Armut voraus. Alles, was die Hoffnung jetzt besitzt, ist nichts im Vergleich zu dem, was sie zu besitzen erwartet. Wer mit dem zufrieden ist, was er jetzt hat, bleibt damit allein.

24. Oktober

Was wir wirklich wert sind

Wer sich wirklich als Kind Gottes fühlt, weiß um seinen wahren Wert. Dieser Wert besteht nicht darin, etwas zu sein. Er besteht auch nicht im Tun, im Leisten. Auch nicht im Prestige, das hieraus vielleicht resultiert. Der wahre Wert kommt aus der Liebe. Ich bin wert, weil jemand mich liebt, noch bevor ich es weiß, ja bevor ich existiere. Dieser Wert ist fundamental. Er stützt meine ganze Existenz und nichts kann ihn erschüttern.

Eine Spiritualität, die zu viel Nachdruck auf Leistung, auch im religiösen Bereich, legt, kann leicht Menschen hervorbringen, die gegen sich selbst und andere unbarmherzig werden können. „Darum lernt, was es heißt: Barmherzigkeit will ich, nicht Opfer" (*Mt* 9,13). Ein Kind Gottes lebt zwar nicht in den Tag hinein, aber macht sich auch keine übertriebenen Sorgen. Christus sagt: „Sorgt euch nicht um euer Leben und darum, dass ihr etwas zu essen habt, noch um euren Leib und darum, dass ihr etwas anzuziehen habt. Das Leben ist wichtiger als die Nahrung und der Leib wichtiger als die Kleidung" (*Lk* 12,22-23).

25. Oktober

Wasser und Fels

„Im Gebet finden wir eine Antwort auf die Fragen, die das Leben uns stellt. Es sind keine wissenschaftlichen Antworten oder Handlungsanweisungen, wie wir unsere Probleme lösen können" (Papst Johannes XXIII.). Vielmehr wächst im Gebet in uns die Sicherheit, dass wir trotz aller Schwierigkeiten und Schicksalsschläge in Gottes Hand geborgen sind. Wenn wir

uns im Gebet vertrauensvoll Gott nähern, wird dies eine entscheidende Hilfe in unserem Leben werden.
Gott ist bereit, sich auf uns einzulassen. Aber wir müssen auch bereit sein, uns auf ihn einzulassen. Wir müssen lernen, alle Dinge und Ereignisse im Dialog mit Gott zu lösen. Ohne das Gebet sind wir nicht in der Lage, unser Leben jeden Augenblick auf Gott auszurichten, denn es ist uns nicht möglich, uns ein für alle Mal für Gott zu entscheiden. Wir müssen es immer neu tun.
Das Wasser lässt selbst im härtesten Fels im Lauf der Zeit eine Spur zurück, denn es bahnt sich seinen Weg durch die Gebirge. „Inter medium montium pertransibunt aquae", „die Quellen ... eilen zwischen den Bergen dahin" (*Ps* 104,10). So ist es auch mit dem Gebet. Wenn wir jeden Tag beten, wird dieses Gebet am Ende eine Spur in unserem Leben hinterlassen. Wenn wir beten, ändern wir uns selbst im Lauf der Zeit. Und manchmal ist diese positive Veränderung genau jene Erhörung, die Gott uns im Gebet geschenkt hat, selbst wenn er uns nicht zu erhören scheint.

26. Oktober

Überalterung

Wir stehen heute vor dem Dilemma der Überalterung unserer Gesellschaft und des Fehlens der Jugend. Wer vor Jahren auf diese absehbare Entwicklung hinwies, wurde als reaktionär abgetan. An diesem Beispiel kann man sehen, wie rasch die medial geltenden Anschauungen durch die Realität widerlegt werden.
Es ist unfassbar, dass in einem reichen Land wie Deutschland jedes Jahr so viele Kinder nicht zur Welt

kommen können, weil sie vorher abgetrieben werden. Es ist eine schwere moralische Hypothek für unsere Gesellschaft, wenn sie werdende Mütter nicht so unterstützt, dass sie angstfrei ihr Kind zur Welt bringen können.

Jeder von uns muss sich fragen, ob er etwas dazu beitragen kann, dass dies nicht länger geschieht. Kinder bedeuten nicht nur Zukunft. Sie geben Mann und Frau ein gemeinsames Ziel in ihrem Leben, das nur schwer durch andere Ziele zu ersetzen ist. Kinder machen nicht nur Mühe und kosten Anstrengung. Durch ihre natürliche Fröhlichkeit bereiten sie uns auch große Freude. Sie erobern sich unsere Liebe, ohne dass wir uns dagegen wehren können. Kinder machen Menschen aus uns, die lieben können.

27. Oktober

Das Kreuz küssen

Während der Zeit meiner Arbeit auf einer onkologisch-hämatologischen Station habe ich bei Patienten mit akut verlaufenden Bluterkrankungen beobachten können, wie deren Erwartungshorizont auf Wochen und manchmal Tage zusammenschrumpfte. Der nächste Therapiestoß, das nächste Wochenende zuhause war alles, was man erwartete, alle Gedanken waren darauf gerichtet.

Der Krankenhausseelsorger besuchte diese Patienten regelmäßig und einmal berichtete er mir von einem jungen Mann, der nicht mehr lange zu leben hatte. Er hatte mit dem jungen Mann gebetet, und der junge Mann hatte das Kreuz geküsst, das der Priester ihm gereicht hatte.

In einem Augenblick kann sich unser Leben verdichten. Vor Gott zählt dieser Augenblick vielleicht mehr als ein langes Leben. „Das eine aber, liebe Brüder, dürft ihr nicht übersehen: dass beim Herrn ein Tag wie tausend Jahre und tausend Jahre wie ein Tag sind“ (2 *Petr* 3,8; vgl. *Ps* 90,4).

28. Oktober

Spielende Kinder

Kürzlich war ein Artikel in der Zeitung, dass im Jahre 2030 nur noch selten spielende Kinder auf der Straße zu sehen sein werden. Während bei den 1940 geborenen Frauen nur jede zehnte kinderlos blieb, ist es bei den nach 1965 geborenen schon jede dritte.

Kinder sind so, wie wir Erwachsene eigentlich gerne wären. Wir möchten unser Leben als Spiel erfahren. Das Spiel ist ein Wesenselement unseres Lebens. Der Mensch darf gewissermaßen vor Gott spielen und kann sich im Bewusstsein seiner Gotteskindschaft als spielendes Kind fühlen. Denn letztlich liegt sein Schicksal bei Gott. Er braucht sich keine Sorgen um den Ausgang seines Spiels zu machen, sofern er an der Hand Gottes bleibt, wie es Kinder intuitiv tun, wenn sie sich unsicher fühlen. Der Mensch ist nicht wie der französische Philosoph Sartre sagte „ein ins Leben Geworfener“, der ums Überleben kämpft und seinem in sich sinnlosen Leben selber einen Sinn geben muss.

Kinder sind so, wie wir vor Gott eigentlich sein sollen. Jesus „rief die Kinder zu sich und sagte: Lasst die Kinder zu mir kommen; hindert sie nicht daran! Denn Menschen wie ihnen gehört das Reich Gottes. Amen, das sage ich euch: Wer das Reich Gottes nicht so annimmt, wie ein Kind, der wird nicht hineinkommen“ (*Lk* 18,16-17). Wenn es keine Kinder mehr gibt, dann fehlt uns nicht nur die Zukunft, sondern auch die lebendige Gegenwart und der lebendige Entwurf dessen, wie unser Leben vor Gott eigentlich sein sollte.

29. Oktober

Die Droge Geld

Das Markus-Evangelium schildert uns einen jungen Mann, der zu Jesus kommt und ihm als Jünger folgen will. Jesus fragt ihn, wie er bisher gelebt hat. Doch dann richtet er eine entscheidende Aufforderung an den jungen Mann, die sein ganzes Leben umkrempeln würde: „Eines fehlt dir noch: Geh, verkaufe, was du hast, gib das Geld den Armen, und du wirst einen bleibenden Schatz im Himmel haben; dann komm und folge mir nach!“ (*Mk* 10,21). Da ging der junge Mann traurig weg, heißt es, denn er war sehr reich. Da sagte Jesus zu den Umstehenden: „Wie schwer ist es für Menschen, die viel besitzen, in das Reich Gottes zu kommen!“ (*Mk* 10,23).

Geld kann wie eine Droge sein. Es kann den Menschen in Beschlag nehmen und abhängig machen, so dass es sein ganzes Denken und Fühlen beherrscht. Gieriges Raffen verdunkelt den Horizont der Hoffnung auf unsere ewige Heimat bei Gott, die unser wahrer und endgültiger Besitz ist. „Niemand kann zwei Herren dienen; er wird entweder den einen hassen und den andern lieben, oder er wird zu dem einen halten und den andern verachten. Ihr könnt nicht beiden dienen, Gott und dem Mammon“ (*Mt* 6,24).

Natürlich brauchen wir Geld. Aber wir sollen nicht dem Geld dienen, sondern es soll uns dienen. Mit Geld können und sollen wir uns und unsere Familien ernähren, nach Möglichkeit Gutes tun. Wir können sogar dem Ruf des Meisters folgen und ganz darauf verzichten.

30. Oktober

Hoffnungsloser Fall

Ein langjähriger Patient wurde nach einem Herzinfarkt aus dem Krankenhaus entlassen. Ich ertappte mich dabei, dass ich genauso wie meine Angestellten diesen Patienten aufgrund seiner Lebensführung bezüglich Alkohol und Zigaretten als hoffnungslosen Fall eingestuft hatte.

An jenem Morgen, als er aus dem Krankenhaus zu uns in die Praxis kam, entschloss ich mich aber, ihm unvoreingenommen und mit Sympathie zu begegnen. Ich spürte auch in mir eine innerliche Freude, dass ich meine etwas zu negative Haltung ihm gegenüber aufgegeben hatte. Leider verstarb dieser Patient kurze Zeit später an einem neuerlichen Herzinfarkt. Aber mir ist die gute Erinnerung geblieben, dass ich es in seiner letzten Zeit geschafft hatte, über meinen Schatten zu springen und freundlich mit ihm umzugehen.

Wenn es uns gelingt, eine negative Haltung zu überwinden, bringt das immer Frucht. Es ist, wie wenn man jemandem etwas schenkt, der es gar nicht von uns erwartet. Und das wirkt manchmal Wunder.

31. Oktober

Himmel und Sand

Die Liebe sucht nicht ihren Vorteil (vgl. *1 Kor* 13,5). Wir aber leben heute in einer Leistungsgesellschaft, in der das Bruttosozialprodukt und seine Höhe das höchste Gut sind. Unsere Gesellschaft lebt davon, dass jeder seine Vorteile sucht. Das ist der Motor der

Wirtschaft, dass ständig mehr konsumiert wird und jeder immer mehr beansprucht und für sich haben will. Materielle Güter sind aufteilbar, geistige können gemeinsam besessen werden. Materielle Güter entzweien, geistige Güter können, sofern sie echt und wahr sind, die Menschen einen.

Die Werbung hämmert uns ständig ein, dass wir immer noch mehr brauchen, um glücklich zu sein. Antoine de Saint-Exupéry spricht einmal davon, dass die Wüstenbewohner glücklicher sind als die Bewohner der Oasen. In der Wüste kann man nur wenige Dinge gebrauchen, da man alles mit sich herumtragen muss. Man hat nur Himmel und Sand und noch ein paar Gegenstände, die man dringend braucht. Es kommt nicht von ungefähr, dass suchende Menschen sich in die Wüste zurückgezogen haben, um dort zum Wesentlichen zu gelangen.

November

1. November

Gemeinschaft der Heiligen

Viele unserer Beziehungen sind von gegenseitigen Interessen bestimmt. Sie basieren auf materiellen oder geistigen Interessen, auf erotischer oder sexueller Anziehung. Wenn es aber in unserem Leben nur solche Beziehungen gibt, ist unser Leben arm, es fehlt uns das Herz. Nur im Herzen fließen alle unsere Strebungen zusammen. Das Herz ist Kern und Brennpunkt unserer Existenz. Erst die Gemeinschaft des Herzens verbindet Menschen auf geheimnisvolle Weise.

Die Verbindung der Herzen ist stärker als die von Raum und Zeit, die sich auf unsern Leib allein bezieht, ja sie ist sogar die stärkste. Sie übertrifft alle anderen. In ihrer höchsten Form ist die Verbindung der Herzen die Gemeinschaft aller Menschen guten Willens. Wenn sie in Verbindung mit Christus tritt, nennt sie sich von alters her „Gemeinschaft der Heiligen". Das sind alle Menschen, die mit Christus geheimnisvoll durch die Taufe verbunden sind. Christus sagt darüber: „Ich bin der Weinstock, ihr seid die Reben" (*Joh* 15,5).

Heutige Menschen erwarten von den Christen, dass sie ihr Herz kennen. Von fertigen Rezepten für ihr Leben halten sie wenig. Sie möchten, dass wir ihre Probleme fühlen. Dann können wir auch mit eigenem Herzen antworten. Nur diese Antwort kann authentisch sein und wird von ihnen akzeptiert. Nur so werden sie wieder auf Christus schauen, denn das Herz Christi muss auch unser Herz sein.

2. November

Kreuze am Straßenrand

Die Menschen können sich mit dem Tod nicht abfinden. An vielen Straßen sieht man Kreuze mit immer wieder frischen Blumen, die an die Menschen erinnern, die dort tödlich verunglückt sind. Meist sind es junge Menschen, mit deren Tod sich die Eltern nicht abfinden können. Manche Gräber von Kindern werden noch viele Jahre lang mit Spielzeug geschmückt. Nach 1945 hatte meine Großmutter im Garten zwei Holzkreuze für ihre im Krieg gefallenen Söhne in den Boden gesteckt und betete dort.

Die Menschen spüren, dass der Tod nicht das letzte Wort sein kann. „Nicht trauern sollen wir, dass wir ihn verloren haben, sondern dankbar sein, dass wir ihn gehabt haben, ja auch jetzt noch besitzen. Denn wer in Gott stirbt, bleibt in der Familie", sagte der hl. Hieronymus. Der Tod darf die Verbindung mit den Menschen, die von uns gegangen sind, nicht beenden. Alles, was sie gesagt, gedacht und empfunden haben, ist nicht verloren. Es lebt mit ihnen in der Ewigkeit fort und hat weiter Einfluss auf uns, die wir mit ihnen zusammen waren.

Und auch wir können sie weiter mit unseren Gedanken und Gebeten erreichen. Davon sind die Kreuze und die Blumen ja nur ein sinnfälliger Ausdruck.

3. November

Die ganze Perspektive

Gott ist unser aller Vater und er sieht uns. In der bildenden Kunst der Alten Meister wurde das mit ei-

nem Auge im gleichmäßigen Dreieck dargestellt. Das Dreieck war ein Symbol für den dreieinigen Gott und das Auge für seine Allgegenwart.
Gott sieht alles! – nach dem Motto „ein Auge ist, das alles sieht, auch was in finsterer Nacht geschieht!" Gelegentlich hat man den totalen „Überwachungsgott", den Big Father, daraus gemacht und dabei vergessen, dass jenes Auge, das alles sieht, ein Auge voller Liebe und Verständnis ist.
Es täte uns gut, wenn wir wieder daran glauben könnten: „Dein Vater Gott sieht dich. Er ist an deiner Seite." In dem Buch *Der Weg* des hl. Josefmaria Escrivá wird es so beschrieben: „Die Kinder... Sie wollen sich gut betragen, wenn ihre Eltern da sind. Die Kinder eines Königs. Wie sehr mühen sie sich, vor ihrem Vater, dem König, die königliche Würde zu wahren! Und du... Weißt du nicht, dass du immer vor dem großen König stehst, deinem Vater Gott?"
Wenn wir uns der Gegenwart Gottes in unserem Leben bewusst sind, verhalten wir uns anders. Ein Mensch mit bzw. ohne Gegenwart Gottes ist wie ein Mensch mit zwei Augen bzw. mit nur einem Auge. Der Mensch mit zwei Augen kann räumlich sehen, der andere nicht. Der Mensch mit nur einem Auge sieht bloß eindimensional, während der andere die ganze Perspektive des Raumes und seiner Dimensionen sehen kann.

4. November

Die Kunst des Tröstens

In einer Gesellschaft, in der vieles machbar erscheint, in der die Menschen kaum mehr mit dem Äußersten konfrontiert werden, wo Krankheit, Siechtum und Tod von den Augen der Öffentlichkeit ferngehalten

werden, bleiben diejenigen, die Hoffnungslosigkeit erfahren, oftmals so unsagbar allein. Denn wer die Hoffnung verlernt hat, die auch im Äußersten noch trägt, der hat auch die Kunst des Tröstens verlernt, weil er nicht mehr weiß, womit er trösten kann.
Mir sagte einmal ein Schwerkranker: „Ein guter Arzt ist nur der, der auch zu trösten versteht, wenn er nicht mehr heilen kann." Die Kunst des Trostes setzt aber voraus, dass man neben der Gabe des Mitleidens und Mitfühlens eine Hoffnung hat für denjenigen, der leidet. Es ist schwer, ein Wort des Trostes zu finden, wenn man selbst keine Hoffnung hat.
Die Haltung gegenüber dem Sterben sagt vieles über den Zustand der Hoffnung in unserer Gesellschaft. Als ich vor über 40 Jahren mein erstes Praktikum in einem Krankenhaus, das von Ordensschwestern geleitet wurde, ableistete, konnte ich noch erleben, wie die Schwestern den Sterbenden in ein eigenes Zimmer brachten, Kerzen aufstellten und mit den Angehörigen und dem Sterbenden gemeinsam beteten. In meiner langjährigen Kliniktätigkeit nach dem Studium habe ich dies kein einziges Mal mehr erleben dürfen. Später musste ich dann öfter erleben, dass Patienten in Abstell- und Funktionsräumen starben, weil auf der Station kein Platz war und weil so auch öfter jemand ins Zimmer kam. Hier hat sich allerdings in den letzten Jahren durch die Hospiz-Bewegung einiges zum Besseren gewendet.

5. November

Wahrheit und Lebenssinn

Was hat die Frage nach Sinn mit unserem Alltag zu tun? Welche Konsequenz hat eine solche Frage für unser alltägliches Tun? Welchen Sinn haben über-

haupt die Dinge, die ich im Laufe eines Tages tue? Viktor Frankl berichtete einmal von einem psychotherapeutischen Kollegen, der zu einer krebskranken Patientin sagte: „Machen Sie sich keine Sorgen, ihr Leben hatte auch vor ihrer Krebserkrankung keinen Sinn."
Entweder alles hat Sinn oder nichts hat Sinn. Wenn nichts Sinn hat, dann ist alles gleich sinnvoll und sinnlos. Dann hat alles nur jenen Sinn, den ich selber hineinlege. Aber welchen Sinn sollen dann noch Krankheit und Leiden haben?
Leiden und Krankheit haben keinen Sinn in sich, weil sie die natürlichen Funktionen stören. Sie können ihren Sinn, wenn überhaupt, nur aus einer Wirklichkeit erhalten, die jenseits unserer natürlichen Erfahrung liegt. Leiden führt uns an die Grenze unserer eigenen Sinndeutung. Es muss uns schon jemand an der Hand nehmen, damit wir in dieses Geheimnis eintreten.
Jesus sagt von sich: „Wenn ich über die Erde erhöht bin, werde ich alle zu mir ziehen" (*Joh* 12,32). Das ist ein geheimnisvolles Wort, damals in eine antike Welt hineingesprochen, die das Leiden bislang nur als ein heroisches Dulden, wie Odysseus oder Prometheus, akzeptieren konnte. Aber Christus leidet nicht aus Heroismus, sondern aus Liebe. Das ist ein Geheimnis – und zugleich der Sinn.

6. November

Nicht die verlöschende Kerze

Die verlöschende Kerze als Zeichen des Absterbens aller Leidenschaft ist das Symbol des Buddhismus. Christus dagegen sagt: „Man zündet ... nicht ein Licht an und stülpt ein Gefäß darüber, sondern man stellt es auf den Leuchter; dann leuchtet es allen im Haus. So soll euer Licht vor den Menschen leuchten, damit sie eure guten Werke sehen und euren Vater im Himmel preisen" (*Mt* 5,15-16).

Das Licht unseres Lebens muss sich an Christus, dem wahren Licht unseres Lebens, entzünden. In der Osternacht singt der Priester: „Lumen Christi!" Christus ist unser Licht, und die Gemeinde antwortet: „Deo gratias", Dank sei Gott. Dieses Licht, das wir verbreiten sollen, sind der Glaube, die Hoffnung und die Liebe, die brennende Kerze unserer guten Leidenschaften, unserer Gottes- und Menschenliebe, die sich an Christus entzünden.

Diese sich verzehrende Liebe hat der erst vor einigen Jahren in hohem Alter verstorbene Albrecht Goes in seinem Gedicht von der Kerze in anrührender Weise poetisch beschworen:

Nein, du darfst dich nicht bewahren,
bist du anders je erwacht,
laß die Sterne strahlend fahren
über deiner kleinen Nacht.
Laß getrost Äonen dauern
all dies vielgerühmte Licht
aber sieh mit Erdenschauern
weißer Kerze Nachtgesicht
Eine Dunkelheit vertreiben
darf die Kerze weiß und still
Bruder, willst du anders bleiben
als die weiße Kerze will.

7. November

Wie durch Feuer

Wenn wir einmal zu Gott zurückkehren wie wir Christen glauben, kehren wir zurück zu der Liebe,

von der wir ausgegangen sind, denn Gott ist die Liebe (vgl. *1 Joh* 4,8.16). Der Augenblick der Begegnung mit Gott wird der entscheidende Moment der Wahrheit sein. Im Lichte der Liebe Gottes, die uns in jenem Augenblick ganz durchdringen wird, werden wir uns und unser Leben so sehen, wie es wirklich war. Das ganze Gestrüpp von Egoismus und Halbherzigkeit gegen Gott und die andern Menschen wird im Feuer dieser Liebe verbrennen.
„Das Werk eines jeden wird offenbar werden; jener Tag wird es sichtbar machen, weil es im Feuer offenbart wird. Das Feuer wird prüfen, was das Werk eines jeden taugt. Hält das stand, was er aufgebaut hat, so empfängt er Lohn. Brennt es nieder, dann muss er den Verlust tragen. Er selbst aber wird gerettet werden, doch so wie durch Feuer hindurch" (*1 Kor* 3,13-15).

8. November

Das kleine Mädchen Hoffnung

Charles Péguy, der große französische Schriftsteller, hat in einem epischen Gedicht die christliche Hoffnung als kleines Mädchen beschrieben, das von seinen beiden größeren Schwestern Glaube und Liebe in die Mitte genommen und geführt wird. Aber in Wirklichkeit, sagt er, ist es das kleine Mädchen Hoffnung, das seine beiden größeren Schwestern führt.
Tatsächlich, ohne die Hoffnung würde in unserem Leben alles still stehen. Die Liebe würde ihr Ziel verlieren und erkalten, der Glaube würde versickern. Wir würden uns nicht mehr zutrauen, auch nur einen einzigen Schritt zu tun.
Auf mancher Bergwanderung gibt es Abschnitte, bei denen man den Gipfel nicht sehen kann. Auch in un-

serem sogenannten grauen Alltag ist es manchmal so, wenn wir vor lauter Erledigungen und Problemen, die sich vor uns auftürmen, keinen Sinn und kein Ziel mehr sehen. Dann kann uns das kleine Mädchen Hoffnung einen Becher mit frischem Wasser aus jener Quelle reichen, von der Christus zu der Samariterin gesagt hat: „Wer ... von dem Wasser trinkt, das ich ihm geben werde, wird niemals mehr Durst haben; vielmehr wird das Wasser, das ich ihm gebe, in ihm zur sprudelnden Quelle werden, deren Wasser ewiges Leben schenkt“ (*Joh* 4,13-14). Trinken müssen wir aber selber.

9. November

Das letzte Wort

Angst kommt dann, wenn wir uns bedroht fühlen. Das wird besonders spürbar, wenn wir krank werden. Wir fühlen uns dünnhäutiger, verletzlicher, ausgesetzter. Wir spüren uns sterblicher und damit näher am Tod, d. h. an der Vernichtung und der Begegnung mit dem Unbekannten.

Schon einem kleinen Kind bereiten eine dunkle Kellertreppe oder ein schwarzer Himmel vor einem Gewitter Angst. In der Krankheit werden wir wieder hilflos wie Kinder, erfahren uns als schutzlos ausgeliefert an die Mächte des Zerfalls und der Sterblichkeit. Krankheit erinnert uns stets an Tod.

Wenn eine große deutsche Krankenkasse sich in Gesundheitskasse umbenannt hat, ist das nur ein Teil des gesellschaftlichen Verdrängungsprozesses, der heute im Bezug auf Krankheit und Tod stattfindet. Als Christen aber glauben wir, dass nicht der Tod, sondern das Leben das letzte Wort hat.

10. November

Das Kreuz jeden Tages

Ein Mystiker des Alltags ist sich sogar mitten in einer Geschäftsbesprechung bewusst, dass sein härtester Rivale ebenfalls ein Kind Gottes ist. „Jeder Mensch ist das ganze Blut Christi wert“ (hl. Josefmaria Escrivá, *Christus begegnen*).

Es ist ein Irrtum zu meinen, dass Nächstenliebe uns schwach macht. Sachbezogenheit, Gerechtigkeit und Liebe zum Nächsten sind miteinander vereinbar, sofern sie der Wahrheit entsprechen. Der Beziehung untereinander und der gerechten Lösung der Probleme kann dies nur nützen.

Wir alle wissen, wie schwierig das manchmal sein kann. Wir haben eine Grippe noch nicht ganz überstanden und gehen wieder zur Arbeit. Wir haben wegen familiärer Probleme während der Nacht schlecht geschlafen und finden am nächsten Tag einen Schreibtisch voller Arbeit vor. Mit einem Mal klingt uns die Forderung des Herrn in den Ohren: „Wer mein Jünger sein will, der verleugne sich selbst, nehme täglich sein Kreuz auf sich und folge mir nach“ (*Lk* 9,23). Daraufhin fällt mir manchmal ein zweites Stoßgebet ein: „Herr, muss es denn unbedingt heute und so sein?“

11. November

Homo viator

Wir werden wohl immer unterwegs sein. Es steckt tief in uns. Wer unterwegs ist, möchte irgendwann ankommen. Wir möchten da sein, wo wir immer schon hin wollten. Wie schön es ist, endlich anzukommen, spüren Menschen, die tagelang als Pilger unterwegs sind. Einige Male habe ich das in St. Matt-

hias in Trier beobachtet, wo sich die Grablege des hl. Matthias, das einzige Apostelgrab nördlich der Alpen, befindet. Wenn dort Pilger aus der Nordeifel oder aus Aachen nach einer Woche Wallfahrt ankamen, stand ihnen trotz der tagelangen Anstrengung die Freude im Gesicht.
„Wir sind nur Gast auf Erden und wandern ohne Ruh, mit mancherlei Beschwerde der ewigen Heimat zu“, heißt es in einem bekannten Kirchenlied. Die Menschen spüren das. Sie begeben sich manchmal wochenlang auf Pilgerwege, vor allem auf den Jakobsweg. Es geht ihnen gut, wenn sie unterwegs sein können. Sie spüren: Unterwegs sein ist unser Leben, wir alle sind ein „homo viator“.

12. November

Die linke Hand Gottes

Viele Menschen in Deutschland, auch Katholiken, reagieren allergisch, wenn die Wahrheit oder die Heiligkeit der Kirche betont werden. Es ist eines der großen Verdienste von Johannes Paul II, dass er den Mut hatte, den Finger auf die historischen Wunden der Kirche zu legen. Gleichwohl hat er immer wieder betont, dass die Kirche nach den Worten des hl. Paulus „Braut Christi“ ist und somit in inniger Einheit mit Christus steht, der von sich gesagt hat: „Ich bin der Weg und die Wahrheit und das Leben“ (*Joh* 14,6). Die Deutschen sehen sich in der Kirche am liebsten auf Pilgerschaft. Vielleicht liegt es daran, dass Wotan der oberste Gott der Germanen ein Wandergott war. Auch heute fühlen die Deutschen sich am wohlsten, wenn sie unterwegs sind. Nicht umsonst sind sie trotz nachlassender Wirtschaft Reiseweltmeister.

Wenn man in die deutsche Geistesgeschichte schaut, scheint dies auch für den geistigen Bereich zuzutreffen. So schrieb der berühmte deutsche Philosoph Leibniz einmal, dass wenn Gott in seiner rechten Hand die ganze Wahrheit als Erkenntnis hielte und in der linken Hand den immerwährenden Drang danach, er Gott demütig bitten würde: „Vater, gib mir aus Deiner linken, die ganze Wahrheit ist zu viel für mich."

Die moderne Wissenschaft lebt von der linken Hand Gottes. Aber vielleicht sollten wir jetzt auch fragen, was er in der rechten Hand hält. Vielleicht würde das Leibniz, wenn er heute lebte, auch tun – nach allem, was die Wissenschaft uns seither an Kollateralschäden beschert hat.

Jedes Tun des Menschen ist naturgemäß unvollkommen. Allein Gott vermag dem Menschen auf einer höheren, die Natur des Menschen übersteigenden Ebene die Vollkommenheit und Vollendung zu geben.

13. November

Global player

„Derjenige ist am stärksten, der am wenigsten liebt." Man könnte das als Motto über unsere Leistungsgesellschaft schreiben. Der superflexible Single, der sich nirgendwo bindet, gibt den idealen Karriere-Typ ab. Ohne Bindung und Anhang ist er der ideale „Global Player", den sein Unternehmen überall einsetzen kann. Aber spätestens seit dem Banken-Crash 2008 sollten wir wissen, welchem Menschen-Typus wir uns damit ausliefern.

Ja, es stimmt: Liebe macht schwach, weil sie bindet und uns einen Ballast aufbürdet. Aber nur wer sich bindet und nur wer liebt, hat auch ein Maß für sein Handeln, das jenseits seines eigenen Egoismus liegt. Christus sagt: „Mein Joch drückt nicht, und meine Last ist leicht" (*Mt* 11,30). Er meint damit sein neues Gebot der Liebe, das er allen seinen Jüngern „aufládt", wenn er ihnen gebietet: „Liebt einander! Wie ich euch geliebt habe, so sollt auch ihr einander lieben" (*Joh* 13,34).

Es war eine Illusion zu glauben, dass eine Weltwirtschaft auf die Dauer ohne Moral auskommt nach dem Motto: „Der Markt reguliert sich von selbst." Er hat sich nicht selbst reguliert sondern seine eigene Katastrophe produziert. Wir mussten erst durch eine bittere Lehre erfahren, was Christus bereits vor 2000 Jahren zu seinen Jüngern sagte: „Es gibt keinen guten Baum, der schlechte Früchte hervorbringt, noch einen schlechten Baum, der gute Früchte hervorbringt. Jeden Baum erkennt man an seinen Früchten" (*Lk* 6,43-44).

14. November

Versöhntes Beten

Es gibt in der Ostkirche eine uralte Tradition, die besagt, dass ein Mensch erst dann richtig und tief beten kann, wenn er mit allen Menschen in Frieden und Versöhnung lebt. Die Vergebungsbereitschaft macht uns Gott am meisten ähnlich, weil die hervorragendste Eigenschaft Gottes im Bezug auf den Menschen die Barmherzigkeit ist. Wir Menschen aber sind alle miteinander Gott gegenüber schuldig und bedürfen seiner erbarmenden Liebe. Wenn wir deshalb anderen gegenüber Nachsicht und Vergebung üben, handeln wir als gemeinsame Schuldner gegenüber Gott.

„Selig die Barmherzigen; denn sie werden Erbarmen finden" (*Mt* 5,7). Die Fehler, die bewussten oder unbewussten Kränkungen oder gar Grobheiten unserer Nächsten uns gegenüber bieten uns Gelegenheit, an den andern so zu handeln, wie sich Gott uns gegenüber verhält.

15. November
Himmel

Eine Spiritualität, die allzu sehr auf Kreuz und Leiden besteht, ist in der Gefahr, den Himmel als letzte Bestimmung des Menschen aus dem Auge zu verlieren. Wenn die Menschen den Himmel vergessen, verlieren sie auch den Mut, das Kreuz zu tragen. Jesus nahm Petrus, Jakobus und Johannes, die später Zeugen seiner tiefen Depression in Getsemani wurden, mit auf den Berg der Verklärung, damit sie in der Stunde des Kreuzes nicht verzweifelten (vgl. *Mt* 17,1-9; *Mk* 9,2-10; *Lk* 9,28-36).

So sollen auch wir uns in unserem Leben frohe Augenblicke schaffen, damit wir nicht vergessen, dass wir für die Freude bestimmt sind. Jeder Sonntag sollte uns daran erinnern. Die hl. Thérèse vom Kinde Jesu erzählt in ihrer Biografie, dass sie jedes Mal Traurigkeit befiel, wenn der Sonntagabend langsam zu Ende ging.

Ich kann mich erinnern, dass es mir als Kind genauso ging ... Als es dunkel wurde und ich nach dem Abendessen ins Bett ging, wünschte ich mir, dass der Sonntag noch länger dauern würde. Der Sonntag war der Tag, an dem wir morgens früh zur Messe gingen und ich danach mit meinen Eltern lange frühstücken konnte. Am Nachmittag machten wir einen schönen Spaziergang. Somit hatte der Sonntag für mich ein klein wenig den Geschmack von Ewigkeit. Und ich wünschte mir, dass er nicht zu Ende ginge.

16. November
Tierische Angst

An einem Sonntagmorgen machte ich vor vielen Jahren in München einen Hausbesuch bei einem alten Patienten. Er und seine Frau waren anfangs der dreißiger Jahre aus einem Dorf in Niederbayern nach München zugewandert. Auf die Frage, wo seine Frau sei, antwortete er mir in urwüchsigem Bayerisch: „Mei Frau is in d' Kirch ganga." Und als Kommentar: „A Mensch, der koan Glaubn hoat, lebt wir a Viech."

Heute versucht man, den Menschen aus der Evolution und seiner biologischen Verwandtschaft mit dem Tier zu verstehen. Man versucht sogar, Regeln für menschliches Verhalten aus der Biologie abzuleiten. Wahrscheinlich hätte mein Patient wenig Verständnis dafür gehabt. Vielleicht hätte er geantwortet: „Ich hab noch keine Katze oder Hund oder Kuh in die Kirche gehen sehen." Wenn wir den Menschen auf eine Stufe mit dem Tier stellen, sagen wir gleichzeitig, dass er ausschließlich von Instinkten geleitet wird. Der Mensch wäre dann zwar etwas höher entwickelt als das Tier, aber eben doch nur rein biologisch bestimmt.

Professor Balthasar Staehelin, der als Leiter der Psychosomatischen Klinik der Universität Zürich jahrzehntelang viele Angst-Patienten behandelt hat, deutete den Verlust des Urvertrauens infolge einer rein materiellen Sicht des Menschen als die Grundursache für Angst.

Kann es vielleicht sein, dass sich, nachdem wir den Menschen auf eine Stufe mit dem Tier gestellt haben, auch „tierische Angst“ unter uns ausbreitet, von der uns die Biologie nicht befreien kann. Aber: „Verkauft man nicht zwei Spatzen für ein paar Pfennig? Und doch fällt keiner von ihnen zur Erde ohne den Willen eures Vaters. ... Fürchtet euch also nicht! Ihr seid mehr wert als viele Spatzen“ (*Mt* 10,29-31).

17. November

Was wir sind

Im 20. Jahrhundert hat es Versuche gegeben, die Hoffnung zur politischen Ideologie umzumünzen. Die kollektive Utopie sollte die persönlichen Sehnsüchte nach Glück ablösen. Das Scheitern dieser Experimente und der Sieg des westlichen Individualliberalismus ließ die Hoffnung zu einem Wunsch nach ganz persönlichem, aber fast ausschließlich individuellem Glück werden.

Der autonome Mensch von heute will sich seine Zukunft weder bestimmen noch schenken lassen. Er nimmt sein Leben selber in die Hand und modelliert es nach eigenen Vorstellungen. Er will sich selbst verwirklichen. Frühere Generationen hatten kaum diese Möglichkeit. In früheren Zeiten war der Spielraum individueller Lebensgestaltung meist sehr gering. Das machte die Entscheidung für einen Lebensweg aber einfacher. Zumindest in den westlichen Industriestaaten kann sich der heutige Mensch zwischen vielen Möglichkeiten entscheiden. Das schafft bei vielen Menschen die Illusion, ihr Leben selbst in der Hand zu haben. Gleichzeitig aber wächst die Angst, das Leben zu verpassen, wenn man sich zu schnell festlegt. Man will sich alle Optionen offen halten.

Um sich selbst zu verwirklichen, muss man aber erst einmal wissen, wer derjenige ist, der sich da verwirklichen soll. Meister Eckhart sagt: Die Menschen sollen nicht so viel darüber nachdenken, was sie tun sollen, sondern was sie sind.

Was aber sind wir? Die Menschen früherer Generationen waren der Überzeugung, dass ein individuelles Menschenleben nicht genügt, um hierauf eine Antwort zu finden. Sie verließen sich deshalb auf Traditionen und die christliche Offenbarung. Heute versucht jeder selber eine Antwort zu finden. Allerdings bemerken viele dabei nicht, dass diese Antwort oftmals nur das Echo des Zeitgeistes oder gar bloß der Medien ist.

18. November

Das wirkliche Jesuskind

In der Peterskirche in München gibt es am Eingang eine kleine Holzkapelle mit einem Schlitz für Münzen. Wenn man eine Münze hineinwirft, öffnet sich ein kleines Portal, ein Licht geht an und auf einer Schiene kommt ein Jesuskind heraus und macht einen Kreuzessegen mit der rechten Hand.

Ich stand zufällig davor, als eine kleine alte Frau ein 5-Cent-Stück einwarf. Sie kniete sich nieder und bekreuzigte sich. Als das Jesuskind herauskam, zupfte sie mich am Ärmel und zog mich zu sich herab. „Ich muss Ihnen etwas sagen: Das Jesulein lebt wirklich. Die Klosterfrau Kolumba Weigl hat gesehen, wie das Jesuskind nachts durch den Konvent gegangen ist, die Tür zu jeder Zelle aufgemacht und jede Schwester gesegnet hat. Wenn dieses Jesuskind hier in der Peterskirche gesegnet worden ist, dann lebt es wirklich. Und noch was sag ich Ihnen: Das »Vergelts Gott« ist ganz wichtig – gegenüber Gott und gegenüber den anderen Menschen.“

So oft ich nach St. Peter komme und das Jesuskind sehe, denke ich an die gute alte Frau, werfe ein 5-Cent-Stück ein und lasse mich von dem „wirklichen Jesuskind" segnen und murmele ein „Vergelts Gott".

19. November

Getsemani

Viele künstlerische Darstellungen des Gebetes Christi am Ölberg zeigen ihn im Garten Getsemani mit gefalteten Händen, auf dem Boden kniend und nach oben blickend, als Mensch gleichsam in der Erwartung, dass der Vater ihm Antwort gibt auf die schwerwiegendste Frage, die der Mensch Gott stellen kann: „Vater, warum das Leiden?"

Christus als Sohn Gottes und Erlöser wusste, warum er litt. Wenn wir uns aber im Gebet in unserem Getsemani an die Stelle Christi setzen, dann würden wir immer wieder diese Frage stellen: „Vater, warum das Leid? Nicht nur mein Leid, sondern das Leid so vieler Menschen, auch der Kinder, die ja noch ganz unschuldig sind?" Auf diese Frage ist der große russische Dichter Dostojewski immer wieder in seinen Werken zurückgekommen.

Christus stellt sein Leiden hinein in die Beziehung zu seinem Vater, indem er sagt: „Vater, wenn du willst, nimm diesen Kelch von mir! Aber nicht mein, sondern dein Wille soll geschehen" (*Lk* 22,42). Damit weist er uns den Weg, wie auch wir den Sinn des Leidens erfassen können. Wenn Christus sagt: „Mein Vater, wenn es möglich ist, gehe dieser Kelch an mir vorüber" (*Mt* 26,39), spricht er als ein Mensch, der das Leiden instinktiv ablehnt, weil es seiner ursprünglichen Natur zuwider ist.

Wenn wir in unseren Leiden zusammen mit Christus im Getsemani unseres Herzens langsam sprechen: „Aber nicht, was ich will, sondern was du willst, soll geschehen" (*Mk* 14,36), dann erhält auch unser Leiden einen Sinn, den es von sich aus nicht hat.

20. November

Magst du mich?

Die Hoffnungen der Menschen sind unersättlich und gehen doch nie ganz in Erfüllung. Jeder Mensch entwickelt im Laufe seines Lebens Sehnsüchte und Träume, die unbewusst sein Verhalten und seine Entscheidungen bestimmen. Oft sind es die unerfüllten Wünsche aus der Kindheit, die eine Beziehung belasten können oder einen Menschen hinter utopischen Idealen herlaufen lassen. So sind manche Menschen ihr gesamtes Leben auf der Suche nach einer Mutter, die sie endlich liebt, oder nach einem Vater, der sie anerkennt.

Bei einer Patientin konnte ich das jedes Mal spüren, wenn ich bei ihr war. Sie hatte mir erzählt, dass ihre Mutter sie abgelehnt hatte und dass sie bei den Großeltern erzogen wurde. Später, als ich sie öfter besuchte und sie mittlerweile ein Pflegefall geworden war, fragte sie mich jedes Mal: „Magst Du mich?", und das wiederholte sie dauernd.

Manche Aggressionen, manche schlimmen Bemerkungen, die im Alltag fallen, sind versteckte Wünsche nach Zuneigung. Manchmal probieren wir aus, ob uns die anderen auch dann noch mögen, wenn wir ihnen die kalte Schulter zeigen. Gerade Eltern mit pubertierenden Töchtern oder Söhnen können ein Lied davon singen, was es heißt, auch dann noch zu lieben.

21. November

Zufälle

Vor Jahren hatte ich eine asthmakranke Patientin. Beim Verlassen eines Restaurants, das sie mit ihrer Familie besucht hatte, lief plötzlich eine Maus über den Gehweg. Die Patientin erschrak so sehr, dass sie einen schweren Asthmaanfall erlitt, der zur Sauerstoffmangelversorgung des Gehirns führte, in dessen Folge die Patientin einen schweren Hirnschaden erlitt. Der Ehemann und die Tochter versuchten anfangs, sie zu Hause zu pflegen. Aber schließlich musste sie in ein Pflegeheim und verstarb dort nach einigen Jahren.

Solche und ähnlich tragische Zufälle mit weitreichenden Folgen können uns auf eine harte Probe stellen und ein Äußerstes an Vertrauen auf Gott abverlangen. „Warum gerade ich?", fragen wir dann. Oder: „Wie konnte das nur passieren? Warum habe ich nicht aufgepasst oder reagiert?" Hier ragt unverhofft das Kreuz auf. Es fühlt sich hart und rau an, und wir möchten es dann lieber nicht anfassen.

Auch Simon von Zyrene hat erst nur widerstrebend getragen, als er müde von der Arbeit heim kam und das Kreuz auf seine Schultern bekam. Im Mitgehen und Mittragen hat er jedoch „erkannt, dass es Gnade war, mit diesem Gekreuzigten zu gehen und ihm beizustehen. Das Geheimnis des leidenden und schweigenden Jesus hat ihn ins Herz getroffen. Jesus, dessen göttliche Liebe allein die ganze Menschheit erlösen konnte und kann, will doch, dass wir sein Kreuz mittragen, um voll zu machen, was an seinen Leiden noch fehlt (*Kol* 1, 24). ... So empfangen wir Heil und dürfen selbst zum Heil der Welt beitragen" (Kardinal

Joseph Ratzinger, *Kreuzweg am Kolosseum in Rom*, 2005).

22. November

Der Name der Rettung

Christliche Hoffnung hat einen Namen. Sie lässt sich festmachen an einer Person: Jesus Christus. „Und in keinem anderen ist das Heil zu finden. Denn es ist uns Menschen kein anderer Name unter dem Himmel gegeben, durch den wir gerettet werden sollen" (*Apg* 4,12).

Die Haltung des Vertrauens auf Gott als unser Vater sollte gerade für Christen, die inmitten der Welt wirken, ein Dreh- und Angelpunkt sein, um den sich ihre gesamte geistige Existenz dreht. Denn die hohe Schule im Leben der christlichen Hoffnung besteht gerade darin, aus den Niederungen des Alltags immer wieder den Blick zu dem endgültigen Ziel unseres christlichen Lebens zu erheben. Dies ist aber nur möglich, wenn der Alltag in seiner ganzen konkreten, manchmal auch harten und bedrückenden Realität in die Gesamtheit des christlichen Lebens integriert wird.

Dies kann eigentlich nur dadurch geschehen, dass ich trotz der manchmal offensichtlichen Belanglosigkeit und Monotonie des Alltagsgeschehens die Hand Gottes in allem sehe, was mir begegnet. Daher kann es für Christen eigentlich nichts geben, das letztlich bedeutungslos wäre, weil alles auf dem Weg liegt, der zu Gott führt.

23. November

Gottes Maß

„Vor allem haltet fest an der Liebe zueinander; denn die Liebe deckt viele Sünden zu“ (*1 Petr* 4,8), sagt Petrus. Hier haben wir auch den Schlüssel zu jenem anderen Wort, das Jesus den Pharisäern sagt: „Viele aber, die jetzt die Ersten sind, werden dann die Letzten sein, und die Letzten werden die Ersten sein“ (*Mt* 19,30). Nicht das viele Tun und unsere Effizienz sind gefragt. Vielmehr lautet die eigentliche Frage: „Hast du in all deinem Tun geliebt?“

So wird es vielleicht vielen ergehen, die in den Schlagzeilen von Presse oder Fernsehen als groß und wichtig gefeiert werden, deren Tun aber in Wirklichkeit sehr arm war. „Verschafft euch einen Schatz, der nicht abnimmt, droben im Himmel, wo kein Dieb ihn findet und keine Motte ihn frisst“ (*Lk* 12,33), warnt Jesus. Der Schatz, von dem er spricht, ist die Liebe, also das, was wir tun, wenn die andern uns nicht sehen und auch nicht loben können, denn diejenigen, die sich für ihr Tun, gerne loben lassen, „haben ihren Lohn bereits erhalten“ (*Mt* 6,5).

Im Matthäus-Evangelium schildert Jesus das Endgericht als eine Prüfung der Werke der Barmherzigkeit, die jeder Mensch in seinem Leben tun soll. Die wirkliche Sünde ist, wenn wir das Gut, das Gott uns anvertraut hat, für uns behalten und nicht weitergeben. In seiner Botschaft ruft uns Jesus auf, mit vollen Händen auszuteilen, statt möglichst viel für uns zu behalten. So wird derjenige im Gleichnis vom anvertrauten Geld verurteilt, der sein Talent für sich zurückhält (vgl. *Mt* 25,14-30). „Nach dem Maß, mit dem ihr messt und zuteilt, wird euch zugeteilt werden“ (*Mt* 7,2).

24. November

In guten und in schlechten Tagen

In seinem Leben hofft jeder Mensch auf verlässliche Beziehungen und Treue. Bei einer Umfrage unter Jugendlichen stand bei der Frage, was sie sich für ihr Leben am meisten wünschen, Treue in den Beziehungen an erster Stelle. Es braucht allerdings die Entschlossenheit beider – sowohl von Seiten der Frau als auch von Seiten des Mannes –, um einander wirklich treu zu sein. Nur dann können sie sich „in guten und in schlechten Tagen" wirklich aufeinander verlassen, ob es regnet oder schneit, ob es stürmt oder windstill ist, ob einer krank oder gesund ist.
Der Wille allein genügt hier nicht. Man braucht eine Kraftquelle, aus der man schöpfen kann. Der Liebe wird diese Kraft zugeschrieben. „Stark wie der Tod ist die Liebe ... Auch mächtige Wasser können die Liebe nicht löschen" (*Hld* 8,6-7). In der Kirche gibt es das Sakrament der Ehe. Es wird auch mit dem schönen Wort „Ehebund" bezeichnet. Die Kirche ruft den Heiligen Geist auf die Eheleute herab, damit sie die Kraft zur gegenseitigen Treue haben, damit ihnen Gott dabei hilft. Paulus spricht sogar davon, dass die eheliche Liebe zwischen Mann und Frau ein Abbild der Liebe Christi zu seiner Kirche ist: „Dies ist ein tiefes Geheimnis" (*Eph* 5,32).

25. November

Das Leben – eine Botschaft

Als ein Reporter Mahatma Gandhi durch das Fenster seines schon aus dem Bahnhof abfahrenden Zuges nach einer besonderen Botschaft fragte, die er dem Volk übermitteln könnte, reichte ihm Gandhi einen Zettel durch das Fenster des Abteils. Auf dem Papier hatte er geschrieben: „Mein Leben ist meine Botschaft."

Tatsächlich ist das Leben eines jeden Menschen eine Botschaft. Dies kann eine gute, aber leider auch eine schlechte Botschaft sein. Christus sagte: „Ihr seid das Licht der Welt. Eine Stadt, die auf einem Berg liegt, kann nicht verborgen bleiben (*Mt* 5,14), und: „Man zündet ... nicht ein Licht an und stülpt ein Gefäß darüber, sondern man stellt es auf den Leuchter; dann leuchtet es allen im Haus" (*Mt* 5,15-16). Damit wollte er seinen Jüngern sagen, dass ihr gesamtes Leben Licht für andere sein soll.

Mahatma Gandhi fühlte sich von Jesus und der christlichen Religion sehr angezogen. Aber als er sah, wie die Christen sich verhielten, fühlte er sich abgestoßen. Bis an sein Lebensende las er in der Bibel, vor allem in der Bergpredigt, und im letzten Augenblick vor seinem Tod betete er für seinen Mörder: „Ich verzeihe dir, ich liebe dich. Ich segne dich."

26. November

Auferstehung und Reinkarnation

Der vom Zeitgeist bestimmte Mensch sieht sich als Produkt einer biologischen Evolution. Eine geistige Dimension lässt er nur als Sublimierung von höher entwickeltem Instinktverhalten gelten. Damit ist der Zugang zur Metaphysik, zu dem, was hinter der Biologie steht, versperrt. Dass der Mensch eine geistige Wesensstruktur mit Bezug auf ein Weiterleben nach dem Tod hat, existiert bei vielen Menschen allenfalls als vage Vorstellung. Viele ziehen es vor, an Reinkarnation zu glauben.

Vor einiger Zeit kam ein 80jähriger Patient zu mir, dessen Frau nach längerem Leiden zwei Monate zuvor verstorben war. „Glauben Sie an ein Leben nach dem Tod?", fragte er mich. Als ich dies bejahte, antwortete er bewegt: „Danke, Herr Doktor, ich glaube auch daran, dass ich meine Frau einmal wiedersehen werde."

Ein Freund berichtete mir einmal von seiner Indienreise. Ein gläubiger Hindu sagte zu ihm: „Ihr Christen habt es gut, dass ihr an eine Auferstehung glaubt. Es ist für mich eine schreckliche Vorstellung, dass ich meine geliebte verstorbene Frau nie wiedersehen werde."

Christus hat nicht von Reinkarnation gesprochen. Wohl ist er von den Toten auferstanden. Und das Gleiche hat er uns verheißen: „Es ist der Wille meines Vaters, dass alle, die den Sohn sehen und an ihn glauben, das ewige Leben haben und dass ich sie auferwecke am Letzten Tag" (*Joh* 6,40). Der Mensch ist also keine Durchgangsstation, kein vorläufiges Experimentierfeld. Jeder Mensch ist für sich unendlich kostbar, so kostbar, dass der Sohn Gottes, das Wort, Fleisch angenommen hat, um ihm ganz nahe zu sein. Durch die Inkarnation hat uns Gott ein für alle Mal erlöst, und wir brauchen nicht den mühseligen Weg der eigenen Reinkarnationen zu gehen.

27. November

Brückenbau

Viele psychische Fehlhaltungen und Konflikte wurzeln in einem tief sitzenden Minderwertigkeitsgefühl, das an unserem Herzen nagt. Es kann nur durch eine Liebe geheilt werden, die uns so annimmt, wie wir sind. Im Grunde genommen können wir uns selbst oft nicht richtig leiden. Wenn aber jemand in unser Leben tritt, der uns wirklich gern hat, können wir uns akzeptieren und finden sogar die Kraft, uns zu ändern.

Ablehnung, Spott oder gar Verhöhnung kann bei entsprechender Ausgangslage in jungen Menschen abgrundtiefen Hass hervorbringen, wie in den letzten Jahren die Amokläufe an einigen Schulen auf erschreckende Weise gezeigt haben.

Das Geheimnis einer jeden guten Pädagogik ist, dass sie das Mädchen oder den Jungen auch mit ihren Schwächen oder ihrem Fehlverhalten akzeptiert und so eine Brücke baut, über die man zu ihrem Herzen und ihrem Verstand gelangen kann.

28. November

Tod Gottes

Für den gläubigen Christen ist der Tod Jesu am Kreuz das schlimmste und furchtbarste, das abgrundtief böseste Geschehen der Weltgeschichte. Auf seine Weise hat das Nietzsche in seiner erschütternden Parabel vom Tod Gottes dargestellt. Der christliche Glaube sagt: In Jesus töten die Menschen Gott, der sie unendlich liebt und dem sie alles verdanken. Aber in Jesus lenkt Gott auch das Böse, das im Menschen ist, gegen sich selbst.

Das ist ein „Mysterium iniquitatis", ein Geheimnis der Bosheit oder die „geheime Macht der Gesetzwidrigkeit", wie Paulus sagt (2 *Thess* 2,7). In Jesus benutzt Gott das Böse, um es in einer Tat der Liebe und des Gehorsams zu verwandeln. Jesus nimmt das böse Tun der Menschen gegen Gott freiwillig auf sich. Indem er im Gehorsam gegenüber dem Vater das Böse in etwas Gutes verwandelt, erfüllt er seine geheimnisvolle Sendung durch den Vater. Christus erlöst den Menschen vom Bösen, das sie ihm antun, und bringt den Menschen durch seine Liebe in den heilenden Schoß Gottes zurück. Darin besteht die Gnade.

29. November

Inseln der Hoffnung

Depression bedeutet manchmal ein zu starkes Haften an der Vergangenheit. Der depressive Mensch ist nicht in der Lage, in die Zukunft voranzuschreiten. Er fixiert sich auf seinen gegenwärtigen düsteren Zustand, der seinen Grund häufig in der Vergangenheit hat. Dem depressiven Menschen fehlt es an Hoffnung. Deshalb besteht ein erster Schritt darin, wieder Vertrauen in die Zukunft zu finden. Bei ausweglosen Situationen – infolge negativer Lebensereignisse durch Verlust, Krankheit oder sonstiges irreparables Leid – bleibt immerhin die Hoffnung auf den jeweiligen Tag.

Überhaupt gilt es an jedem Tag, Inseln der Hoffnung zu finden: ein schönes Erlebnis, eine Begegnung mit Kunst oder Musik, mit einem Menschen, der einem gut tut. Wer gläubig ist, vermag auch Hoffnung zu finden jenseits des Alltags: bei Gott, der letztlich der tragende Grund all unserer Hoffnung ist. Aber auch der gläubige Mensch sollte auf die kleinen Inseln der Hoffnung setzen, denn sie stammen von Gott und erinnern uns an ihn. Fromme Menschen, die depressiv sind – und es gibt nicht wenige –, vergessen das manchmal.

30. November

Annehmen

Sich selber annehmen bedeutet vorbehaltlos „ja" sagen zu sich selbst. Kinder leben selbstverständlich in sich. Wenn sie froh sind, dann sind sie es ganz mit

Körper und Seele. Und wenn sie etwas stört, sind sie nur noch ein schreiendes Wesen, das ganz in seinem Schmerz aufgeht. Sie können auch nahtlos von einem zum andern übergehen.
Je älter der Mensch aber wird und je mehr er in der Lage ist, sich selbst und die Welt um sich zu reflektieren, tritt er in Distanz zu sich selbst. Er muss Stellung zu sich selbst beziehen.
Sich selber gerne haben, wie man ist, mit allen Fehlern und Schwächen, aber auch mit den guten Seiten, ist eine Grundvoraussetzung, um im Leben glücklich zu sein. Glücklich sein bedeutet nicht, dass man mit allem zufrieden ist, sondern vielmehr, dass ich mich und mein Leben zunehmend als ein Geschenk erfahre.
Uns selbst zu lieben, heißt auch, Gott zu lieben, denn er hat uns nach seinem Bild geschaffen. Allein Gott kann vollkommen sein. Wenn wir das verstehen, können wir uns leichter damit abfinden, dass nicht nur wir, sondern auch die anderen Menschen Fehler haben. Dann erkennen wir an ihren guten Seiten einen Abglanz der Weisheit und Liebe Gottes, und in ihren Fehlern und Unzulänglichkeiten jenen existentiellen Mangel, der ihnen und auch uns als Geschöpfe notwendigerweise anhaftet.

Dezember

1. Dezember

Gotteskinder

Die moderne Psychologie hat uns gelehrt, wie wichtig für unser ganzes Leben die frühe Kindheit ist, unsere Beziehung zum Ursprung. Vieles in unserem Leben ist eine unbewusste und unterbewusste Rückerinnerung an unsere Kindheit.

Das Unbewusste bestimmt weitgehend unser Denken und unser Handeln. Auch das ist eine bleibende Erkenntnis der modernen Psychologie. Ähnlich gibt es auch im geistlichen Leben eine Rückerinnerung. Es ist die Erinnerung an unseren Ursprung: an Gott. Er ist unser Ursprung, aber er ist auch unser Ziel. Die Betrachtung unserer Gotteskindschaft ist die dauernde Erinnerung an unseren Ursprung und unser Ziel.

Gott hat uns durch Christus daran erinnert. Im Vaterunser hat er uns gelehrt, Gott als unseren Vater anzusprechen (vgl. *Mt* 6,9; *Lk* 11,2). Im Gleichnis vom verlorenen Sohn zeigt er uns seine Barmherzigkeit (vgl. *Lk* 15,11-32). Eines Tages nimmt Jesus ein Kind in seine Arme und spricht zu den staunenden Jüngern: „Wer das Reich Gottes nicht so annimmt, wie ein Kind, der wird nicht hineinkommen" (*Mk* 10,15; vgl. *Mt* 18,3-4; *Lk* 18,17). Kinder sind nahe am Ursprung. Sie wissen noch, dass sie sich nicht selbst verdanken.

Christus definiert den Menschen von Gott, seinem Vater, her. Er weiß, dass dies das tiefste Wesen des

Menschen ist. Und nur wer das weiß, kennt auch den Menschen.

2. Dezember

Rückkehr

Oft kommt bei alten Menschen mit Hirnabbau die Primärbeziehung zur Mutter wieder in den Vordergrund. Auf den Fluren der Demenz-Stationen hört man Tag und Nacht Rufe nach der Mama. Es scheint, dass viele Menschen im Alter wieder in ihre Kindheit zurückkehren. Für die Umgebung, vor allem die Angehörigen kann das sehr belastend sein. Wenn ein Sohn oder eine Tochter erleben muss, wie die Mutter oder der Vater in die regressive Rolle eines Kindes zurückfällt, ist das sehr bedrückend und irritierend.
Andererseits gibt es uns Gelegenheit, etwas von dem zurückzugeben, was uns die Eltern in unserer Kindheit gegeben haben: Fürsorge und Geborgenheit. Man braucht eine ganze Weile, um sich in dieser Rolle zurechtzufinden. Aber Geduld kann uns helfen, besser mit der Situation fertig zu werden.

3. Dezember

Mit Gott auf der Parkbank

Wir verlangen heute, dass Gott in allem für uns verständlich ist und dass wir uns mit ihm unterhalten können wie mit dem Nachbarn auf der Parkbank. Wir vergessen dabei, dass Gott jenseits unserer Vernunft ist und dass wir uns Ihm nur nähern können, wenn wir unseren Stolz aufgeben. „Mit unserem Verstand können wir ja nicht einmal begreifen, wie die Sonne geschaffen wurde. Und bäten wir Gott, uns erkennen zu lassen, wie er sie erschuf, so würden wir in unserem Herzen die Antwort hören: »Demütige

dich, und du wirst nicht nur die Sonne, sondern auch ihren Schöpfer begreifen.« Der Herr liebt die demütige Seele, und er offenbart ihr seine Geheimnisse. Die Heiligen demütigten sich ihr ganzes Leben hindurch, fortwährend kämpften sie gegen ihren Stolz" (Starez Siluan).
Dieses Wort eines heiligmäßigen Athos-Mönchs, des geistlichen Vaters Siluan, spricht eine Wahrheit aus: Wir können Gott nur erkennen, wenn wir uns klein machen. Gott schaut mit Wohlgefallen auf die Demütigen. Maria sagt im „Magnificat", dass der Herr auf die Niedrigkeit seiner Magd geschaut hat (vgl. *Lk* 1,48). Gott will unsere Freiheit. Im demütigen Menschen kann er wirken, ohne seine Freiheit zu verletzen, denn wer sich klein macht, ist bereit, Hilfe von Gott zu erhalten und seinen Willen zu erkennen.

4. Dezember

Trotzdem ein Geschenk

Wenn wir unser Leben als ein Geschenk erfahren, fällt es uns leichter, Gott in unserem Leben wirken zu lassen. Er darf uns dann auch Dinge schenken, die unseren Horizont überschreiten, ja die wir zunächst nicht als Geschenk begreifen.
Eine Patientin, die jahrelang einen Pflegefall in der Familie zu betreuen hatte, sagte mir: „Ohne die Krankheit meiner Tochter wäre ich ein total oberflächlicher Mensch geblieben und hätte nur ans Geld gedacht. Auch meine Ehe wäre langweilig und belanglos verlaufen. Gott hat mir dadurch gezeigt, dass das Leben manchmal erst dann einen tiefen Sinn erfährt, wenn er mir Leid schickt." Gott hilft dabei, und dann ist das Leid nicht mehr so negativ, wie man es gewöhnlich sieht.

5. Dezember

Meine Last ist leicht

Was man früher und auch heute noch gemeinhin mit Heiligkeit bezeichnet, ist ein Begriff, der in unseren Ohren vielleicht etwas Ausgrenzendes, Unwirkliches oder Streberhaftes an sich hat, etwas von übernatürlichem Fitnesstraining. Aber eigentlich bezeichnet „Heiligkeit" etwas sehr Schönes, etwas Unverzichtbares im Christentum, nämlich ein Leben in den Fußspuren Christi.

Christus erläuterte das mit verschiedenen Worten. Einmal forderte er: „Ihr sollt also vollkommen sein, wie es auch euer himmlischer Vater ist" (*Mt* 5,48), ein anderes Mal wies er auf die Schwierigkeiten hin, die es in seiner Nachfolge geben kann: „Wer mein Jünger sein will, der verleugne sich selbst, nehme sein Kreuz auf sich und folge mir nach" (*Mt* 16,24). Als wolle er das Schwere und Harte wieder fortnehmen, versicherte er dann aber: „Mein Joch drückt nicht, und meine Last ist leicht" (*Mt* 11,30). Um Christus zu folgen, brauchen wir keinen frommen Kraftsport zu treiben. Es genügt, dass wir den Spuren des Lebens Jesu Christi folgen.

Nicht erst am Kreuz hat sich Christus als Opfer dargebracht, sondern in jedem Augenblick seiner irdischen Existenz lebte er im Gehorsam zum Vater. Jeder Atemzug, jeder Schlag seines Herzens gehörte dem Vater. Als am Kreuz eine Lanze sein Herz durchbohrte, war dies ein erschütterndes Symbol seiner äußersten Hingabe – auch der Hingabe seines physischen Lebens – an den Vater und an die Sendung, die ihm der Vater aufgetragen hatte. „Er erniedrigte sich und war gehorsam bis zum Tod, bis zum Tod am Kreuz" (*Phil* 2,8).

In der Taufe empfangen wir die wunderbare Fähigkeit, unser Leben so zu leben, wie Christus es gelebt hat. Allen „die ihn aufnahmen, gab er Macht, Kinder Gottes zu werden, allen, die an seinen Namen glauben" (*Joh* 1,12), sagt Johannes. Nicht in unserer eigenen menschlichen Kraft besteht die wirkliche Macht auf dieser Erde, sondern darin, dass in uns der Keim der Gotteskindschaft gelegt ist, die durch die Taufe zum Leben erweckt wird.
Im Vaterunser lehrt uns Christus, mit Gott als unserem Vater zu sprechen. Für die Jünger muss das eine großartige Offenbarung gewesen sein, die sie ihr ganzes Leben lang begleitet hat. Das Gebet des Vaterunsers werden die ersten Christen immer wieder als ein kostbares Vermächtnis gebetet haben. Auf den Spuren Christi können wir nur gehen, wenn wir voll und ganz seinen Vater auch zu unserem Vater machen. Dann müssen wir aber auch bereit sein, in den Gehorsam gegenüber unserem und seinem Vater einzutreten, selbst wenn dieser Gehorsam uns wie bei Christus nach Getsemani und nach Golgota führen sollte.

6. Dezember

Geist und Stoff

Der große Gegensatz in den heutigen Auffassungen vom Menschenbild besteht in der Frage, ob der Mensch ein Produkt der Natur ist, das bloße Ergebnis der Evolution, oder ob zu seiner Wesensbestimmung auch geistige und spirituelle Wesenselemente gehören. Wenn das Letztere zutrifft, dann muss der Sinn unseres menschlichen Lebens und Handelns auch die geistigen und spirituellen Elemente umfassen. Das christliche Leben versucht, die Materie und den Leib,

den menschlichen Geist und den Heiligen Geist in die Gesamtheit der menschlichen Existenz zu integrieren.
In den Sakramenten werden Wasser, Brot, Wein und Öl zu sichtbaren Zeichen der Vermittlung der Lebenskraft des Heiligen Geistes, d. h. der Gnade, die das Lebensprinzip des Lebens in Christus ist. In der Ehe wird die Verbindung von Mann und Frau durch das Beisein des Heiligen Geistes zum heiligenden Sakrament.
Ähnlich wie im menschlichen Körper das Blut alle Organe miteinander verbindet und dadurch am Leben erhält, so stiftet auch die Gnade göttliches Leben und erhält dieses Leben.
In der Einheit des physischen, geistigen und spirituellen Lebens aus der Mitte der Person, die in vitaler Beziehung zu Christus steht, besteht die Vollendung des christlichen Lebens.

7. Dezember

Muße

Früher nannte man es Muße, wenn man einmal nichts tat und sich stattdessen schönen Dingen widmete. Die Menschen hatten früher zwar weniger Freizeit als heute, aber ihr Lebensrhythmus war ruhiger und weniger bestimmt durch den funktionellen Takt der modernen Industriegesellschaft. Ablenkungen durch die Massenmedien gab es damals nicht. Das Nichtstun als Muße ist der Kontemplation verwandt, denn es führt uns über den Alltag hinaus.
Irgendwo habe ich einmal gelesen: „Kunst ist Gymnastik für die Seele.“ Durch die Beschäftigung mit Kunst – sei es Musik, Literatur oder bildende Kunst –

treten wir in eine Sphäre der Phantasie und des Geistigen ein.
Auch der christliche Sonntag soll ein Tag der Muße sein, an dem der einzelne Mensch und die Gemeinschaft, besonders die Familie, zu sich selbst finden soll, indem sie sich von den Zwängen des Berufs und des Alltags erholt.
Der Sonntag ist Erinnerung an den Anfang, wie es in der Genesis heißt: „Am siebten Tag vollendete Gott das Werk, das er geschaffen hatte, und er ruhte am siebten Tag, nachdem er sein ganzes Werk vollbracht hatte" (*Gen* 2,2). Daraus leitete Israel das Sabbatgebot ab. Der Sabbat sollte nur der Gottesverehrung und der Ruhe dienen.
Für Christen ist der Sonntag zusätzlich die Erinnerung an Ostern, an die Auferstehung und die neue Schöpfung aus der Kraft der Erlösung. Aber heute stellen die zunehmende Entchristlichung und Säkularisierung neben der Familie auch den Sonntag in Frage. Wir sollten den Sonntag wieder ganz bewusst so gestalten, dass er der wahren Muße dient.

8. Dezember

Alles oder nichts

Das Leid konfrontiert uns mit der Frage: „Hat mein Leben, so wie es jetzt ist, einen Sinn?" Erst wenn der Mensch diese Frage positiv beantwortet, kann er trotz allem glücklich sein. Sigmund Freud schrieb an die Prinzessin Bonaparte, die ihn nach dem Sinn des Lebens fragte: „Wenn Sie nach dem Sinn des Lebens fragen, heißt das lediglich, dass Sie eine Menge unbefriedigter Libido haben." Nach dem Sinn des Lebens zu fragen, bedeutete für Freud, neurotisch zu sein. Seine Definition von Glück lautete sehr negativ: Man

kann dann von Glück sprechen, wenn das Schicksal nicht alle seine Drohungen auf einmal wahr macht.
Freud hat während seiner schweren Krebserkrankung, die sich über sechzehn Jahre hinzog und eine Unzahl von Operationen mit sich brachte, bis er schließlich daran starb, nie geklagt und mit bewundernswerter Selbstdisziplin bis zuletzt gearbeitet. Von seinem Tumor sprach er nur von einem „lästigen, unnötigen Ding". Die Krankheit hatte für ihn keinen Sinn. Er negierte sie, so gut er konnte.
Nach dem Sinn des Lebens fragen heißt aber auch, nach dem Sinn von Leid, Krankheit und Tod zu fragen. Entweder alles hat Sinn oder nichts hat Sinn. Für Sigmund Freud hatte es keinen Sinn. Wenn man bedenkt, welchen Einfluss Freud auf das moderne Menschenbild hat, müssen wir uns nicht wundern, wenn auch viele Menschen heute keinen Sinn in ihrem Leben sehen. Als Christen dagegen haben wir unerschütterliches Vertrauen, dass die Welt in den Händen Gottes ruht, der unser Ursprung und unser Ziel ist. Deshalb haben unser Tun und Dulden Bedeutung und Sinn.

9. Dezember

Das Poesiealbum und die Bibel

In der Kapelle eines Tagungshauses stand in einem der Fenster der Spruch: „Die einzige Bibel, die heute noch gelesen wird, ist dein Leben." Dein und mein Leben muss wie ein aufgeschlagenes Buch sein, in dem die andern lesen können. Und was sie darin lesen, muss Poesie sein, denn Christus mitten in der Welt nachfolgen heißt, „aus der Prosa des Alltags epische Dichtung zu machen" (hl. Josefmaria Escrivá, *Gespräche*).

Früher gab es die sogenannten Poesiealben von jungen Mädchen. Ich weiß nicht, ob es so etwas heute noch gibt. Jedenfalls durfte die Freundin in ein solches Poesiealbum eine Widmung oder ein Gedicht schreiben oder eine getrocknete Blume hineinkleben. Vielleicht schreiben wir uns in das Buch des Lebens vieler Menschen ein, ohne dass wir es bemerken.
Es kommt immer wieder vor, dass Menschen nach Jahren zu mir kommen und sagen: „Herr Doktor, ich muss immer noch daran denken, was sie mir einmal vor Jahren gesagt haben." Ich bekomme dann immer einen großen Schrecken, weil mir der Gedanke durch den Kopf geht: „Um Gottes willen, was habe ich ihm oder ihr wohl gesagt, und hoffentlich war es etwas halbwegs Gescheites."
Vielleicht sollten wir öfter beten: „Herr, stell eine Wache vor meinen Mund, eine Wehr vor das Tor meiner Lippen!" (*Ps* 141,3).

10. Dezember

Der Herr ist mein Hirt

„Der Herr ist mein Hirte, nichts wird mir fehlen. Er lässt mich lagern auf grünen Auen und führt mich zum Ruheplatz am Wasser" (*Ps* 23,1-2). Seit einigen Jahren gibt es wieder Schafherden im Englischen Garten in München. Die Schäfer ziehen von Wiese zu Wiese, um ihre Herden zu den besten Weiden zu führen.
Die damaligen Hirten in Israel hatten es nicht so leicht. Sie mussten ihre Herden gegen Angriffe wilder Tiere und gegen Räuber verteidigen. Sie hatten deshalb Stöcke, mit denen sie dreinschlagen konnten. Deshalb sagt der Psalmist: „Dein Stock und dein Stab geben mir Zuversicht" (*Ps* 23,4), und: „Du deckst mir

den Tisch vor den Augen meiner Feinde" (*Ps* 23,5). Christus vergleicht sich selbst mit einem Hirten, der sich bis zur Selbstaufgabe um seine Schafe kümmert: „Ich bin der gute Hirt; ich kenne die Meinen, und die Meinen kennen mich" (*Joh* 10,14).

„Der gute Hirt gibt sein Leben hin für die Schafe" (*Joh* 10,11). Für jeden von uns setzt er sich ein. „Wenn einer von euch hundert Schafe hat und eins davon verliert, lässt er dann nicht die neunundneunzig in der Steppe zurück und geht dem verlorenen nach, bis er es findet? Und wenn er es gefunden hat, nimmt er es voll Freude auf die Schultern, und wenn er nach Hause kommt, ruft er seine Freunde und Nachbarn zusammen und sagt zu ihnen: Freut euch mit mir; ich habe mein Schaf wiedergefunden, das verloren war" (*Lk* 15,4-6).

Die Darstellungen Christi in spätantiken Fresken der römischen Katakomben – aber auch auf antiken Sarkophagen, wie im christlichen Gräberfeld unter der Kirche St. Maximin in Trier – zeigen ihn als Hirten, der ein Schaf auf den Schultern trägt. Diese Bilder drücken die Hoffnung auf Auferstehung in anrührender Weise aus. Trotz aller Bedrängnis und Verfolgung waren die ersten Christen von Hoffnung beseelt, die sie fähig machte, alle Not und Angst zu ertragen. „Wenn das Weizenkorn nicht in die Erde fällt und stirbt, bleibt es allein; wenn es aber stirbt, bringt es reiche Frucht" (*Joh* 12,24).

Sie lebten mit Jesus, dem guten Hirten, vereint und wussten, dass sie durch das heilbringende Kreuz Christi an der Erlösung der Welt teilhaben. „Muss ich auch wandern in finsterer Schlucht, ich fürchte kein Unheil; denn du bist bei mir" (*Ps* 23,4).

11. Dezember

Erwartung

Manchmal scheint es, dass der beste Teil der Hoffnung die Erwartung ist. Die christliche Hoffnung birgt aber eine Erfüllung, die über jede menschliche Erwartung hinausgeht. Sie stützt sich auf Gott, Ursprung des Seins und der Welt, der Herr über Zukunft und Vergangenheit ist.

Die christliche Hoffnung setzt die Dinge an die rechte Stelle. Sie weiß, dass die irdischen Dinge nicht alles sind. Sie weiß aber auch, dass diese eine Spur des Göttlichen in sich tragen. Sie weiß, dass die Welt nicht durch uns gut wird. Die Welt ist gut, weil Gott sie geschaffen hat, und wir können dafür sorgen, dass sie durch uns nicht schlechter wird.

Mit Christi Tod und Auferstehung ist Hoffnung in die Welt gekommen. Wer an ihn glaubt, wird ewig leben. So sagte Jesus zu Marta vor dem Grab ihres verstorbenen Bruders Lazarus: „Ich bin die Auferstehung und das Leben. Wer an mich glaubt, wird leben, auch wenn er stirbt, und jeder, der lebt und an mich glaubt, wird auf ewig nicht sterben" (*Joh* 11,25-26).

12. Dezember

Valenzen für Gott freihalten

Wenn unser Kopf nur voll ist von Haben und Erreichen-Wollen, bleibt für Gott kein Platz frei. Alles löst sich in eine tägliche Hetze nach Geld und Erfolg auf und endet im Tanz um das goldene Kalb.

Die Armut im Geiste fängt damit an, dass ich nicht bei jedem Event dabei sein muss, dass ich ertragen kann, allein zu sein, um mich mit Gottes Wort zu beschäftigen, es auf mich wirken zu lassen, bei ihm zu

verweilen. Viele große Menschen und Heilige sind durch das Wort Gottes auch Menschen Gottes geworden.
Augustinus wurde zum Christen, als er im Garten eines Freundes, wo er saß, plötzlich eine Stimme hörte, die zu ihm sagte: „Nimm und lies!" Vor ihm auf dem Tisch lag ein Buch. Er schlug es auf. Es war das Neue Testament und er las darin. „Sofort fiel es wie Schuppen von seinen Augen" (*Apg* 9,18) und er änderte sein Leben.
Dag Hammarskjöld, Generalsekretär der Vereinten Nationen während der sechziger Jahre, war ein Märtyrer des Friedens. Von ihm ist bekannt, dass er täglich im Neuen Testament las. „Der Mensch lebt nicht nur von Brot, sondern von jedem Wort, das aus Gottes Mund kommt" (*Mt* 4,4).

13. Dezember

Bonjour, tristesse

Es gibt Tage, die sind einfach triste, langweilig und grau. Manchmal weiß man noch nicht einmal, warum das so ist. Da ist es gut, wenn man weiß, womit man sich selbst eine Freude machen kann. Vielleicht ist es eine bestimmte Musik, die uns hilft, in eine andere Stimmung zu kommen, oder ein Gespräch. Durch ein Gespräch teilen wir uns mit. In der Begegnung mit einem anderen Menschen können wir unsere Gefühle ausdrücken und erfahren, wie andere darauf reagieren. Das kann zur Objektivierung beitragen oder uns Trost geben.
Manchmal genügt es auch schon, wenn man etwas spazieren geht. Die neuen Eindrücke, die wir dabei aufnehmen, lenken uns von der Tristesse ab. Die Bewegung regt den Kreislauf an und gibt uns gleichzei-

tig Ruhe. Die frische Luft und die Natur erinnern uns daran, dass wir ein Teil der Natur sind. Wir bemerken, dass wir nicht allein sind, sondern von Kreaturen umgeben, die die gleiche Luft wie wir atmen.
Der hl. Jakobus gibt einen weiteren Rat: „Ist einer von euch bedrückt? Dann soll er beten. Ist einer fröhlich? Dann soll er ein Loblied singen (*Jak* 5,13). Wenn wir beten, erinnern wir uns daran, dass unser Leben sich nicht im Augenblick erschöpft. Es gelingt uns besser, die traurige Stimmung zu relativieren.

14. Dezember

Das Leid vor unserer Haustür

Heute wächst eine Generation heran, die Schmerz und Leid um jeden Preis vermeiden will. Aber das Leid ist vor unserer Haustür. Es ist wie die Katzen, die bei Vollmond wie kleine, nach Trost verlangende Kinder schreien. Wenn wir das Leid vorne zur Haustür hinausjagen, kommt es durch die Hintertür wieder herein.
Das Nazi-Regime wollte eine neue Gesellschaft schaffen, in der der Anblick von Kranken und Behinderten die Gesunden nicht mehr stört, und hat dadurch unzähliges Leid hinterlassen. Heute scheint es manchmal, dass die Erinnerung an diesen Zusammenhang verblasst ist.
Kürzlich sah ich ein Plakat, auf dem geschrieben stand: „Die Würde des Menschen ist unantastbar, außer wenn er alt, krank, ungeboren oder behindert ist.“ Das ist schockierend! Aber es soll uns wachrütteln, denn diese Auffassung kann sich auch in unserer Gesellschaft ausbreiten.

15. Dezember

Glaube und Hoffnung

Glaube und Hoffnung leben von der Zukunft. Sie sind Tugenden des Christen, solange er noch auf dem Wege ist. „Stückwerk ist unser Erkennen", wie der hl. Paulus sagt, „wenn aber das Vollendete kommt, vergeht alles Stückwerk. ... Jetzt schauen wir in einen Spiegel und sehen nur rätselhafte Umrisse, dann aber schauen wir von Angesicht zu Angesicht. Jetzt erkenne ich unvollkommen, dann aber werde ich durch und durch erkennen, so wie ich auch durch und durch erkannt worden bin. Für jetzt bleiben Glaube, Hoffnung, Liebe, diese drei; doch am größten unter ihnen ist die Liebe" (*1 Kor* 13,9-10.12-13).

Wenn wir einmal bei Gott sind, brauchen wir nicht mehr zu glauben, denn wir werden sehen. Unsere Hoffnung hat sich dann erfüllt. Was dann bleibt, ist die Liebe. Wir sind bei Gott angelangt. Er ist die Liebe und wir sind bei IHM.

Die Berührung mit der Liebe Christi wird uns fähig machen, dereinst für immer bei Gott und seiner Liebe zu sein. Es wird ein seliger Schmerz sein, „in dem die heilige Macht seiner Liebe uns brennend durchdringt, so dass wir endlich ganz wir selber und dadurch ganz Gottes werden" (Benedikt XVI., Enzyklika *Spe salvi*).

16. Dezember

Vergeben und Vergessen

Im Alten Testament heißt es: „Mancher Freund wird zum Feind, unter Schmähungen deckt er den Streit mit dir auf" (*Sir* 6,9).

Manchmal ist es besser, Beziehungen ruhen zu lassen. Dann beruhigen sich vielleicht die Gemüter, und man kann anschließend wieder sachlich miteinander sprechen. Es kann aber auch sein, dass man aufgrund unüberbrückbarer Gegensätze der Meinungen oder Temperamente keinen gemeinsamen Nenner mehr findet. Dann ist es besser, falls möglich, sich zu trennen. Wenn das nicht geht, muss man einen Weg finden, dass man miteinander auskommt, ohne ständig zu streiten. Es kann dabei hilfreich sein, jemanden zu finden, der als Mittler fungiert. Man kann auch den Heiligen Geist um Hilfe bitten. Vor allem können wir darum bitten, dass wir uns gegenseitig verzeihen.

Vor etlicher Zeit sprach ich mit einem Migranten-Ehepaar, die heillos miteinander zerstritten waren. Ich fragte sie, ob es in ihrem Kulturkreis auch so etwas wie Verzeihung gebe. Beide bejahten das. Aber dann sagte der Mann: „Verzeihen ja, aber nicht vergessen." Es ist auch nicht unbedingt nötig, Erlittenes zu vergessen. Aber es soll uns nicht daran hindern, wirklich von Herzen zu vergeben.

17. Dezember

Worte, die bleiben

Jeder Gehorsam bedarf der Begründung in Gott. Jeder Gehorsam gegenüber Menschen bedarf der ständigen Überprüfung in dieser Hinsicht. „Man muss Gott mehr gehorchen als den Menschen" (*Apg* 5,29).

Es gab eine Zeit in Deutschland, in der die Menschen im Zwiespalt waren, ob sie ihrem Gewissen oder den Menschen folgen sollten, die eine böse Macht ausübten. Viel Leid wäre erspart geblieben, wenn mehr Menschen in Deutschland der Stimme ihres Gewissens gefolgt wären, das auf Gott hört.

Aber auch heute stellt sich uns Christen die Aufgabe, nicht den subtilen Versuchungen des Zeitgeistes nachzugeben, um stattdessen auf das Wort Gottes zu hören, das das Wort Christi ist. Christus hat die bedenkenswerten Worte gesprochen: „Himmel und Erde werden vergehen, aber meine Worte werden nicht vergehen" (*Mt* 24,35). Wenn wir wirklich an Christus glauben, gibt es für Relativismen keinen Platz in unserem Leben.

18. Dezember

Frucht des Lebens

„Ich habe euch erwählt und dazu bestimmt, dass ihr euch aufmacht und Frucht bringt und dass eure Frucht bleibt" (*Joh* 15,16). Christus will, dass unser Leben fruchtbar wird und dass diese Frucht bleibt. Was aber bleibt denn eigentlich von unserem Leben? Was bleibt davon in hundert Jahren? Vielleicht eine kleine Erinnerung, einige Anekdoten, die sich unsere Urenkel erzählen, einige Bilder, vielleicht noch ein Grab, oder noch nicht einmal das.

Was ist nun die „bleibende Frucht", von der Jesus spricht? Die Frucht sind wir selbst, es ist unser Leben. Bei der Schilderung des Endgerichts sagt Jesus: „Kommt her, die ihr von meinem Vater gesegnet seid, nehmt das Reich in Besitz, das seit der Erschaffung der Welt für euch bestimmt ist. ... Was ihr für einen meiner geringsten Brüder getan habt, das habt ihr mir getan" (*Mt* 25,34.40). Und: „Du bist im Kleinen ein treuer Verwalter gewesen, ich will dir eine große Aufgabe übertragen. Komm, nimm teil an der Freude deines Herrn!" (*Mt* 25,21).

Frucht werden wir nur dann bringen, wenn unser Leben nicht um uns selber kreist. Es reicht nicht, dass wir uns selbst verwirklichen, denn dies betrifft nur uns selbst.

19. Dezember

Jeden Tag und jede Nacht ...

Um durch die Welt und die Dinge zu Gott zu gelangen, müssen wir sie aus den Händen Gottes empfangen. So können wir für alles dankbar sein, selbst für das, was uns schlecht vorkommt, denn Gott ist unendlich gut. Er kann auch aus schlechten Dingen Gutes für uns machen. Das lässt selbst dann eine Haltung der Dankbarkeit wachsen, wenn sie mit Schwerem verbunden sein kann.

Wenn wir unser Inneres dafür öffnen, können wir in den Sonnenstrahlen, die uns am Morgen treffen, und in den Wolken, die die Sonne verdecken, überhaupt in der Freude und im Schmerz jeden Tages die leise Stimme Gottes hören.

Als Jesus im Jordan getauft wurde, sprach sein Vater vom Himmel: „Du bist mein geliebter Sohn" (vgl. *Mt* 3,17; *Mk* 1,11; *Lk* 3,22). Das sagt Gott auch zu uns – an jedem Tag und in jeder Nacht, ob es uns gut geht oder ob wir uns schlecht fühlen.

20. Dezember

Notrufe

Eine Art des Betens kann darin bestehen, alles unter einen bestimmten Gedanken, ein Motto, eine Anrufung oder ein Schriftwort zu stellen. Man kann das auch Stoßgebet nennen. Ich erinnere mich an einen Freund meiner Eltern, der plötzlich starb, wahrscheinlich an einem Herzinfarkt. Seine letzten Worte waren: „Jesus, Maria, Josef." Früher haben die Menschen solche Stoßgebete gelernt, damit sie sie in Augenblicken der Gefahr, des Leids oder der Versuchung beten konnten, oder eben auch im Augenblick des Todes, manchmal auch ohne besonderen Anlass.

Stoßgebete sind Seufzer, Befreiungsschreie, komprimierte Gebete und Bekenntnisse, Liebeserklärungen. Thomas, einer der Jünger Jesu, konnte zunächst nicht glauben. Aber als ihm Jesus leibhaftig erschien, rief er: „Mein Herr und mein Gott" (*Joh* 20,28). Aus seinem innersten Herzen kam dieser Ausdruck der Anbetung, Hingabe und Befreiung. Oder ein Blinder namens Bartimäus im Evangelium: „Jesus, hab Erbarmen mit mir!" (*Mk* 10,47; vgl. *Lk* 18,3).
Stoßgebete passen haargenau in bestimmte Situationen und können uns helfen, diese mit Blick nach oben zu bestehen bzw. unserem Gemütszustand Ausdruck zu verleihen. Dann lösen sich die Dinge manchmal von selbst oder sie bekommen eine Weite über den Alltag hinaus. Einen Wimpernschlag lang bringen wir unseren kleinen Alltag mit der Sphäre des Ewigen, mit Gott, in Verbindung. Die Augenblikke erhalten eine Weite, die sie von sich aus nicht besitzen.

21. Dezember

Was bleibt?

Christliche Hoffnung setzt voraus, dass ich mich als jemand weiß, der der Heilung bedarf, als jemand, der von der Versehrtheit zum Heil gelangen möchte.
Heil sein bedeutet ganz sein. Die Formulierung: „Heil an Leib und Seele" bringt das zum Ausdruck. Der Christ hat Hoffnung auf ein endgültiges Heil, wo ihm nichts mehr fehlen wird. Deshalb erwartet der Christ die Sinnvollendung seines Lebens nicht von sich selbst. Die Vollendung kann ihm nur geschenkt werden.
Hieran wird deutlich, dass das Ideal der christlichen Lebensgestaltung nicht ausschließlich darin bestehen

kann, dass der Mensch sein Leben bloß selbst einrichtet. Der Christ erwartet sein Heil weniger vom eigenen Besitzergreifen als vom Geschehenlassen Gottes. Deshalb kann der Christ auch dort noch Hoffnung haben, wo eigentlich kein äußerer Grund mehr für Hoffnung vorhanden ist.

22. Dezember

Der Wunsch nach Dauer

Es ist der Wunsch nach Dauer, der die Menschen zu allen Zeiten bewegt hat. Dieser Wunsch nach Dauer ließ die Pharaonen ihre Grabpyramiden bauen und inspirierte amerikanische Millionäre, sich nach ihrem Tod einfrieren zu lassen.

Von der unstillbaren Hoffnung des Menschen auf Dauer, spricht auch Christus zu der Samariterin am Jakobsbrunnen. „Wer von diesem Wasser trinkt, wird wieder Durst bekommen; wer aber von dem Wasser trinkt, das ich ihm geben werde, wird niemals mehr Durst haben; vielmehr wird das Wasser, das ich ihm gebe, in ihm zur sprudelnden Quelle werden, deren Wasser ewiges Leben schenkt“ (*Joh* 4,13-14).

Das Wasser ist hier das Symbol der Hoffnung, des ewigen Lebens. Christus spricht von der tiefsten Sehnsucht dieser Frau und überhaupt aller Menschen. Er spricht vom Wunsch nach Dauer. Es ist der Wunsch, dass alles Schöne in dieser Welt nicht vorübergeht, sondern eine dauernde Entsprechung findet, dass alles Gute und Schöne in dieser Welt Symbol der einen Wirklichkeit in Gott sei, die nicht mehr ver-gehen wird, und dass der Mensch daran Anteil haben darf. Hier eröffnet sich ein großartiger Horizont der Hoffnung, zu dem der Mensch nur durch den Glauben Zugang hat.

23. Dezember

Miterlösung

In der Verbindung von Arbeit und Gebet nähern wir uns Gott auf der Ebene der Schöpfung. Tatsächlich können wir uns dem Mysterium Gottes durch die Welt und die Menschen nähern, wenn wir im Gebet lernen, diese als Symbole der einen Wirklichkeit Gottes zu verstehen.

Gott hat die Welt erschaffen, damit der Mensch ein Bild von Gott hat. Die Welt ist ein Symbol und Gleichnis der gesamten Wirklichkeit, und der Mensch ist dazu aufgerufen, die Spuren Gottes darin zu entdecken.

Auf der Ebene der Schöpfung hat der Mensch die Aufgabe, das Werk des Schöpfers zu entfalten und gewissermaßen zu vollenden. Auf der Ebene der Erlösung ist der Mensch dazu berufen, gleichsam zu einem Miterlöser zu werden.

Jesus, der Sohn des Zimmermanns, arbeitet dreißig Jahre „im Schweiße seines Angesichts" (vgl. *Gen* 3,19), um uns zu erlösen. In seinem Kreuzestod hat er – im Gehorsam gegenüber dem Vater – das Leiden und den Tod in ein Werkzeug der Erlösung „umfunktioniert". Genauso soll auch seine Arbeit als „zweiter Adam" (vgl. *Röm* 5,14.22.45), die er als „Hohepriester" (*Hebr* 7,1-28) ausübt, zum Mittel der Erlösung werden, indem er die „Dornen und Disteln" (*Gen* 3,18), die es wohl auch für ihn als Mensch gegeben hat, „gütig und von Herzen demütig"(*Mt* 11,28-29) erträgt.

Auch wir sollen uns in seiner Nachfolge auf diese Weise als Töchter und Söhne des gemeinsamen Vaters erweisen: „Denn die ganze Schöpfung wartet sehnsüchtig auf das Offenbarwerden der Söhne Gottes. ... Auch die Schöpfung soll von der Sklaverei und Verlorenheit befreit werden zur Freiheit und Herrlichkeit der Kinder Gottes" (*Röm* 8,19.21).

24. Dezember

Fürchte dich nicht

„Fürchte dich nicht", sagt der Engel zu Maria (vgl. *Lk* 1,30). „Fürchte dich nicht", sagt uns das Kind in der Krippe, „ich bin als schutzloses Kind hineingekommen in diese Welt voller Kampf und Streit, voll Armut, Krankheit und Trauer, damit auch du dich nicht fürchtest – weder vor mir noch vor der Welt." Auch die Engel auf den Feldern von Betlehem sagen „Fürchtet euch nicht" zu den Hirten (vgl. *Lk* 2,10).

„Non abbiate paura!", lauteten die ersten Worte von Johannes Paul II. nach seiner Wahl, „habt keine Angst!" Gott will dem Menschen die Furcht nehmen, sich Ihm zu nähern. Er wird Kind, damit wir keine Angst haben, er wolle uns vereinnahmen oder uns beherrschen.

Damit der Mensch Kind Gottes werden kann, wird Gott selber Kind. „Allen aber, die ihn aufnahmen, gab er Macht, Kinder Gottes zu werden, allen, die an seinen Namen glauben" (*Joh* 1,12).

Um diese Botschaft zu verstehen, ist die Einfachheit eines Kindes erforderlich. Manchmal sprechen Kinder untereinander eine Sprache, die nur sie verstehen. Auch Gott hat seine eigene Sprache, die nur er und diejenigen verstehen, die bereit sind, Kinder zu werden. Deshalb sagt Jesus: „Wenn ihr nicht umkehrt und wie die Kinder werdet, könnt ihr nicht in das Himmelreich kommen" (*Mt* 18,3; vgl. *Mk* 10,15; *Lk* 18,17).

Wer an Weihnachten auch nur für ein paar Stunden diese Botschaft tief in sich aufnimmt, an dem ist der Sinn des Weihnachtsfestes nicht ganz vorüber gegangen.

25. Dezember

Er kam in die Welt

„Und wäre Jesus tausendmal geboren, doch nicht in Dir, so wärst Du ewiglich verloren" (Angelus Silesius). Christus möchte in uns geboren werden, in jedem von uns Gestalt annehmen. Die Taufe ist nur das Samenkorn für dieses Leben. Es muss im Laufe unseres Lebens wachsen und Frucht bringen. Im Gleichnis vom Sämann schildert Jesus anschaulich, wie Samenkörner auf verschiedene Böden fallen. Einige Samenkörner fallen ins Gestrüpp, andere auf den Weg oder auf Felsen, wo wenig Erde ist. Ein anderes Samenkorn fällt auf lockeres feuchtes Erdreich. Es wächst heran und bringt viele Frucht (vgl. *Mt* 13,1-9; *Mk* 4,2-9; *Lk* 8,4-8).

An Weihnachten senkt sich dieses Samenkorn des Reiches Gottes in diese Welt ein. Es ist das Jesuskind in der Krippe. Es kommt wie jedes Kind als ein Hoffnungsträger zur Welt. Aber dieses Kind hat eine einzigartige Botschaft, die lautet: „Wer mich aufnimmt, wird ein neuer Mensch. Er wird Kind Gottes."

Christus kommt nicht nur in die Welt, sondern er will in das Herz eines jeden Menschen kommen. Dieses Kind, das selber erst geboren ist, will auf mystische Weise in jedem von uns neu zur Welt kommen, was in der Taufe seinen Anfang nimmt.

Und das feiern wir an Weihnachten: Die Geburt Jesu, aber auch die Geburt dieses Kindes in uns. Falls wir wollen.

26. Dezember

Fleisch geworden

Meister Eckhart erzählt in seinem Werk die Geschichte von einem reichen Mann und einer reichen Frau. Durch einen Unfall verliert die Frau ein Auge und wird deshalb sehr traurig. Als der Mann sie fragt, weshalb sie über den Verlust ihres Auges so traurig sei, antwortet sie ihm: „Ich bin nicht traurig wegen des Auges sondern weil mir scheint, dass Ihr mich deshalb weniger liebhaben werdet.“ Der Mann aber sagte: „Ich habe euch lieb.“ Nicht lange danach stach er sich selber ein Auge aus und kam zur Frau und sprach: „Frau, damit Ihr nun glaubt, dass ich Euch lieb habe, so habe ich mich Euch gleich gemacht: Ich habe nunmehr auch nur ein Auge.“

So ist der Mensch. Er konnte es kaum glauben, dass Gott ihn so lieb habe, bis denn Gott sich selber „ein Auge ausstach“, indem er menschliche Natur annahm. Das bedeutet, sagt Meister Eckhart, „Fleisch geworden“.

Vielleicht kann uns diese drastische Erzählung veranschaulichen, dass das Wirken Gottes in der Erlösung unser menschliches Vorstellungsvermögen von Gott völlig überschreitet. Mit unserem Verstand ist es jedenfalls nicht fassbar. Hier kann uns nur der Glaube an den dreifaltigen Gott, der sich uns in Jesus Christus offenbart, weiter helfen.

27. Dezember

Erneuerung

Nachdem Gott sein Schöpfungswerk vollbracht hatte, sah er, dass alles sehr gut war (vgl. *Gen* 1,31; 2,2). Trotz der Verwundung der Welt durch das Versagen des Menschen hat Gott dieses Wort nicht völlig zurückgenommen. Er hat ihm aber in Christus durch die Erlösung eine neue vertiefte Bedeutung gegeben. In der Mess-Liturgie drückt die Kirche es so aus: „Gott, du hast den Menschen in seiner Würde wunderbar erschaffen und noch wunderbarer erneuert."

Im gehorsamen Leiden und der Auferstehung Christi hat Gott das Versagen des Menschen aufgegriffen und zum Instrument der Erlösung und damit der Hoffnung gemacht. „In der Welt seid ihr in Bedrängnis; aber habt Mut: Ich habe die Welt besiegt" (*Joh* 16,33).

Hoffnung stützt sich nicht auf einen verzweifelten Optimismus, angesichts der Realität dieser Welt trotz allem an das Gute im Menschen zu glauben oder an ein immanentes Wirkprinzip der Entwicklung zum Guten oder an eine Höherentwicklung, die im Sinne einer Weltenuhr funktioniert, die trotz allem eine gute Zeit ansagen wird. Die wahre Hoffnung trägt vielmehr den Namen einer Person: Jesus Christus.

28. Dezember

Gegen das Helfer-Syndrom

Christus lehrt uns, die Dinge und Ereignisse unserer Umgebung als Symbol und Gleichnis einer höheren göttlichen Wirklichkeit zu betrachten. „Seht euch die Lilien an: Sie arbeiten nicht und spinnen nicht. Doch ich sage euch: Selbst Salomo war in all seiner Pracht nicht gekleidet wie eine von ihnen. Wenn aber Gott schon das Gras so prächtig kleidet, das heute auf dem Feld steht und morgen ins Feuer geworfen wird, wie viel mehr dann euch, ihr Kleingläubigen!" (*Lk* 12,27-29). Und: „Seht euch die Vögel des Himmels an: Sie säen nicht, sie ernten nicht und sammeln keine Vor-

räte in Scheunen; euer himmlischer Vater ernährt sie. Seid ihr nicht viel mehr wert als sie? (*Mt* 6,26).
Wir sollen die Welt so nehmen, wie sie ist, weil sie der Ort unseres Dienstes an Gott und den Menschen ist. Aber wir wissen auch, dass sie in den Händen Gottes ruht und dass wir nicht total für sie verantwortlich sind. Bei aller Sorge dürfen wir nicht vergessen, dass nur Gott die Dinge so fügen kann, wie es für uns gut ist. In seiner Enzyklika *Deus caritas est* schreibt Benedikt XVI.: Der Christ (als Helfer) „wird in Demut das tun, was ihm möglich ist und in Demut das andere dem Herrn überlassen. Gott regiert die Welt, nicht wir. Wir dienen ihm nur, soweit wir können und er uns die Kraft dazu gibt. Mit dieser Kraft freilich alles zu tun, was wir vermögen, ist der Auftrag, der den rechten Diener Jesu Christi gleichsam immerfort in Bewegung hält: »Die Liebe Christi drängt uns« (2 *Kor* 5, 14)".

29. Dezember

Ens sociale

Der Mensch ist ein Gemeinschaftswesen, ein „ens sociale", wie schon die alten Philosophen sagten. Es ist wichtig für ihn, sich in eine Gemeinschaft einzufügen, sei es in eine Familie, eine religiöse Gemeinschaft, einen Arbeitsplatz oder eine Gemeinde. Nur so kann er sich wirklich entfalten. Indem er seine Fähigkeiten für Andere einsetzt, vergisst er sich selbst und bleibt mit sich selbst nicht allein. Er lernt an den Fähigkeiten der Andern. Im Umgang mit ihnen lernt er auch seine eigenen Grenzen kennen.
Viele deutsche Kriegsgefangene nach 1945 überlebten nur deshalb, weil sie wussten, dass Angehörige auf sie warteten. Aber wer wartet heute auf die vielen

Singles, und wer wird sich einmal um sie kümmern, wenn sie alt geworden sind?
Der Verfall der Gemeinschaften, besonders der Familie, verhindert die Reifung der Menschen und lässt sie zu Egoisten werden. Aber nur wenn der Mensch in Beziehung zu Andern lebt, kann er glücklich oder zumindest zufrieden sein. Denn „es ist nicht gut, dass der Mensch allein bleibt" (*Gen* 2,18). Das gilt nicht allein im Bezug auf Mann und Frau. Erst wenn der Mensch sich selbst überschreitet, findet er zu Erfüllung und Sinn. Er findet nur dann zu sich selbst, wenn er sich im Anderen erfährt und in der Begegnung mit anderen erkennt.

30. Dezember

Der Wohlgeruch Christi

„Sie sollen eins sein, wie wir eins sind, ich in ihnen und du in mir. So sollen sie vollendet sein in der Einheit, damit die Welt erkennt, dass du mich gesandt hast und die Meinen ebenso geliebt hast wie mich" (*Joh* 17,22-23). Die Botschaft Christi kann nur gedeihen, wenn diejenigen, die sie verkünden, eins sind und sich gegenseitig lieben, auch wenn sie nach Alter, Temperament, Herkunft und sozialem Status verschieden sind. Eine Gemeinschaft, sei es ein Orden, eine spirituelle Gruppe oder eine Pfarrei, die in sich zerstritten ist, mag Erfolge nach außen haben, aber sie legt ein brüchiges Zeugnis von Christus ab.
Früher oder später werden sich die Menschen, die sich vielleicht am Anfang begeistert haben, enttäuscht wieder abwenden, weil sie den „bonus odor Christi", den Wohlgeruch Christi (*2 Kor* 2,15), vermissen, den jedes „Unternehmen" Christi auszeichnen sollte. „Dank sei Gott, der uns stets im Siegeszug

Christi mitführt und durch uns den Duft der Erkenntnis Christi an allen Orten verbreitet. Denn wir sind Christi Wohlgeruch für Gott unter denen, die gerettet werden" (*2 Kor* 2,14-15).

31. Dezember
Ankommen

Wiederum ist ein Jahr vergangen. Man bemerkt es an den Böllerschüssen und Ansprachen. Unsere Zeit vergeht jede Sekunde, jede Minute, jeden Tag. Warum eigentlich sollten wir den Zeitenwechsel an einem bestimmten Tag festmachen? Zwar feiern wir an einem bestimmten Tag Geburtstag, aber wir werden an jedem Tag älter. Jeder Morgen ist ein Neubeginn und jeder Abend ein Abschied. Das Leben besteht aus vielen Abschieden, mit denen wir jeden Neubeginn erkaufen. Aber einst werden wir für immer ankommen – für immer. So hoffen wir.

In einer Fernsehsendung wurde ein kleines Mädchen gefragt: „Wie stellst du dir den Himmel vor?" Das Kind antwortete: „Ich stelle mir den Himmel als ein schönes, großes Hotel vor. Ich komme an, und der liebe Gott kommt mir schon entgegen. Ich brauche meinen Namen nicht zu sagen, denn er kennt mich schon. Der liebe Gott nimmt mich dann in seine Arme und drückt mich ganz fest an sich. Dann gibt er mir das schönste Zimmer. Mir fehlt nichts mehr. Und ich werde zusammen mit den andern bei ihm wohnen und glücklich sein."

Es sind zwei Dinge, die hier zusammen gehören: Bei Gott sein und Gemeinschaft haben. „Im Haus meines Vaters gibt es viele Wohnungen. Wenn es nicht so wäre, hätte ich euch dann gesagt: Ich gehe, um einen Platz für euch vorzubereiten?" (*Joh* 14,2).